创业投资管理

李仉辉　康海燕　主编

立信会计出版社
LIXIN ACCOUNTING PUBLISHING HOUSE

图书在版编目(CIP)数据

创业投资管理 / 李仉辉,康海燕主编.—上海:立信会计
出版社,2016.8(2021.1重印)
ISBN 978-7-5429-5096-3

Ⅰ.①创… Ⅱ.①李…②康… Ⅲ.①创业投资—投
资管理—教材 Ⅳ.①F830.593

中国版本图书馆 CIP 数据核字(2016)第 208171 号

责任编辑　　陈　旻
封面设计　　南房间

创业投资管理

Chuangye Touzi Guanli

出版发行	立信会计出版社		
地　　址	上海市中山西路 2230 号	邮政编码	200235
电　　话	(021)64411389	传　真	(021)64411325
网　　址	www. lixinaph. com	电子邮箱	lixinaph2019@126. com
网上书店	http://lixin. jd. com		http://lxkjcbs. tmall. com
经　　销	各地新华书店		

印　　刷	江苏凤凰数码印务有限公司		
开　　本	787 毫米×1092 毫米		1/16
印　　张	14.25		
字　　数	329 千字		
版　　次	2016 年 8 月第 1 版		
印　　次	2021 年 1 月第 2 次		
书　　号	ISBN 978-7-5429-5096-3/F		
定　　价	30.00 元		

如有印订差错,请与本社联系调换

前　言

创新是一个民族的灵魂，是一个国家兴旺发达的不竭动力。

在"万众创业、大众创新"的时代背景下，创业的浪潮在我国兴起。大学教育在培养大学生创业意识和创新精神的同时，也应该传授创业管理的知识，为他们在校创业以及毕业后创业奠定一定的理论基础。这便是我们编写本书的初衷。

目前，国内翻译或者编写的有关创业管理方面的书籍不少，各有自己的特色。我们编写《创业投资管理》，是在学习和借鉴这些书籍精华基础上，从投资的角度来构架的。本书不是从风险投资公司的角度编写的有关风险投资管理的书，而是从创业者的角度来编写的创业投资管理的书。

创业离不开投资。创业，一方面是创业者把自己拥有的创业资源，比如资金、技术、人脉关系、时间等，投入新创企业之中；另一方面也需筹集一部分外部资源投入新创企业。所以，本书从创业者投资的角度来构建理论体系，这既是一种探索，也是一种创新。全书共分七章，其实就是根据创业者所关注的投资过程中的四个关键环节的问题来组织编写的。第一，怎么创业的问题。当创业者拥有一定的资源并准备创业时，首先考虑的是"做什么"和"怎么做"。本书第一章的创业投资机会回答了"做什么"的问题；第二章的创业商业模式回答了"怎么做"的问题。第二，当创业者自有资金不足时，需要去筹集资金。第四章的创业项目融资就是解决创业的资金筹集问题；而第三章的创业计划书也主要是为筹集资金服务的。第三，投资效果和效益问题。第五章探讨的是对投资项目的经济评价；第六章则是对投资项目的财务评价。第四，创业风险管理问题。众所周知，创业的风险极高。所以，创业者从创业之初就应该关注风险，并且把创业过程中的风险降到最低。本书的最后一章分析了创业投资的风险问题。

本书由上海商学院管理学院的李仉辉、康海燕担任主编，负责本书的整体策划和最后的统稿及修改工作。东华理工大学长江学院的晏波担任副主编，负责本书创业案例的整理工作。同时，李仉辉执笔第一章、第二章和第四章，康海燕执笔第五章、第六章和第七章，晏波执笔第三章。

在本书的编写过程中，参考和引用了大量的中外专著、教材和论文，也在互联网上搜集了大量的资料，按照编写体例的要求，已在参考文献中列举。我们对上述作者、单位和网站深表感谢。由于编者才疏学浅，书中难免有疏漏和不足之处，恳请专家与读者批评指正。

本书为"2015 年度上海商学院创新创业类课程"建设项目的成果之一。

编　者

2016 年 4 月

Contents 目 录

第一章　创业投资机会

俗话说的"盛世买古董,乱世买黄金",就是告诉我们不可以盲目投资。投资者一定要分析环境,把握机会。沃伦·巴菲特告诫股民从事股票买卖要顺势而为,也是强调投资要认清形势。创业投资,更要分析和研究环境。创业投资一定要在对一般环境、市场竞争以及消费者需求认真分析的基础上,结合自己拥有的资源,包括兴趣和专长,寻找并选择合适的创业投资机会。

第一节　一般环境分析

所谓一般环境,是指间接影响创业投资的环境,又称宏观环境,主要包括人口因素、经济因素、自然因素、科学技术因素、政治法律因素和社会文化因素六大组成因素。

一、人口因素

人口是构成市场的基本要素之一,市场是由那些想购买商品同时又具有购买力的人构成的。因此,人口的数量直接决定市场的潜在容量,人口的年龄结构、地理分布、婚姻状况、出生率、死亡率、人口密度、人口流动性及其文化教育等人口特性,又直接决定市场需求的特征。创业者必须重视对人口因素的研究,密切注视人口特性及其发展动向,不失时机地抓住市场机会创业。目前,人口因素呈现出的以下几点特征,是创业者要重点关注的。

(一) 人口数量快速增长

当今世界面临最主要的人口问题是人口的快速增长。据统计,2014 年年末中国大陆总人口达 136 782 万人,目前我国已经放开了"二胎"政策,人口增长的速度将会更快。全世界每秒钟大约出生 4.3 人,每分钟大约出生 259 人,每小时大约出生 15 540 人,每天大约出生 37 万人,每年增长约 8 296 万人。截至 2013 年 1 月 4 日,全世界有 71 亿人,到 2050 年时世界人口将超过 90 亿人。

人口爆炸式增长是世界各国政府及各种团体极为关切的问题之一。美国学者德内拉·梅多斯、乔根·兰德斯、丹尼斯·梅多斯在《增长的极限》一书中所列举的许多发人深省的事实证明,人口无节制地增长和消耗必将导致食品供应的短缺、重要矿产的枯竭、珍稀物种的灭绝、人口过度拥挤、环境污染及生活质量的全面恶化。

对于创业者来说,人口增长意味着人类需要的增长,就需要有更多的产品和服务去满足人类需要的增长,这就意味着创业机会的增加。

(二) 人口年龄趋于老化

由于人们空前地渴望提高自己的生活水平,妇女离家外出工作的人数增多及节育知识的普及和节育技术的改善,使人口出生率下降。同时,科学技术的发展和生活环境的改善使人口平均寿命延长,死亡率大大下降。以上两方面的因素共同导致了人口趋于老龄化。由于不同年龄的人口的需求结构不同,老年人口比例的增加势必会带来整个市场需求结构的变化,老年人吃的、穿的、用的、行的、玩的、乐的,甚至住的,都存在巨大的市场空间。

(三)家庭规模越来越小

第二次世界大战后,西方国家的家庭结构模式为"两个孩子、两辆汽车、郊区家庭",而随着晚婚晚育少育的流行,甚至不要孩子以及离婚率的上升,家庭结构发生很大变化,市场需求也相应在变。我国目前"三口之家"的家庭模式已很普遍,并逐渐由城市向乡镇发展,"四世同堂"的现象日渐稀少。家庭小型化使得家庭数量激增,这必然刺激家具、住房、家用电器、炊具等需求的快速增长,为这些行业提供了巨大的商机。

(四)人口快速迁徙

人口流动的历史几乎就是人类文明的发展史。在发达国家,除了国家之间、地区之间、城市之间的人口流动外,还有一个突出的现象就是城市人口向农村流动。在我国,人口的流动主要表现在农村人口向城市或工矿企业流动;内地人口向沿海经济开放地区流动。另外,打工、经商、观光旅游、学习等使人口流动加速。由于人口快速迁徙,打破了原有市场的供给与需求的关系,这就是人口迁徙所带来的创业机会。

(五)家庭观念在发生变化

晚婚、少子女或不要子女、独身、高离婚率和更多的已婚妇女就业,对传统家庭观念产生了巨大的冲击,非家庭住户(包括单身成年人住户、两人同居者住户、集体住户)迅速增加。家庭观念的巨变和非家庭住户的迅速增长,直接影响到人们的生活和消费习惯,从而为创业者带来市场机会。

二、经济因素

经济因素一般是指影响企业经营的经济环境。一个国家或地区的经济形势、经济发展水平、产业经济规模、消费者收入、价格水平、储蓄、信贷等经济因素,对创业机会都有很大的影响。近30年来我国经济的转型和高速增长,造就了大量的创业机会,不仅吸引了亿万国人来创业,也吸引了万亿境外资本投到中国大陆。

(一)宏观经济总体状况

对宏观经济的总体状况的分析,首先是看其发展水平。根据罗斯托的经济成长阶段论,人类社会发展共分为6个经济成长阶段:传统社会、起飞前夕、起飞阶段、成熟阶段、高额群众消费阶段和追求生活质量阶段。经济发展水平过低或者过高,其创业的机会都不多;起飞阶段的创业机会最多。在西方国家中,英国在18世纪的最后20年里实现了起飞,法国和美国在1860年以前的几十年里实现了起飞,德国是在1850—1875年,日本在19世纪最后25年,中国在20世纪的80年代末至90年代初。其次是看经济发展速度。它是属于高速发展还是属于低速发展,或者处于停滞或倒退状态,其创业机会是不一样的。一般说来,在宏观经济大发展的情况下,市场扩大,需求增加,创业机会就多。反之,在宏观经济低速发展、停滞或倒退的情况下,市场需求增长放缓甚至负增长,这样,创业的机会也就少。

(二)消费者收入

消费者收入包括消费者个人工资、红利、租金、退休金、馈赠等。消费者的购买力来自消费者收入,所以,消费者收入是影响社会购买力、市场规模大小以及消费者支出多少和支出模式的一个重要的因素。20世纪80年代以来,由于我国经济的高速发展,消费者收入的增加,产生巨大的商机,依次带动了家电行业、通讯行业、零售行业、汽车行业,以及今天的旅游行业的大发展。

(三) 消费者的支出模式

消费者支出模式主要受消费者收入的影响。随着消费者收入的变化,其支出模式也会发生相应变化,继而使一个国家或地区的消费结构也发生变化。德国统计学家恩斯特·恩格尔于1857年发现了家庭收入变化与各方面支出变化之间的规律性。并且,一个家庭收入越少,家庭收入中(或总支出中)用来购买食物的支出所占的比例就越大,随着家庭收入的增加,家庭收入中(或总支出中)用来购买食物的支出比例则会下降。它通常用恩格尔系数来表示,即:

$$恩格尔系数 = \frac{食物支出金额}{家庭消费支出总金额}$$

此式通常又称为食物支出的收入弹性。它反映了人们收入增加时支出变化趋势的一般规律,即在一定条件下,当家庭个人收入增加时,收入中用于食物开支部分的增长速度要小于用于教育、医疗、享受等方面的开支增长速度。食物开支占总消费数量的比重越大,恩格尔系数越高,生活水平就越低;反之,食物开支所占比重越小,恩格尔系数越小,生活水平越高。按照联合国教科文组织划定的标准,恩格尔系数达59%以上为贫困,50%～59%为温饱,40%～50%为小康,30%～40%为富裕,低于30%为最富裕。2014年,我国城镇居民家庭恩格尔系数为36%,农村居民家庭恩格尔系数为40%,说明我国城镇居民生活已经达到富裕程度,农村居民生活也已达到小康水平。

消费者支出模式的转变,意味着一大批传统的产业要被淘汰,一些新兴的产业将诞生和成长,这种新旧产业更替的过程也是创业的最佳时机。

(四) 消费者储蓄和信贷情况

社会购买力、消费者支出不仅直接受消费者收入的影响,而且直接受消费者储蓄和信贷情况的影响。大多数家庭都有一些"流动资产",即货币及其他能迅速变成现款的资产,包括银行储蓄存款、债券、股票等。储蓄来源于消费者的货币收入,其最终目的还是为了消费。但是在一定时期,储蓄多少将影响消费者的购买力和消费支出。在一定时期货币收入不变的情况下,如果储蓄增加,购买力和消费支出便减少;反之,如果储蓄减少,购买力和消费支出便增加。

西方国家广泛存在的消费信贷,对购买力的影响也很大。消费信贷是指消费者凭信用获得贷款并且购买商品,提前取得商品的使用权,然后按期归还贷款。这种方式的主要特点是,消费者不仅以其货币收入购买他们需要的商品,而且可以通过借款即赊账来购买商品,从某一时点来看,这无异于变相增加了消费者收入,使其购买力加大。我国房地产市场的巨大需求,就得益于我国的住房政策改革以及房产的抵押贷款政策。房地产巨大需求的驱动,为房地产提供了巨大的商业机会,进而造就了一大批房地产开发商、投资商、建筑商和房地产交易代理商。

三、地理因素

首先是地理位置。有时候,地理位置决定了一切,比如深圳之所以发展得好,是因为邻近香港;珠海发展得好,是因为邻近澳门;上海发展得好,是因为位于长江的出海口,有优越的地理位置。所以,做企业首先就要选位置,包括把总部放在哪里,销售部放在哪里,区域总部放在哪里。中国有所谓的"三沿"——"沿海""沿江""沿边",经济发展得都比较好。从这些地方的发展可以看出,地理位置基本上决定了一个企业在一个地方到底可以有多大作为。位置好的地区,创业机会就多。所以,近40年来,大量境外投资者和内地投资者来到东南沿海一带创业,收益颇丰。

其次是资源。一个地方有什么资源就有什么经济。王永庆选择投资地点只考虑两个因素——要么靠近市场,要么靠近原料产地,基本上也是基于资源的考虑。"靠山吃山,靠水吃水"其实就是中国人的一条创业思路,很多人利用本地的资源优势去创业,最后走上了致富之路。目前,由于人们的过度开发,导致资源短缺,节水、节电、节能等已成为经济社会生活的重要内容。建设资源节约型、环境友好型社会是我国社会的发展方向,也是创业的一个好方向。

当代社会的环境污染严重,已经成为一个备受人们关注的问题。西方发达国家自20世纪60年代以来在环境保护方面陆续采取了大量措施,已经收到一定的成效,但仍有大量问题亟待解决。在我国,环境污染问题也已成为影响社会经济发展和人们健康生活的重要因素,人们的环境保护意识越来越强,对治理环境的愿望越来越迫切。这对那些造成环境污染的企业来说,就是一种威胁;而对控制污染、研究和开发不致污染环境的产品的企业来说,就是提供了一种新的市场机会。

四、科学技术

科学技术是人类在长期实践活动中所积累的经验、知识和技能的总和。新技术革命,给企业的发展创造了机会,同时也可能形成威胁。科学技术的发展,改变了人们的思维方式、生活方式,甚至工作方式,使一些传统的产业面临淘汰,老的企业面临转产,而新的企业孕育着机会。从人类发展的历史上我们看到,蒸汽机的发明和应用,引发了西方的工业革命,机器代替了手工,现代工业代替工场手工业,那个时候是工业项目创业的极佳时机。计算机的出现,特别是通讯和网络的发展,又引发了信息革命,大批的IT企业应运而生。微软的比尔·盖茨,阿里巴巴的马云,都是利用IT技术创业成功的典范。

五、政治因素

政治因素主要是指一国的政治制度、政策方针、法令法规、政治形势、党派斗争和社会秩序等。政治因素对企业的影响特点:一是直接性,即国家政治环境直接影响着企业的经营状况;二是难以预测性,对于企业来说,很难预测国家政治环境的变化趋势;三是不可逆转性,政治因素一旦影响到企业,就会使企业发生十分迅速和明显的变化,而这一变化企业是驾驭不了的。

政局很重要,政局是否稳定直接影响企业的发展。比如,1997年亚洲金融风暴后,印度尼西亚的商人就很头痛,因为政局动乱,他们无法正常经营,更不敢扩大投资。而中国当时的政局非常好,这就为中国的企业发展提供了良好的政治环境,与外资合作也比较好谈,他们不会担心人身和资金的安全。稳定的政局、开明的政体以及连贯的政策,是创业的最佳环境。

六、法律因素

法律因素是指国家或地方政府颁布的各项法规、法令和条例等。为了维护本国的经济秩序，各国政府都颁布了相应的经济法规来规范企业的行为。与企业经营最为密切的经济立法，内容十分广泛，既包含保护企业间的公平竞争，保护消费者利益方面的，也包括防止环境污染，保护社会利益等方面的内容，如《反不正当竞争法》《合同法》《商标法》《专利法》《产品质量法》《广告法》《食品卫生法》《进出口商品检验条例》《消费者权益保护法》，《环境保护法》等。每一项新的法规的颁布，或者原有法令法规的修改，都会对市场产生影响。这种影响是因企业而异的，有的是积极的影响，带来了发展的机会；有的是消极的影响，限制了企业的发展。创业者就要善于捕捉由于这些环境的改变而带来的商业机会。

七、社会文化因素

社会文化主要是指一国家或地区的民族特征、价值观念、生活方式、风俗习惯、宗教信仰、伦理道德、教育水平和语言文字等的总和。人们在不同的社会文化背景下成长和生活，各有其不同的基本信念和信仰，这是在不知不觉中形成的，成为一种行为规范。一个社会的核心文化和价值观念具有高度的持续性，它是人们世代沿袭下来的，并且不断得到丰富和发展，影响和制约着人们的行为。

出门问路，入乡随俗。创业也必须注意到这一点。如果连一个地方的社会文化都不了解就盲目投资，那么风险是极大的。创业一定要对社会文化作深入的分析和研究，研究社会文化对消费者的消费需求、消费方式、消费观念和消费行为的影响。特别是社会发展的变革时期，不同文化的融合，价值取向的改变，这些都会带来巨大的创业机会。

第二节 市场竞争分析

市场竞争分析包括三个层面的内容，即市场竞争结构分析，产业竞争结构分析，以及对于创业者来说未来主要的竞争对手分析。

一、市场竞争结构分析

分析产业竞争首先要看清市场竞争结构。市场竞争结构一般呈现四种状况：完全垄断市场、寡头垄断市场、垄断竞争市场和完全竞争市场。作为一个创业者，如果把资金投入一个完全竞争的市场，成功的几率极低；如果想把资金投入一个完全垄断的市场，或者寡头垄断市场，发现投入无门，几乎没有创业机会；如果把资金投入一个垄断竞争的市场，并且能形成自己的特色，那么创业投资成功的可能性会增大很多。

（一）完全垄断市场

完全垄断市场是指某行业或某类产品在市场上只有一个制造者或供应者，也可能是只有一个消费者，因此没有竞争对手。在这种情况下，别的企业没有办法进入该市场。因此，造成了完全垄断局面。完全垄断市场可能以下列几种状态出现：

（1）一个企业控制了某行业全部或绝大部分资源，它就会成为这个行业的垄断者。例如，马来西亚石油公司控制了马来西亚所有的石油和天然气资源，在马来西亚形成了垄断局面。

（2）某个企业对某种商品具有独家专利权，使它可以在法律的保护下，在一定时间内独家生产该产品，从而成为该产品的完全垄断者。

（3）政府特许某个企业经营某种产品，从而形成了市场垄断。

（二）寡头垄断市场

寡头垄断市场又称寡头、寡占，是一种由少数卖方（寡头）主导市场的市场状态。寡头垄断是同时包含垄断因素和竞争因素而更接近于完全垄断的一种市场结构。它的显著特点是少数几家厂商垄断了某一行业的市场，这些厂商的产量占全行业总产量中很高的比例，从而控制着该行业的产品供给。

相互依存是寡头垄断市场的基本特征。由于厂商数目少而且占据市场份额大，不管怎样，每个厂商的行为都会影响对手的行为，最后影响整个市场。所以，每个寡头在决定自己的策略和政策时，都非常重视对手对自己这一策略和政策的态度和反应。作为厂商的寡头垄断者是独立自主的经营单位，具有独立的特点，但是它们的行为又互相影响、互相依存。这样，寡头厂商可以通过各种方式达成共谋或协作，形式多种多样，可以签订协议，可以暗中默契。

（三）垄断竞争市场

垄断竞争市场是一个既有垄断因素又有竞争因素的市场，是一个有许多企业生产和销售有差别的同类产品的市场。不完全垄断市场有如下几个特点：

（1）行业内的垄断企业数量比较多，竞争也相对激烈。少数企业由于规模较大，有可能部分垄断市场，有些企业技术上有特殊的优势（像英特尔和微软），也可能产生部分垄断的市场。

（2）随着垄断因素的增加，市场的垄断程度也会不断增加。少数大规模的企业通过合并或者联盟的方式也可能做到完全垄断。

（3）因为没有明显的限制因素，企业可以自由地进入该行业，进入的门槛因行业不同而有所不同。企业之间既有价格竞争也有非价格竞争。

（四）完全竞争市场

完全竞争市场没有任何限制因素，企业可以自由地进出，它有以下几个特点：

（1）这种市场上的产品同质性强，没有太大的差异性，容易形成所谓的价格竞争。

（2）任何一家企业的市场占有率在行业中所占的比重都不大，因而，不可能控制市场的价格。

（3）非价格竞争没有明显的成效。

（4）技术上相对成熟，很难形成强大的差异性。

不同的产业在不同的国家有不同的竞争格局，如某种行业在马来西亚是个垄断行业，而在美国却是一个不完全垄断的行业。同一个国家的不同产业也可能处在不同的竞争格局，如中国的家电业和零售业是属于完全竞争的格局，而石油行业和航空业则是属于不完全垄断市场。

二、产业竞争结构分析

迈克尔·波特认为，一个行业中的竞争，远不止在原有竞争对手中进行，而是存在着五种基本的竞争力量，它们是新进入者的威胁、替代品的威胁、购买商讨价还价的能力、供应商讨价还价的能力以及现有竞争者之间的竞争,如图 1-1 所示。

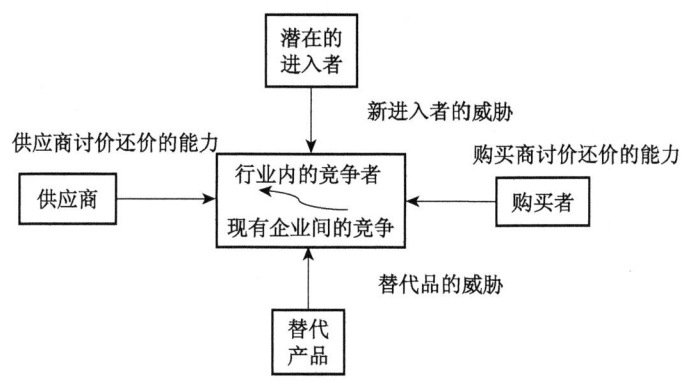

图 1-1 波特的五力竞争模型

这五种基本竞争力量的状况及其综合强度,决定着行业竞争的激烈程度,从而决定着行业中获利的最终潜力。在竞争激烈的行业中,企业很难能获得惊人的收益。在竞争相对缓和的行业中,各企业普遍可以获得较高的收益。行业中竞争激烈,会导致投资收益率下降,直至趋近于竞争的最低收益率。若投资收益率长期处于较低水平,投资者将会把资本转入其他行业,甚至还会引起现有企业停止经营;在相反情况下,就会刺激资本流入和现有竞争者增加投资。所以,行业竞争力量的综合强度还决定资本向本行业的流入程度。

(一) 新进入者的威胁

一方面,这种威胁主要是由于新进入者加入该行业,改变了过去的市场供求结构,随着整个行业生产能力的扩大,供给的增加,这必然引起与现有企业进行激烈竞争,使产品价格下跌。另一方面,新进入者要获得资源进行生产,从而可能使得行业生产成本升高。这两方面都会导致行业的获利能力下降。

新进入者威胁的状况取决于进入障碍和行业原有企业的反击程度。如果进入障碍大,行业原有企业激烈反击,潜在的进入者难以进入该行业,进入者的威胁就小。决定进入障碍大小的主要因素有规模经济、差异优势、资金需求、转换成本和销售渠道等。

(二) 替代品的威胁

替代品是指那些与本行业的产品有同样功能的其他产品。替代产品的价格如果比较低,它投入市场就会使本行业产品的价格上限只能处在较低的水平,这就限制了本行业的收益。替代品的价格越是有吸引力,这种限制作用也就越强大,对本行业构成的压力也就越大。正因为如此,本行业与生产替代品的其他行业进行的竞争,常常需要本行业所有企业采取共同措施和集体行动。替代品出现的方式有很多种,包括产品替代、品牌替代、更新换代和经营方式替代等。替代品威胁的大小主要取决于产品本身的被替代性、企业在服务方面的价值、产品对环境的友善性、替代品的价格与品质趋势、购买者的转换成本和替代品的技术先进性等方面。

(三) 购买商讨价还价的能力

购买商总是希望降低购买价格、提高产品质量和获得优质服务,但是这与销售者的利益是相矛盾的。购买商与生产者之间的讨价还价，就是一种商业博弈。购买商的讨价还价能力主要取决于购买商的集中程度与购买数量、所购买的产品占购买商的费用或购买量的比重、所购买产品的标准化水平、购买商的行业转换成本、购买商的利润、购买商们采用后向一体化的倾向、购买商所掌握的供应商的信息量等方面。

（四）供应商讨价还价的能力

供应商的威胁手段一是提高供应价格，二是降低供应产品或服务的质量，从而使下游行业利润降低，竞争力下降。供应商讨价还价的能力，主要取决于供应行业的集中化程度、供应商产品的可替代性、所供应的行业对供应商的重要程度、供应商的产品对购买者的重要性、供应商产品的差异性和供应商前向一体化的倾向等方面。

（五）现有企业间的竞争

现有企业间采用的竞争手段主要有价格战、广告战、引进产品以及增加对消费者的服务等。竞争的产生是由于一个或多个竞争者感受到了竞争的压力，或看到了改善其地位的机会。如果一个企业的竞争行动对其对手有显著影响，就会招致报复或抵制。如果竞争行动和反击行动逐步升级，则该行业中的所有企业都可能遭受损失，使处境更糟。影响现有竞争者之间的竞争程度的因素是多方面的，主要包括竞争者的数量和规模、行业成长的速度、固定成本和储存成本的数量、产品和服务的差异水平、购买商转换成本的高低、产能扩张的程度、企业之间竞争战略差异和行业退出障碍的大小等方面。

三、竞争对手分析

对未来的竞争对手的分析既有助于创业者摸清对手情况，又能从中学习竞争对手的长处，从而提高创业者新创企业的竞争能力。

竞争对手分析并不是简单地了解现有竞争对手的数量，这些竞争对手提供什么样的同类产品，以及它们的销售额是多少等，因为仅仅有这些信息是不够的。创业者想立足市场并最终击败对手，必须确切地了解对手的产品，对手的研发能力和技术储备，对手的目标市场及其营销策略，对手目前的盈利状况和潜力，对手的核心竞争能力，对手的技术人员和管理人员，生产设备和生产能力，供货商情况，对手成功或失败的关键要素，对手采取的是何种战略，对手的销售渠道及销售系统，对手的主要客户有哪些，主要客户对对手的产品、服务如何评价，忠诚度如何等。

为此，必须对竞争对手进行深入调查，并且着重把握以下几个方面：一是竞争对手总体情况，如竞争对手企业的数量、分布、所属行业、生产规模、可供产品总量等；二是竞争对手的竞争能力，如其资金持有情况、企业规模、技术水平、技术装备情况、产品开发情况、服务工作情况、市场占有率等；三是竞争对手发展新产品的动向。有了竞争对手的这些信息，创业者就能有针对性地进行 SWOT 分析，寻找创业机会。

第三节　市场需求分析

市场需求分析，要从顾客的真实需求开始，并进一步推测市场需求量。仅仅知道目前的需求量还不够，创业者还必须对未来的市场需求进行预测，在此基础上作出创业决策。

一、了解顾客的真实需求

顾客的真实需求到底是什么？这听起来是显然的，但令人奇怪的是，只有很少的创业者开发出了能满足市场真实需求的产品，而大部分都因缺乏销路而失败。在现实生活中，大部分创业者陶醉于创建新企业的想法之中，而对于能否提供优于市场上现有产品的考虑不够。例如，创业想法是让人们在肥皂和洗发水快用完时通过因特网订购，理由是顾客去杂货店时总是忘记买这些东西，因此想到企业可以在因特网上销售此类产品来解决顾客这个问题。但是，现实中并不存在这样的需求。即便是最粗心的人也会在最后时刻跑到超市或杂货店购买，而不是花 3 天时间等待速递公司寄送网上订购的肥皂。因此，尽管创业者本人想到服务于顾客，但是这种创意其实并不能满足顾客的真实需求。

（一）真实需求的概念

什么是真实的需求？真实的需求指顾客存在未解决的问题，而现有的产品或服务又不能提供一种解决方案。例如，能够治愈肺癌的药物就具有真实的需求，至今没有一种治愈这种病的药，而得这种病的病人需要这种药。相对于现有产品或服务，如果新产品或服务能够更好地解决顾客的问题，也可以说存在真实的需求。再如，使电脑运行速度提高 2 倍的微型集成电路芯片存在真实的市场需求，而速度只能提高 2% 的电脑不会有市场。

（二）真实需求的判断

创业者如何判断是否存在顾客的真实需求呢？一般地，他们遵循四个步骤。

1. 寻找顾客问题

大概来说，成功的创业者都是在寻找顾客未被解决的问题。顾客的抱怨通常都是真实需求的信号。例如，有几个公司会计部门的员工都在抱怨他们使用的软件不能有效地同时管理好员工薪水和公司存货，他们需要一种能够整合不同记录的软件，而现有软件不能满足这种需要，那么，顾客就是确实需要一种综合性的软件。

2. 找出解决方案

创业者一旦识别出顾客的问题所在，紧接着就是拿出这个问题的解决方案。否则，从创业者的角度看，顾客问题毫无意义。例如，以会计软件为例，尽管顾客存在真实的需求，如果创业者不能开发出某种综合性的软件，或者开发出的软件并不优于现有的软件，那么创业者就没必要去创建新的企业。

3. 经济性评价

当创业者找到顾客问题的解决方案，然后就是解决满足顾客需求的经济性。例如，只有以顾客愿意承担并且创业者有盈利的价格向顾客提供所需要的综合性软件，创业才有意义。如果创业者有能力开发这种软件，但是产品所花成本大于顾客愿意承担的价格，那么创建企业来生产这种产品就不会盈利。

4. 综合评估

识别出可能替代已存在的或在不久很快就会出现的创业方案的其他一些方案。由于人们倾向于认为自己的创意比别人的都好，所以这一点对创业者来说往往不容易做到。但是，成功的创业者知道如何批判性地将自己的方案与别人所提供的方案进行比较，尽力超越自负心理。为做到这一点，创业者通常会直接与潜在顾客或第三方进行交流，以便识别出与其他方案相比新方案的现实价值所在。例如，会计软件的创业者可以将他们的软件和其他软件一起拿给会计软件专家,并请他们给予评价,只有当创业者的新产品或服务确实优于其他方案时,才有理由开办企业。

二、推算市场需求量

(一) 市场需求量

1. 市场需求量的概念

市场需求量是指一定的顾客,在一定的地区、一定的时间、一定的市场营销环境和一定的市场营销方案下,对某种商品或服务愿意而且能够购买的数量。市场需求量也就是消费者需求的总和,包括现实需求和潜在需求。

对市场需求量的理解,需要从以下八个方面考虑:①产品,要确定产品类别及范围;②总量,可用数量和金额的绝对数值表述,也可用相对数值表述;③购买,指订购量、装运量、收货量、付款数量或消费数量;④顾客群,明确是总市场的顾客群还是目标顾客群或是某一细分市场的顾客群;⑤地理区域,具有明确界限的区域;⑥时期,要明确市场需求预测的时期,是1年的、3年的或是5年的,时间越长,准确性越差;⑦营销环境,衡量市场需求必须确切了解宏观环境因素对需求的影响;⑧营销努力,市场需求会受到价格、产品改进、促销和分销的影响。其中,营销努力对市场需求会产生很大影响,企业投入的营销费用、所采取的营销组合、市场营销力量配置以及市场营销效率等方面都将影响市场需求以及企业所能获得的市场份额。

2. 市场需求量的估算

市场需求量的估算公式为:

$$市场需求量＝购买者数量×每一购买者的平均购买量×单位产品价格$$

采用这一方法估算市场需求量,较难把握的一个因素是购买者数量。因此,实际操作中一般先从总人口入手,首先排除那些不可能购买的人,然后再进一步对余下的"可能的购买者"进行分析。由于人口影响因素多且复杂,分析时一般以某一两个因素为主,如消费者的文化特性或消费者收入水平等,再进一步剔除不符合这些特性因素的人,最后就剩下"最可能的购买者"了。

另一个估算市场需求量的方法是连锁比率法,是由上式推导出来的。该方法就是把与某产品的市场需求量相关的几个因素进行连锁相乘,即通过对几个相关因素的综合考虑,即相关因素要移向有关产品大类,再移向特定产品,层层推算进行预测。

假定某啤酒厂开发了一种新干啤,估计其市场需求量时就可借助如下算式:

$$新干啤市场需求量＝人口×\begin{matrix}人均可任意\\支配收入\end{matrix}×\begin{matrix}人均可任意支配收入中\\用于食品的平均百分比\end{matrix}×\begin{matrix}食品支出中用于\\饮料的平均百分比\end{matrix}×$$
$$\begin{matrix}饮料支出中用于含\\酒精饮料的平均百分比\end{matrix}×\begin{matrix}含酒精饮料的支出中\\用于啤酒的平均百分比\end{matrix}×\begin{matrix}啤酒支出中\\用于干啤的百分比\end{matrix}$$

企业在计算出市场需求量后,还需要同现有市场规模进行比较。现有市场规模是目前实际购买的数量,显然,总市场需求量大于现有市场规模。

(二) 企业需求

在市场需求总量中,企业所能占有的市场份额构成了企业需求,其计算公式为:

$$企业需求＝企业市场占有率×市场总需求$$

市场占有率是指企业在特定时期、特定市场上某产品销售额占总销售额的百分比。这个关系式表明，企业需求不仅受市场总需求的影响，还受到企业市场占有率的影响。企业的营销努力越大，其市场占有率可能越大。由于不同企业所投入的营销努力不同，其市场需求效果也表现不同。

企业需求同时也表明了企业在一定营销努力下预计的企业销售额，企业的营销努力是企业营销计划确定的，换句话说，企业营销努力的大小决定了企业预计的销售额大小。因此，企业营销计划核心内容就是投入的营销努力及企业要得到的预计销售额。如果企业的营销努力相对于竞争者不断增加，直至达到最大，使市场占有率达到100％，企业独占市场，企业需求也就是市场潜量。这是一种极端情况。在大多数情况下，企业都会有自己一定的市场份额。

市场潜量和企业潜量的预测是市场需求预测的重要内容。市场潜量是从行业的角度考虑某一产品的市场需求的极限值，企业潜量则是从企业的角度考虑某一产品在市场上所占的最大的市场份额。

三、预测未来市场需求量

为更好地把握市场需求动态，作出科学的创业决策，我们需要在市场调研的基础上，运用科学的理论和方法，对未来一定时期的市场需求量及影响需求的诸多因素进行分析研究，寻找市场需求发展变化的规律，通过科学的市场需求预测，为创业决策提供未来市场需求的预测性信息。市场需求预测的方法有很多，这里主要介绍购买者意向调查法、专家意见法、时间序列分析法和统计需求分析法。

（一）购买者意向调查法

购买者意向调查法又称买主意向调查法，即直接向购买者了解其未来某一时期（即预测期）购买商品的意向的一种方法。当购买者购买意向明确清晰，并且有可能转化为购买行为，也愿意将信息告知调查者时，这种方法非常有效。如果一个企业经常关注新顾客、老顾客和潜在顾客未来的购买意向情况，特别是关注关键顾客（关键少数顾客其销售额可能占到企业的大部分销售额）的购买意向，在搜集资料的基础上分析市场变化，企业就能够对商品需求做出预测。

购买者意向调查法比较适用于耐用消费品和工业品的调查。对于耐用消费品的调查，可采用概率调查表进行，即把消费者的购买意向分为不同等级，用相应的概率来描述其购买可能性大小。进行调查时，要向被调查者说明所要调查的商品的性能、特点和价格，市场上同类商品的情况，便于消费者做出判断，并汇总调查资料，如表1-1所示。确定不同购买比例下的期望值，然后计算预测值。另外，还需要了解消费者目前和未来个人财力情况及他对未来经济发展趋势的判断。

表 1-1　　　　　　　　　　　　购买意向概率调查表

购买意向	肯定购买	可能购买	未定	可能不买	肯定不买
概率 P_i	100％	80％	50％	20％	0
人数（户数）X_i	X_1	X_2	X_3	X_4	X_5

不同购买比例下的期望值：

$$E = (\sum P_i X_i)/(\sum X_i)$$

式中：P_i 为不同购买意向的概率值；X_i 为不同购买意向的人数（户数）。

购买量预测公式如下：

$$Y = E \cdot N$$

式中：E 为购买比例的期望值；N 为预测范围内总人数（总户数）。

对于工业品调查，通过选取一定数量的潜在购买者，访问其有关部门负责人。通过访问获取的资料以及其他补充资料，企业便可以对其产品的市场需求作出估计。

采用这种预测法，对工业用品和耐用消费品的预测准确率较高，但不太适合长期预测。因为时间长，市场变化因素大，消费者不一定都按长期购买商品计划安排，所以，可用其他预测方法对比进行修正，使预测结果更为准确。

（二）专家意见法

专家意见法就是创业者利用行业专家、供应商、分销商等的意见进行预测。由于是通过对专家意见的索取进行分析判断市场情况，因此，其准确性取决于专家的专业知识、对市场变化的敏锐观察能力及判断力等。因此，对专家的选择要求较高。

利用专家意见法有多种形式：①专家会议调查法，即组织有关专家，进行调查研究，然后通过座谈讨论得出预测的结论；②头脑风暴法，即组织各类专家相互交流意见，无拘无束地畅谈自己的想法，敞开思想发表自己的意见，在头脑中进行智力碰撞，产生新的思想火花，使预测观点不断集中和深化，从而提炼出符合实际的预测方案；③德尔菲法，运用这种方法时，由协调者以函件形式，向互相不见面的有关专家发出问题表，要求专家对问题表所列示的问题做出明确回答，收回的答卷经协调者归纳整理和分析后，再将结果以函件形式发送给有关专家，如此反复几次。在此期间，专家可以根据上轮归纳的结果，修改或坚持自己的意见，并提出坚持或修改的理由。采用这种方法须运用特制的调查表格和综合、归纳、整理的科学方法。

专家意见法的一个突出特点就在于参加预测的人员必须是与预测问题有关的专家，这一点非常重要。专家，必须具有专业知识、精通业务、在某些方面积累了丰富经验、富有创造性和分析判断能力的人。专家意见法的主要优点是预测成本较低；预测过程中不同观点之间容易协调；预测较为迅速；在基本数据缺乏的情况下也可以使用这种方法。不足之处在于专家也是个人观点，有时未必能反映客观现实；由于预测者来自不同方面，责任较为分散，权数不易确定；只适合总额的预测，对区域、顾客群、产品大类的预测可靠性较差。

（三）时间序列分析法

这种方法是利用预测对象的时间序列数据，通过建立和拟合数学模型，找出事物发展变化的规律，并据此外推，作出定量估计的一种方法。这种方法的前提是过去的统计数据要齐全，并且存在一定的关系；另外，过去的销售对未来销售趋势有决定性的影响，销售额只是时间的函数。

产品销售的时间序列，一般受到四个方面的影响：

第一，趋势。这是人口、资本积累、技术发展等方面共同作用的结果。利用过去的销售资料描绘出销售曲线,即可看到未来的销售趋势。

第二,周期。这是企业的销售额因受到宏观经济的影响往往呈现一种波浪形运动状况,表现为周期波动。这种变化对中期预测非常重要。

第三,季节。其表现为1年内销售变化的周期性规律,与气候、假日、交易习惯等因素有关,可以是按小时、周、月份或季度发生的销售量变化形式。季节因素为短期销售预测提供了基础。

第四,不确定事件。它包括自然灾害、突发疫情、战争恐慌、流行时尚、恐怖袭击等偶发事件,是无法预测的因素,需要从历史数据中剔除,以便考察较为正常的销售活动。

如果用Y表示时间序列,T表示趋势,C表示周期,S表示季节,E表示不定因素,通过对未来几个因素的综合考虑,进行预测,可建立不同的预测模型。

构成加法模型:

$$Y = T + C + S + E$$

构成乘数模型:

$$Y = T \cdot C \cdot S \cdot E$$

构成混合模型:

$$Y = T \cdot (C + S + E)$$

时间序列分析法,根据分析方法的不同,可以具体分为简单平均法、移动平均法、指数平滑法、趋势预测法和季节性趋势预测法。

(四)统计需求分析法

时间序列分析法把过去和未来的销售都看作是时间的函数,不受其他因素的影响。事实上,任何产品的市场变化都会受到多种因素的影响,如价格变动导致需求变化,收入因素导致需求变动等。统计需求分析法就是在找出影响销售的最重要实际因素的基础上,研究这些实际因素与产品销售之间的关系。它是将产品销售看作一系列独立的需求变量的函数,运用多元回归分析的方法可以建立反映这些需求变量与销售量之间的相关关系的销售预测模型。也就是将销售量Q视为一系列独立需求变量X_1,X_2,X_3,$\cdots$,X_n的函数,即:

$$Q = f(X_1, X_2, X_3, \cdots, X_n)$$

这些变量同销售量之间不能简单地用数学公式表示出来,而是需要通过统计分析来揭示和说明,是一种统计相关。统计需求分析法经常分析的因素是价格、收入、人口和促销等。在运用统计需求分析方法时,如果观察值过少、各变量之间高度相关、变量与销售量之间的因果关系不清、未考虑到新变量的出现等,都可能影响到预测的有效性。

第四节 创 业 机 会

捕捉创业机会是创业的起点。创业者要在市场中识别创业机会,并对创业机会进行全面的评价,在此基础上再结合创业者自身拥有的资源和优势选择创业机会。

一、识别创业机会

创意是指具有一定创造性的想法或概念,其是否具有商业价值存在不确定性。创意是一种普遍的智能,艺术家可以用创意来表现艺术,科学家可以用创意来表现创造力,而创业者可以用创意来创建企业。

创业机会是具有商业价值的创意,表现为特定的组合关系。一个好的商业想法未必是一个好的商业机会,还需要经过商机评估来最后确定是否值得经营。

其实,创业机会是指在新的生产方式、新的产出或新的生产方式与产出之间的关系形成过程中,引进新的产品、服务、原材料和组织方式,得到比生产成本更高价值的情形。从这个概念可以知道,创业机会并不简单等同于新产品、新服务、新原材料和新的组织方式。换言之,创业机会就是通过把资源创造性地结合起来,迎合市场需求(或兴趣、愿望)并传递价值的可能性。

(一) 创业机会的一般来源

彼得·德鲁克在1985年出版的《创新与企业家精神》一书中,指出了创新的七种来源,得到理论界和企业的广泛认可。把他的创新理论应用到创业机会来源分析,可以得出七种创业机会来源。

1. 出乎意料

"出乎意料"的情况,即意外成功、意外失败或意外的外部事件。通过分析特殊事件,来发掘创业机会。

意外的成功,也就是来自"巧遇"所引发的敏锐洞察和灵机触动,或者"顿悟"般的创意。这样的创新机遇,可称得上是"好福气""幸运儿",自然是风险最小、求索的过程也最轻松,只需要保持敏感的商业头脑和思维,不要错过这样的好运。例如,美国一家高炉炼钢厂因为资金不足,不得不购置一座迷你型锅炉,而后竟然发现后者的效益要高于前者。再经分析,才发现美国钢产品市场结构已产生变化,因此,这家钢厂就将以后的投资重点放在能快速反映市场需求的迷你炼钢技术上。德鲁克也列举了著名的雷·克洛克的传奇故事——当52岁的雷·克洛克在向小型餐厅销售奶昔机时,他注意到一家叫做麦当劳兄弟餐厅的客户对于他的奶昔机需求十分频繁。这引起了他的好奇。他决定前往考察,结果发现这家餐厅每天顾客如潮,但其创始人却没有更大的想法。克洛克认为这是一个容易推广并被大众接受的品牌,于是提议并说服麦当劳兄弟,争取到了在其他地区复制其经营模式的特许权,并且最终买下了麦当劳兄弟,建立起一个巨大的汉堡快餐王国。

不过,意外的成功也最容易被忽视,在成熟的企业里尤其如此,这种"意外生意"很可能被管理人员毫不客气地拒之门外。

2. 不一致

"不一致",即实际状况和预期状况不一致,或与原本应该的状况不一致,于是,通过分析矛盾现象,进而发掘创业机会。

著名的跨国医药公司辉瑞发明"伟哥"的过程大概就是这样,听说他们最初研制该药的意图是用于心脏病治疗,后来新的定位颇有点"无心插柳柳成荫"的味道。国内著名的民企三一重工早期发掘商机的历程也可以归入这一类。梁稳根和他的兄弟们从最初的贩羊、做酒、做玻璃纤维的失败,到后来才找准做焊条的商机。在此之后,他们的涟源茅塘焊料厂很快成长为娄底地区最大的民营企业,产值过亿。但梁稳根觉得这种速度和规模,与梦想相去甚远。于是再次开始市场调研,经过1年多的时间,走访了几十位专家,开了5次专家论证会、10多次董事会,认识到他们所在的有色金属材料行业的市场狭小,而且公司所在地域太偏,行业和地域的限制,导致无法孕育出大事业,他们进而制定了"双进"战略:进入中心城市长沙;进入大行业装备制造业,首先进入工程机械制造业。可见,三一重工经过很多周折,不断发掘,才最终找到了自己的定位。

3. 顾客的不满

"需要乃发明之母",顾客在使用产品过程中遇到的麻烦将为新创企业提供机会,通过分析工作过程,改进流程或产品来满足客户需求,从而获得创业机会。

例如,柯达相机的发展就属于这种情况。在1880年以前,由于摄影过程需要使用笨重且易碎的玻璃干板,这些玻璃干板必须随身携带并小心翼翼地护理。同时,还需要一台同样笨重的照相机,这样一来,一个人在照相之前需要做大量的准备工作。在1880年,柯达的创始人乔治·伊士曼利用极轻的纤维素胶片代替了笨重的玻璃干板,并设计出一种可以使用这种胶片的轻型照相机。10年内,柯达在摄影领域取得了世界领先地位。

4. 产业结构或市场结构的变化

产业结构或市场结构的变化,出乎大多数人的意料之外。德鲁克提到了发生在汽车工业内部的分化,汽车逐渐超越了作为一种交通工具的价值,一些车成为某些身份的象征,反映出一个人的个性,品牌化的时代到来,行业的格局和营销方式变了。

5. 人口变化

人口变化包括人口数量、人口组成、就业情况、受教育程度以及收入状况方面发生的变化。创业者从中国人口的变化可以发现一些创业机会,如老龄化趋势、独生子女和人员流动等带来的变化。

6. 认知、情绪和意义的变化

随着市场的发展,消费者的精神需求也会发生变化,并影响着消费者的行为,这当中蕴藏着大量的创业机会。尤其是对零售行业和服务行业,顾客与服务人员的互动过程会直接影响客户的价值。例如,人们对于饮食需求认知的改变,造就了美食市场、健康食品市场、都市农业和有机农业等新兴行业。

7. 企业外部的新知识

企业外部科学的以及非科学的新知识,主要是指创业者的技术发明、创业者购买技术发明,或者创业者与技术发明者合作,形成创业机会。形成这种创业机会的时间比较长,难度较大。清华大学视美乐创业团队的创建,就是清华大学自动化专业五年级学生王科发现了邱虹云的技术发明的商业价值,从而给他提供了创业的机会。

(二) 创业机会的具体识别

1. 市场的供求差异

在市场经济条件下,市场的供给和需求总会存在一定的差异,这些差异正是创业者的商机来源。

从市场的需求总量与供给总量的差额中发现商机。一位来自安徽的青年,使用统一品牌包装各地"小菜"在南京销售,结果一炮打响,年销售额超过1 500万元。这位安徽青年名叫胡小平。十多年前,他就来南京打工了。但把生意做大,也只是近一年多的事。他发现,无论是居民家还是宾馆饭店,对小菜的需求量都很大,但南京的许多超市都嫌小菜进货太麻烦,所以上柜品种很少。看准了这个供求差距,他便决定来做这项工作。他办起了公司,与员工一起到四川、黑龙江、广东、浙江、湖南等地寻找合作伙伴,定点加工各地风味小菜,并将产品统一运往南京,供应给超市。超市的小菜品种齐全了,胡小平的生意也迅速做大了。在发现小菜的巨大市场潜力之后,胡小平没有满足于做简单的配送,赚点小钱,而是注册了"小菜一碟"的商标,用众多厂家的产品来托起属于自己的品牌,为"小菜事业"做大奠定了基础。

从市场供应的产品结构和市场需求结构的差异中发现商机。产品结构包括品种、规格、款式、花色等,有时市场供求总量平衡,但结构不平衡,就会留下需求的"空隙",企业如果适时分析供需结构的差异,便可能捕捉到商机,如海尔集团就善于巧妙填补市场供需结构的"空隙"。多年前,海尔总裁张瑞敏出差到四川,听说海尔洗衣机在四川销售受阻,原因是农民常用洗衣机洗地瓜,排水口一堵农民就不愿意用了。于是,海尔集团就根据当地农民的需要开发出一种排水管口粗大,既可以洗衣又可以洗地瓜的洗衣机。这种洗衣机生产出来后,大受欢迎,畅销西南农村市场。又如,江苏技术进出口舒泰克公司1996年赴美投资考察,发现国际市场对生产自动化、智能化程度低的割草机的需求很大,并呈现供不应求之势,其中美国的草地机械市场更是高达70亿美元,但其制作工艺却滞后其他产业20年,是美国唯一没有电子技术的行业。他们瞄准美国产业升级和转换后存在的这一市场空当,联合南京理工大学共同研制开发割草机,在美国申请了19项专利,投资建立舒泰克公司。产品很快打开市场,至2000年年底已销售割草机1.5万台,2000年上半年仅带动出口就达368万美元。

从消费者需求层次的差异中发现商机。消费者的需求层次是不相同的,不同层次消费者的总需求中总是会有尚未满足的部分。有的消费者收入很高,但社会上却没有可供其消费的高档商品或服务;有的消费水平很低,但厂商往往忽略了他们所需求的低档商品或服务供应。这就给创业者提供了开拓市场的机会。

2. 市场的"缺口"或"边角"

市场的"缺口"或"边角"往往是被人们遗忘或忽略的地方,但这里往往蕴含了大量因被忽略而未被满足的市场需求,这正是创业者可以充分开发利用的创业空间。搜寻、瞄准市场的"缺口"或"边角",科学地开发和满足这些市场需求,另辟蹊径,做到人无我有、人有我新,最终一定能够出奇制胜,占领目标市场。

例如,1987年武汉市一位画家赵敏,出差广州采购了一批制作画框的材料,要运回武汉,却找不到车,无奈中他写了一块"有货要运到武汉"的牌子,站在马路边上,不一儿,就有从武汉运货到广州而放空回武汉的车停下来要为他运货回武汉,而且价格便宜,材料顺利地运回了武汉。由此,赵敏发现了在货运中货主找车,车主找货主的困难。他回家后立即创办了全国第一家交通信息中心,货主、车主知道后都主动到中心来进行登记配载。既为大批车主找到了货源而减少了放空浪费,又为货主找到了车,且运价便宜,两全其美。赵敏只从运费中收取适当手续费,当年就获利30多万元,后来赵敏成为武汉有名的民营企业家。

有家生产皮装的乡镇企业,经过市场调查发现一个市场盲点,即在许多人都穿上皮装的今天,仍有不少特异身材的人,因为没有合适的皮装而抱憾多时。于是,他们以这一市场盲点为商机,研制了特肥、特长的特异皮装,还登报宣传,为特异身材者提供来人来函定做服务。消息传出,生意络绎不绝,甚是红火。苏南一家无线电厂,在不少工厂纷纷转产大宗家电商品的情况下,瞄准了家电大市场的"夹缝",开发学生用微型收录机。在激烈的家电市场竞争中避免了正面冲击,市场销路一直很畅,后来这家企业的产品还打入了国际市场。

市场的"缺口"或"边角"只要有心去观察和分析是不难找到的。例如,我国大批低层次消费者,尤其是农民十分需要的甚至还是必需品中的中低档产品,由于利润率较低,生产者越来越少,以至于一些日用品市场上严重供货不足。盐城市一家镇办胶鞋厂,重新生产已经停了几年、市场冷僻的解放鞋。由于全国各地都很重视冬春水利建设,对解放鞋的需求量很大,所以,订货者纷纷上门,营销很畅,使这个生产经营几年不景气的企业又焕发了勃勃生机。

3. 竞争对手的缺陷

研究竞争对手,从中找出其产品(或服务)的弱点与营销的薄弱环节,也是创业者发现商机的有效方法之一。美国的罗伯梅塑胶用品公司成功的秘诀之一就在于采取了积极参与市场竞争,"取竞争者之长,补己之短"的方式。在竞争对手达普公司开发出储存食物的塑胶容器后,罗伯梅公司对其进行了认真的分析研究,认为竞争对手达普公司的产品质量虽然好,却都是碗状,放在冰箱里会造成许多小空间无法利用。于是,对其加以改进,开发出了性能好、价格低,又能节省存放空间的产品。

4. 市场的发展趋势

创业者要善于从市场的发展和变化趋势中发现商机。例如,我国大中城市中,人口已经出现老龄化趋势,这意味着老年人市场正在逐步扩大。企业完全可以分析和把握这一重要商机,深入细分老年人市场,开发出能最大限度地满足他们需求的各类商品或服务。

日本夏普公司就是依靠分析研究人们新的消费需求,开发了许多新产品。在经营过程中,公司敏锐地发现日本社会越来越情报化,人们每天必须接受许许多多新资讯,并要保留这些资讯。他们立刻感到这是一个很不错的商机。于是,组织技术人员研究开发了电子系统笔记本,将日历、记事簿、时间表、计算器和电话簿等功能合为一体,除了随时可以输入、消除、添加资料外,还具有排列功能和隐秘功能,既方便使用,又能照顾到保密性。因此,产品一上市,就大受欢迎,成了白领阶层必备的工具之一。

5. 问题解决过程

有位成功商人曾这么说过,每个问题都是一个被精巧掩饰的商业机会。有时发现问题并找到解决方法可能就捕捉到了一个可靠的商机。可能刚开始时,某个人只是为了解决某一实际问题,但在解决问题的过程中,逐步意识到解决方案将有更为广泛的市场吸引力,此时,紧紧把握住这个机会,就可能带来意想不到的效果。思科系统公司的创建是这方面的一个传奇的案例。

思科的传奇是关于20世纪70年代斯坦福大学一对性格内向夫妇的故事。斯坦福大学商学院的桑德拉·莱纳和计算机科学系的伦纳德·博萨克想通过电子邮件互相发送情书,但他们各自的院系使用不同的计算机网络。所以,他们充满热情而执著地发明了路由器——一种由电缆线圈与一些灵敏软件组成的神秘黑盒子,后来他们建立了思科公司。

二、评价创业机会

如果创业机会难以衡量或评价,那么创业机会的研究就会停留在概念层面,难以真正深入研究机会与创业过程中其他因素的关系与作用机制。在机会开发过程的各阶段,创业者会对推测的市场或资源进行非正式的研究,对机会作出多次评价,这些评价会使创业者识别出其他的新机会或调整其最初的看法。

(一) 影响创业机会评价因素

1. 创业经历

很多研究指出,创业者和管理者的个性特征有差异。而且,有研究认为,创业者和管理者在信息处理方式上存在显著差异。所以,在机会评价标准的经验分析上,有创业经历的管理者的意见比没有创业经历的管理者的意见更值得重视。

2. 工作年限

有"创业教育之父"称号的杰弗里·蒂蒙斯教授在研究中指出,企业工作经验对创业者能否做出正确判断有重要影响,他认为"具有至少10年或10年以上的企业经验,才能识别出各种商业行为,并获得创造性的预见能力和捕捉商机的能力"。因此,在机会评价标准的经验分析上,企业工作年限超过10年的创业者的意见比工作年限较短的创业者和管理者的意见更值得重视。

3. 管理经验

在进行机会识别和评价时,创业者的事前知识结构起到重要的影响和作用。担任高级管理职务,意味着其可以掌握更多的决策经验和资源控制能力。因此,在机会评价标准的经验分析上,担任企业高层管理职务的创业者的意见比担任中层管理职务的创业者的意见更值得重视。

(二) 创业机会评价方法

1. 阶段性评价法

阶段性评价方法就是要求创业者在机会开发的每个阶段都要进行机会评价。一个机会只有通过每个阶段预先设置的"通过门槛"才能进入下一个阶段。这些门槛主要是创业者经常面对的约束或限制,如创业者的目标回报率、风险偏好、金融资源、个人责任心和个人目标等。虽然某个创业者可能会因为某个准则而放弃某机会,但它又会引起其他个人或团队的注意。

一项不能成功通过某一阶段的评价门槛进入下一阶段的机会,将被修订甚至被放弃。因此,通过循环往复的"识别——评价——开发"步骤,一个最初的商业概念或创意就会逐步完善起来。

2. 杰弗里·蒂蒙斯法

杰弗里·蒂蒙斯总结概括了一个评价创业机会的框架,其中涉及八大类53项指标。尽管杰弗里·蒂蒙斯也承认,现实中有成千上万适合创业者的特定机会,但未必能与这个评价框架相契合。但他的这个框架是目前包含评价指标比较完全的一个体系。

(1) 行业与市场,包括11项指标,即市场容易识别,可以带来持续收入;顾客可以接受产品或服务,愿意为此付费;产品的附加价值高;产品对市场的影响力大;将要开发的产品生命周期长;项目所在的行业是新兴行业,竞争不完善;市场规模大,销售潜力达到1 000

万～10亿元;市场成长率在30%以上;现有厂商的生产能力几乎完全饱和;在5年内能占据市场的领导地位,达到20%以上;有低成本的供货商,具有成本优势。

(2)经济因素,包括11项指标,即达到盈亏平衡点所需要的时间在2年以下;盈亏平衡点不会逐渐提高;投资回报率在25%以上;项目对资金的要求不是很大,能够获得融资;销售额的年增长率高于15%;有良好的现金流量,能占到销售额的20%以上;获得持久的毛利,毛利率要在40%以上;能获得持久的税后利润,销售净利润率要超过10%;资产集中程度低;运营资金不多,需求量是逐渐增加的;研究开发工作对资金的要求不高。

(3)收获条件,包括3项指标,即项目带来的附加价值具有较高的战略意义;能够以现有的或可预料的方式退出;本市场环境有利,可以实现资本的流动。

(4)竞争优势,包括7项指标,即固定成本和可变成本低;成本、价格和销售的控制较高;经获得或可以获得对专利所有权的保护;竞争对手尚未觉醒,竞争较弱;拥有专利或具有某种独占性;拥有发展良好的网络关系,容易获得合同;拥有杰出的关键人员和管理团队。

(5)管理团队,包括4项指标,即创业者团队是一个优秀管理者的组合;行业和技术经验达到了本行业内的最高水平;管理团队的正直廉洁程度能达到最高水准;管理团队知道自己缺乏哪方面的知识。

(6)致命缺陷,包括1项指标,即不存在任何致命缺陷。

(7)创业者的个人标准,包括6项指标,即个人目标与创业活动相符合;创业者可以做到在有限的风险下实现成功;创业者能接受薪水减少等损失;创业者渴望进行创业这种生活方式,而不只是为了赚大钱;创业者可以承受适当的风险;创业者在压力下状态依然良好。

(8)理想与现实的战略性差异,包括10项指标,即理想与现实情况相吻合;管理团队已经是最好的;在客户服务管理方面有很好的服务理念;所创办的事业顺应时代潮流;所采取的技术具有突破性,不存在许多替代品或竞争对手;具备灵活的适应能力,能快速地进行取舍;始终在寻找新的机会;定价与市场领先者几乎持平;能够获得销售渠道,或已经拥有现成的网络;能够允许失败。

三、选择创业机会

(一)看准行业

创业学的研究者在实证分析中发现了一个非常有趣的现象:不同产业内,新创企业取得成功的可能性不同。回想一下20世纪末风险投资对中国网络的热情,就可以体会到投资者的强烈倾向——认为中国创业者在某些产业内可能取得成功,而在另一些产业则不可能成功。这样的判断直接影响到创业者热衷于在哪些产业中寻求机会。可以想象,如果两位各方面条件相当的创业者,一位选择了适合创业的产业,另一位选择了不适合创业的产业,结果当然大相径庭。

有四个维度的因素影响产业,决定其是否适合新创企业的生存,即产业的知识因素、产业的需求因素、产业的生命周期和产业的结构。

1. 产业的知识因素

产业的知识因素是指一个产业生产产品或提供服务所需要的知识情况,主要指生产过程的复杂程度、产业创造新知识的水平、创新单位的规模和不确定性的程度。例如,把制药工业与纺织工业进行比较,显然制药工业的生产过程更复杂,需要更多的投资才能产生新知识,需要更大的单位规模才能实施创新,而且不确定性也更高。

一般而言,从产业的知识因素看,适合新创企业生存的产业为:研究与开发密集的产业、技术创新的来源主要是公共部门而不是私人部门的产业、较小规模的单位即可实施技术创新的产业。

2. 产业的需求因素

影响新创企业生存情况的产业需求因素主要有三个:市场规模、市场成长性和市场的细分情况。

(1)市场规模。研究表明,新企业在市场规模大的产业表现更好。原因在于市场规模大的产业,新企业更容易获得赢利。

(2)市场成长性。在快速成长的产业里的新企业比成长缓慢或萎缩的产业里的新企业更容易获得赢利。原因很简单,在快速成长的产业里,原有企业的生产服务能力不能完全满足市场的需要,新企业的发展空间比较大。

(3)市场的细分情况。市场细分明确的产业,新企业容易生存。因为新企业容易在细分后的市场中找到现有企业没有满足的"缝隙",并以此为利基市场,从而得到发展。

3. 产业的生命周期

从理论上来说,任何一个产业都和人一样存在产生、成长、成熟、衰亡的周期过程,由于有的产业生命周期比较长,因而我们并没有亲眼目睹很多成熟产业的凋零过程。不过,了解产业生命周期的情况有利于我们了解新创企业适应生存的阶段。

(1)产业的成长期比衰退期更适宜新创企业的生存。而且,越是在产业发展初期,新企业越容易进入。

(2)产业进入成熟期的标志是出现了行业标准。行业标准出现前比行业标准出现后更适宜新创企业的生存。

4. 产业的结构

不同产业有不同的结构。有的产业比另一些产业更适合新企业生存。从资本密集程度看,资本密集程度越高,新企业越不容易生存;从规模经济看,一个产业的规模经济效应越显著,新企业越不容易生存;从产业集中度看,一个产业的市场份额越集中,新企业越不容易生存,一个以中小企业为主的产业最适合新企业的生存。

(二)把握政策

中国的创业具有明显的"中国特色",最大的特点是政策性机会和市场化改革机遇十分显著。"天下第一村"华西村的老书记吴仁宝就是一个很善于从国家政策变化中寻找发展机会的人,他有天天看新闻联播的习惯,并从中发现国家政策的动向。中国计划经济向市场经济过渡的过程中,产生了一系列的政策机会。目前,中国仍然处于市场经济的初级阶段,政策机会仍然在一定的时间内存在并且占据重要地位,只不过表现形式不同罢了。中国创业的政策性机会主要表现为以下几个方面。

1. 定价机制市场化带来的机会

市场化的初期,最先是民用商品定价的市场化。那时民用商品奇缺,市场供不应求。在20世纪80年代初期,一批从事民用商品制造及流通领域的企业,通过相对简单的方式迅速获取财富。这一领域获得暴利的日子,在90年代初便告结束。

2. 产权制度改革带来的机会

在产权制度方面,1949 年后的前 30 年是将"私"变"公",后 30 年则是将"公"变"私"。在"公"变"私"的过程中,涌现出很多机会。让一部分人先富起来,允许私营经济的存在,出现了浙江个体私营经济模式、江苏集体经济模式;到 20 世纪 90 年代中后期的改制,乡镇企业、集体企业转制成私人企业;国家抓大放小,进行国企改制,让民营资本、管理层、外资参与改制和收购,这一过程催生了一批"政策"富豪。

3. 分配政策变化带来的机会

20 世纪 80 年代,国有、集体企业的承包租赁经营推行,企业利改税;推行的各种吸引外资政策,对外商投资的超国民待遇;特区政策,各地开发区、工业园区及招商引资的优惠政策,等等。以上政策的意图固然是为了进步,但也难免泥沙俱下,不少人利用政策的不完善,钻了空子。

4. 产业政策变化带来的机会

在国有资本从竞争性行业退出以及反垄断过程中,存在大量机会,如粮食、运输、教育、医疗、金融、石化、航空等在向民营企业开放的过程中,首先拿到进入许可证的民营企业都有很好的回报。

《国务院关于鼓励支持和引导个体私营等非公有制经济发展的若干意见》出台,放宽非公有制经济市场准入,贯彻平等准入、公平待遇原则。允许非公有资本进入垄断行业和领域,进入公用事业和基础设施领域,进入社会事业领域、金融服务业,乃至国防科技工业建设领域,鼓励非公有制经济参与国有经济结构调整和国有企业重组,等等。这一切,均为非公有制经济的发展创造了新的政策机遇。

5. 其他政策机遇

我国从 20 世纪 90 年代初开始,金融领域市场化。随着金融债务、上市公司的大量出现,这一时期,政策向上市公司倾斜,企业竞相包装上市,股本高溢价发行,向公众大量圈钱,几乎无偿获得了一大笔资金。

在利用政策方面还有一个重点,就是政策面的变化将影响国民经济的周期性,而国民经济的周期性变化将直接影响企业经营的要素成本和产品的市场需求,进而间接影响到企业所在产业的周期性波动。产业的周期性与国民经济的周期性特征常常紧密联系。如 20 世纪 80 年代、90 年代的大部分时间,是家电产业、通信产业、IT 产业的一个高速成长期。而在 2002—2005 年新的一轮国民经济增长期中,以上产业却进入成熟期,并没有随着国民经济的同步增长,相反以房地产、汽车、钢铁、能源等为代表的行业迎来了爆炸式增长。产业的周期性与国民经济的周期性的联系还表现为,每一轮国民经济的增长和衰退是若干个重点产业拉动的,而不是所有产业全面开花。因此,如果在下一轮国民经济增长的"领长行业"中创业,就更容易成功。相反,进入了一个处于衰退的行业,就很难成功。在产业决策时,要把握这种国民经济周期性及产业周期性,选择合适的决策时点。

（三）抓住要领

1. 做你最擅长的事

俗话说:"万事开头难。"西方也有一句谚语,叫做:"良好的开端等于成功的一半。"比尔·盖茨曾经说过:"做你自己最擅长的事。"人们在做自己擅长的事时,自信心和勇气最强,因此,成功率最高。

创业者最擅长的事,也就是最有可能干好的事。擅长,就是跟别人竞争时具有的优势。只有加大自己的专长,成为专家,才会和别人拉开距离,在竞争中脱颖而出。比尔·盖茨就是一个典型的代表人物。作为一个创业者,你需要认真地分析你自己的特点,找出你最擅长的,然后,决定你从哪里开始,策划一下如何入手。记住:没有人是选择了自己的短处而获得成功的。

2. 做你最喜欢的事

孔子说:"知之者不如好之者,好之者不如乐之者。"只有在做自己最喜欢的事时,人们才会废寝忘食、不知疲倦。这种乐在其中的感觉,会叫人乐此不疲,而创业最需要的是创业者坚持不懈的热情和执著。爱迪生一天平均有 18 个小时待在实验室里,当他的家人劝他休息时,他说:"我没有在工作,我一直在玩。"所以,爱迪生的成功是因为他做了自己最喜欢的事。可见,作为一个创业者,选择你最喜欢的事开始创业,是成功率很高的选择。做你最喜欢的事,你才最有可能坚持到底,才不至于在遇到坎坷和困难时半途而废。

3. 做你最熟悉的事

在做同样生意的人群里,如果只有一个人赚钱的话,一定是那个最熟悉该生意的;同样在这个群体里,如果只有一个人赔钱的话,一定是那个最不谙此道的。这就是民间商人常说的"不熟不做"的道理。

"春江水暖鸭先知",是因为鸭子经常在水里玩耍,它最熟悉一年四季的水温,所以在春天到来时,它会第一个感觉到。创业者应该明白,各行各业都有它自己的规律,只有你具有了相当的职业经验,你才会在机遇来临时,率先看到;在行业发展不利时第一个意识到。这些直觉往往就是依靠经验的积累而产生的。俗话说"熟能生巧",在你最熟悉的领域里,你会游刃有余,无往而不胜。

4. 做你最有人脉关系的事

人们都说"一个好汉三个帮""孤木不成林",创业成功,也同样离不开他人的帮助。著名成功学大师卡耐基说过:"成功依靠的是 15% 的专业知识和 85% 的人际关系。"反过来说,在人们最喜欢、最擅长、最熟悉的行业里,朋友也会越多,共同的爱好和志趣会使创业者在创业初期很快找到志同道合的新朋友,从而建立起对创业有利的人脉关系。因此,合伙创业,团队作战,比一个人单打独斗成功的概率高。同时,要善于用人,增加助力。荀子说:"登高而招,臂非加长也,而见者远;顺风而呼,声非加疾也,而闻者彰;圣人性非异也,善假于物也。"善假于物,就是善于利用其他人和物,来整合现有的资源。

（四）适合自身

适合自身的,就是最好的,这个道理也适合大学生选择创业机会。对于想创业的大学生来说,最好是依托自身的优势,以此起步,进而逐渐提高创业活动的层次。大学生创业者了解年轻人市场,有较强的信息搜集能力和丰富的创意等,都能帮助大学生创业者找到适合自己的创业机会。这里总结出大学生创业的七种典型的商业机会。

1. 满足大学生学习和生活需求的产品和服务

大学生创业者对于学生市场的需求是最为了解的,这是多数大学生开始创业的时候首先考虑到的方向。创业者可以通过回顾自己在大学生活中遇到的问题或不满的地方,也可以通过访谈在校大学生,了解大学生的各种需求,然后从中挑选出最适合自身资源的创业机会。做校园代理是大学生常见的创业方式,如考研、考证、旅游、手机卡等大学生常用的产品,这些业务的成本和风险都低。

创业故事:万学教育的商机

张锐是中国人民大学的管理学博士,2006年7月毕业,8月份即创办了万学教育,开始创业生涯。在中国人民大学读博士时,张锐担任了研究生会主席,同时在海文教育集团兼职。他为海文设计了一套新的管理方式,帮助海文将分支机构从2家扩大到20多家,一度使海文在北京地区的考研培训业务做到第一。

在海文这么一个偶然的经历,让张锐对教育领域有了不同的感受。他发现,每年上百万人考研孕育了巨大的考前培训市场;而这个遍地开花、看似一片红海的行业,其实制造了一个让大多数人都迷惑的假象。"当你对这个行业深入了解之后,你就会明白,其实这里是一片蓝海"。张锐毅然决定以考研培训为突破口切入成人高端教育市场。

张锐认为,尽管国内考研培训行业已走过近20年历程,但它承担的更多只是一个中介功能,把教师传递给学生,其间并未创造附加价值,消费者的深层需求被忽视了。继而他萌生了一个大胆的想法——通过一定的方式,把几家考研培训机构和教研机构整合起来,把看似无序的教育培训过程用精细和科学的方式管理,整合资源,创建中国教育行业的一个优秀企业。

张锐用11天的时间,从中国人民大学到北京大学、清华大学,一直到南开大学,他说服了5个朋友一起创业。为打造核心竞争力,万学提出三大能力构建:教学体系——个性化"配菜";服务模式——量身制订学习方案;利用教育技术整合资源——模块化。万学模式本质上是大规模定制模式,为学生提供个性化服务。事实证明,应用这套技术培训的升学率远高于普通培训机构。

资料来源:杨忠阳.脚踏实地成就创业梦想[N].经济日报,2009-01-14:(04).

---

2. 特色零售店或服务项目

零售和服务行业的进入门槛不高,对资金、技术和团队的要求较低,服务的对象又非常广泛,随着消费需求的持续变化,商业机会层出不穷,每年都会有新的模式和新的企业迅速崛起,这一行业适合于多数大学生进行创业。零售和服务行业最需要的就是商业模式和服务的创新,创业者把自己的独特创意融入其中,就有可能开创出新的零售模式或特色服务项目。在长沙市太平街有一家特色小店,该店主要销售年轻人喜欢的各种个性化小玩意,尤其是店里的特色服务项目——蜗牛慢递,非常有创意。蜗牛慢递的特色在于客户可以任选送到的时间,内容可以是任何东西(甚至可以是无形产品),慢递的东西都加入了创意或特色。

3. 网上开店或网络服务

80后、90后的大学生对于互联网非常熟悉,互联网上的创业机会也异常丰富。最普通的网上创业就是开网店,在淘宝网上注册账户卖自有产品或代销,浙江省的义乌工商学院就非常鼓励甚至要求学生开网店进行网上创业。网上开店的秘诀在于透彻理解网上购物行为,合理规划产品的品类,高水平地展示产品,积极管理客户评价等方面来提高网店的利润。大学生还可以创造出特色的网络服务,以低成本实现客户价值。例如,"财客在线"就是通过满足年轻人理财记账的需要而成功的,通过会员付费和广告收入来盈利。

4. 对同质的、商品化初级阶段的小产品的品牌化经营

成熟行业给大学生的创业机会比较少,毕竟行业格局已经形成,只有一些零散型的产

业才有创业的机会,如那些处于商品化初级阶段的日常用品或农产品。这些小产品的行业内竞争层次很低,同质化的产品以及相同的价格很难做成大企业和打造大品牌,企业的利润也很微薄。创业者需要转换经营思路,进行品牌化运作,将产品的档次提升,甚至加入一些创意元素。创业者可以从杯子、镜子、梳子、玩具等日用品以及农产品中选择创业项目,将小产品打造成特色品牌,就像梁伯强的指甲剪品牌——非常小器。这类创业的进入门槛比较低,风险也不高,大学生需要以高端化或回归自然的品牌运作思维,来从小产品中开发出大市场。例如,德青源品牌的鸡蛋,2002 年以来每年以 150% 的速度快速增长,2009 年实现销售额 5 亿元,成为全国鸡蛋市场第一品牌。

5. 提供个性化的产品或服务

现代消费者对于产品或服务的个性化程度要求越来越高,收入水平的提高和市场需求的多样化为个性产品或服务的需求提供了坚实的购买基础。80 后、90 后消费者对个性化产品或服务的需求更高、更敏感,而这类产品的创业成功,关键在于准确和快速地掌握市场需求的能力,这为大学生开展个性化产品或服务的创业提供了天然的优势。创业者需要把握的除了基于个性化需求的定位,还需要从商业模式上进行创新,在提供个性化服务的同时寻求规模化经营,并保持较低的成本。个性化的创新机会有可能通过将其他行业的特点引入新行业中,满足客户的多重需求,甚至开发出全新的市场,形成新的商业模式。

6. 开发具有高技术含量的新产品

大学生创业者(尤其是理工科专业的研究生和博士生)可以开发出新产品,以创新技术作为创业的关键资源,组建公司来生产和销售创新产品(或提供技术服务)。新产品的开发是很难靠某个人就能成功的,它需要一个团队来协作开发,一般以导师为核心的研究团队有可能开发出更高技术含量的新产品。创业者如果自身无法开发新产品,那么就要寻找可以合作创业的新产品开发者,这需要创业者与研发人员的能力互补。这种创业可以获得政府相关机构的大力支持,尤其是与政府产业扶持政策相关的战略性新兴产业和其他重点产业更是有可能成为政府关注与扶持的典型创业项目。

7. 国外最新成功模式的移植

发达国家的经济与技术走在我国的前面,它们曾经历过的商业机会也很可能在今天的中国出现。这需要用历史的眼光来看待经济和技术的发展,找出不同经济阶段的典型商业形态,从而借鉴发达国家成功的商业模式。携程网创始人之一季琦说过:"中国式的创新更多的是继承式的创新,在借鉴欧美发达国家商业模式的情况下,结合中国具体情况,进行改造式创新和应用。因为,人类的物质、精神需求和享受,总是从低级到高级,从简单到复杂。欧美的服务业已经先于我们发展,已经经过了客户的需求选择,中国的服务业也大体会遵循它们的发展轨迹。因此,在服务行业,继承欧美的成熟商业模型特别有价值;研究它们成长的轨迹和成败的原因,对于我们这些后来者也非常有益。"在高科技领域(尤其是互联网),这一滞后发展模式更加明显,美国等先进国家最先开发出新技术和新商业模式,国内创业者可以迅速跟进,在模仿中进行再创新。国内目前知名的互联网公司大多是从美国借鉴或模仿过来的,如当当网是从亚马逊网站得到启发的,腾讯是直接模仿 MSN 发家的,淘宝网则从 e-Bay 借鉴而来。2011 年广受关注的团购网站也是发源于美国,拉手网、团宝网、美团网等迅速崛起的团购网站都或多或少模仿美国网络团购业的领导者 Groupon 公司。

第二章 创业商业模式

每个创业活动本身是一个机会、资源、团队独特创新整合的过程。有了好的创业机会和创业所需要的资源,再有了具有核心竞争力的商业模式,创业就可以起航了。创业者要了解常见的创业模式和创业资源整合策略,分析商业模式的基本模型,努力构建新创企业的商业模式并持续优化,以确保新创企业持久的核心竞争力。

第一节 创业基本模式

在现实生活中,尽管有多种多样的创业,但是归纳起来创业的基本模式主要为概念创业、依附创业、SOHO 创业、收购现有企业创业和白手起家五种。

一、概念创业

大学生应该是最富有梦想和创意的一班人,加上又没有多少资本和资源,因此,概念创业或许是他们创业的首选途径,至少对其中一部分喜欢异想天开、不"安分守己"的"梦想家""冒险家"来说是这样。一个一闪即逝的灵感,就是你的创业大梦开始的地方。事实上,大学生们所熟悉的 Yahoo,e-Bay 等众多的互联网公司,乃至联邦快递等,都是来自一些年轻人的革命性创意。杨致远、皮埃尔·奥米迪亚等人凭着敏锐的市场嗅觉和新奇的商业创意,从普通创业者摇身变成了日进斗金的企业家。

(一)概念创业的概念

概念创业是指凭借创意、点子、想法来开始创业。当然,这些创业概念必须标新立异,在你打算进入的行业或领域具有足够的独特性甚至开创性;同时,这些超常规的想法还必须具有可操作性,而非天方夜谭式的梦想、空想。只有这样,才能赢得市场先机,并吸引风险投资商或是消费者的眼球,进而获取创业所需要的其他资源,包括资金、创业伙伴等。

在一些人看来,概念创业由于涉及"高深莫测"的创意、想法等,因此,觉得有些虚无缥缈,甚至认为是无从入手。其实,创意并不一定是天才才能做的事,只要你善于观察生活,到处都有商机。30 多年以前,美国人弗雷德·史密斯凭着一个想法——隔夜传递,被风险投资家看中,创办了"联邦快递"。如今,"联邦快递"已是全球最大的快递物流公司,在全球200 多个国家开展业务。

(二)概念创业的分类

有人把概念创业总结为四大类型:异想天开型、问题解决型、异业复制型和国外移植型。

1. 异想天开型

几乎所有伟大的革命性创意都可以列入异想天开型,如 Microsoft 的编程软件、Apple

的家庭电脑、Yahoo 的全球网址分类、Google 的在线搜索引擎、e-Bay 的网上拍卖等。但也有很多的"异想天开"是普通人可以做到的。例如,一个叫做贝利的法国人,就用自己独特的想法改变了旧报纸的命运。贝利注意到每个人对自己的生日都很敏感,希望收到特别的生日礼物,而鲜花、蛋糕等传统礼物不但让人腻味、显得很"俗",更因为是一次性的,无法很好地体现生日的特殊性。于是,他创立了一家"历史报纸档案公司",把旧报纸当成礼品,出售给生日日期与报纸出版日期相同者。就这样,贝利抓住人们追求个性化的心理,把"日子"当作一个生意来做,每年卖出了 25 万份旧报纸。

2. 问题解决型

大部分创意创业尤其是服务业领域的创业,可以归入问题解决型一类,如大家熟悉的新东方外语培训、携程网、如家连锁酒店、分众传媒、立体车库等。众多提供功能性创新的产品类公司也是典型的问题解决型创业,如宠物反光衣、弯曲吸管等。例如,与孙海涛同时获得"浙江省大学生创业之星"的浙江大学研究生方毅,在 2005 年 10 月创办了杭州每日科技有限公司,研发了手机数据备份的"无知觉解决方案"——充电的时候把数据备份到充电器上去,就这么一个金点子,为他引来了数百万元的风险投资。

每个人在日常生活中都难免会碰到一些恼人的问题,有的人对此的反应是抱怨,有的人则从自身经历或朋友的困境中发现了创造价值的可能性,针对问题所在,想出解决问题的妙方。如果这些问题具有普遍性,那就意味着良好的市场前景。

3. 异业复制型

即使是很多取得巨大成功的创业者,未必都是新领域中第一个"吃螃蟹"的人,而是受其他领域中某些事物的启发,直接将其借鉴过来,也就是把一个行业的原创概念复制到另一个行业,就引申出一个巨大的市场。这就是所谓的异业复制型概念创业。异业复制的好处是有"范本"可循,不必挖空心思并且冒太大的风险去摸索。当然,不同领域的经营模式能否移花接木并且做到浑然天成,则是对创业者智慧的考验。

马化腾的 QQ 就是一个典型的异业复制。在创办腾讯之前,马化腾曾在电信行业从事互联网传呼系统的研究开发工作,"从 1998 年开始,我就考虑独立创业,却一直没想清楚要做什么……我感觉可以在寻呼与网络两大资源中找到空间。"其后他自主开发了基于 Internet 的网上中文 ICQ 服务,集寻呼、聊天、电子邮件和文件传输多种功能于一身,这就是腾讯 QQ 的来历。

4. 国外移植型

在国内还有一种非常典型的概念创业模式,就是国外移植型。例如,国内的门户网站最初都是步 Yahoo 后尘的跟进者。实际上,IT 等新技术领域,尤其是互联网方面,以及连锁经营等众多新型服务业领域移植国外模式的痕迹是比较明显的。

移植国外模式,是最便捷的创业方式,但因为不是创业者自己的独特创意,因此,往往没有什么"门槛",创业者必须抢在别人前面,并且要尽量一步到位。对于那些经常出国旅游或浏览国外资讯,见多识广,洞察力强的创业者,那么不妨把国外的新鲜点子搬回来。当然,创业者还是要掌握国内市场环境特点,要注意不同国家的文化差异,对国外的创业概念进行本土化改造,否则难免水土不服。

(三) 概念创业应注意的事项

1. 创业需要创意,但创意不等同于创业

当今时代,尽管概念创业有时的确有着四两拨千斤的神奇作用,但一个"点子"已经不足以造就一个企业,你必须具备良好的经营素质,以及整合技术、资金、人才、市场、管理等各种因素与资源的能力。如果仅凭着点子贸然去创业,结果只有一个,那就是灰头土脸地落败而归。

2. 创业始于创意,但不是每个创意都适合创业

如何筛选出真正的好创意,也不是一件简单的事,就像淘金一样,千奇百怪的想法和朦朦胧胧的灵感就像沙子,创业者如何从中淘出金子般的创业设想?首先需要作严谨的分析论证,在"好想法"的激情之后,要冷静下来进行细致的分析、调查和测试,客观地检视自己的创意是否独具匠心,有没有稳定的市场需求,是否具有可操作性,在推行过程中有无防止别人"克隆"的保护措施(门槛)……在此基础上,通过向有相关知识与经验的人请教,广泛听取他人的意见和建议,并进一步确定最有发展前途和风险相对较小的创业方案。这些工作用管理学的专业术语来描述,就是 PEST 环境分析与 SWOT 竞争分析。

那些成功的创业者、风险投资家、创业咨询机构等,是创业者最好的顾问,他们提供的宝贵经验和专业指导,能够帮创业者厘清思路,甚至起到点石成金的作用。当然,专家的意见也仅能作为参考,真理未必掌握在专家或者多数人的手中。有不少著名的投资家错过了微软、苹果和 Google 这样伟大的创业机会,像李开复这样的顶级创业导师也为自己曾经错过美国网讯公司而唏嘘不已。

二、依附创业

依附创业包括代理经销、特许经营、直销等模式,是创业模式中内容最丰富的一种。这一类的创业模式不需要你自己去开发创意和产品,你需要关注的主要是市场销售问题。

(一)代理经销模式

代理经销是常见的一种创业方式,代理时通常应选择品牌信誉好、发展潜力大的产品和公司,但好产品的代理经销权在市场上非常抢手,你的主动权也许很小。

1. 三种代理经销模式

(1)经销商,是经营某种产品的商户。其一般与厂家签订销售合同,预付一定的保证金(或货款的一部分甚至全部,具体可以谈判,进货价一般随着批量的增加而优惠),销售价格一般由经销商自己决定,厂家则不直接干预价格的确定,厂家也不对产品销售情况的好坏承担责任,不退货,最多只对质量有问题的产品予以退换,其他问题一概由经销商负责解决。经销商的利润来自进销差价,风险较大,但利润空间也较大。

(2)代理商,是代厂家打理生意,由厂家授权在某地区经销某种产品的商户,但不需要买断厂家的产品。其对产品的销售价格无自主权,受厂家的约束较多,成为代理商的条件也比较苛刻(主要是对代理商在当地的市场网络基础、经验与信誉等),但代理商并不承担产品无法售出的风险,甚至无须很大的资金投入,其所代理货物的所有权属于厂家,是厂家给予商家佣金额度的一种经营行为。

(3)分销商,是从总经销商处分销产品的商户。其价格通常受经销商控制,不与厂家发生关系,所需的资金较小,风险相应小一些,但利润空间也较小。与代理商不同,分销商的经营并不受分销企业和个人约束,他可以为许多制造商分销产品。他的业务是他自己的业务,因此,在他是否接受分销合同的限制时,他所考虑的是自己的商业利益。分销商用自己的钱买进产品,并承担能否从销售中得到足够盈利的全部风险。分销商介于代理商和经销

商之间。

2. 选择经销或代理的产品

大学生创业者进行经销或代理创业的第一步在于选择有发展前景的品牌,可以通过以下几个方面的审视来选择经销或代理的产品。

(1) 选择的厂家要有较强的研发能力和资源优势。这些背景有助于深入了解该产品的技术含量、品质及相应的宣传策略,也是赢得市场的根本保障,能够给你和消费者增加信心。

(2) 产品最好是上市不久,属于起步阶段,企业处于成长期。因为这类产品由于新近推出,品牌知名度尚未打开,竞争对手还无暇顾及或未引起足够的重视,厂家对代理商的选择标准也不会很高,各项要求相对较低,运作的空间较大,而且作为一个上市新品,在市场推广的具体操作中容易赢得企业的关照和支持。

(3) 卖点突出,差异化明显。在当前众多的同质化产品中,经销商所选择的产品要尽可能凸显个性。许多行业的竞争都很激烈,如果选择的产品没有什么特色,今后的市场运作将很艰难。

(4) 价位基本上在目标消费者能够接受的范畴。价位偏高,虽说经销商利润空间增大,但市场推广慢,吸引不了更多的购买群体;相反,价格低,自身面临的产品推广、终端运作、配送服务上的成本太高就会冲淡利润,因此合适的价位也是要考虑的重要因素。

(5) 谨慎选择冷僻产品。如果你选择的是跟风产品,前期可以规避一些市场风险,但获利空间随着竞争的日趋激烈将不断缩小,也难以产生品牌效应,产品运作的生命周期短。另外,如果选择过于超前的高科技产品,虽然蕴涵着巨大的产业前景,利润空间高,但相应推广的要求也高,市场培育期长,不太适宜于资源有限的创业型经销商或代理商。

(6) 在一些代表性城市每年会举办各种产品博览会、展销会、新闻发布会,创业者要有市场敏感性,有意识地从中去摸清产品的信息,了解企业背景动态,最终选择合适的产品合作。

(二) 特许经营模式

1. 特许经营的概念和特点

特许经营为特许人将自己拥有的商标、商号、产品、专利和专有技术、经营模式等以特许经营合同的形式授予受许人使用,受许人按合同规定,在特许人统一的业务模式下从事经营活动,并向特许人支付相应的费用。

按我国法律规定,特许经营是一种销售商品和服务的方法,而不是一个行业。作为一种商业经营模式,在其经营过程和方法中有以下四个共同特点:

(1) 个人(法人)对商标、服务标志、独特概念、专利和经营诀窍等拥有所有权。

(2) 权利所有者授权其他人使用上述权利。

(3) 在授权合同中包含一些调整和控制条款,以指导受许人的经营活动。

(4) 受许人需要支付权利使用费和其他费用。

2. 特许经营的 3S 原则

特许经营的成功关键概括为 3S 原则:标准化、专业化和简单化。3S 原则是特许经营的基本原则,因为特许经营的本质是工业产权或知识产权的转让,而 3S 原则的执行正是运用这种转让使双方都能获取最大效用的手段。

（1）标准化。标准化是为了利于特许经营模式的复制、利于经营体系的管理和控制或保持整个体系的一致性，这是特许经营的优势和竞争力之一。特许人对其业务运作的各个方面，包括流程、步骤、外在形象等软硬件方面，经过长期摸索或谨慎设计之后而提炼出一套模式，具有可复制性，加盟店必须严格执行这套模式。

（2）专业化。专业化是指特许经营体系各基本组成部分的总体分工。特许经营网络为了保障这个可能很庞大体系的良性运转，必须把不同的职能交由不同的部分来完成，然后各个部分有机协调、合作的结果才能使特许经营体系成为一个具有自我发展和良好适应外部环境能力的有机整体。

（3）简单化。简单化是指作业流程简单化、作业岗位活动简单化，由此可以使员工节省精力，提高工作效率，以最少的时间和体力支出获得最大的效益。在管理实践中，特许人一般都会对作业流程和岗位工作中的每一细节作深入的研究，并通过手册归纳出来。例如，著名的麦当劳手册中甚至详细规定了奶昔员应当怎样拿杯子、开机、灌装奶昔直到售出的所有程序，使其所有的员工都能依照手册规定操作，即使新手也可以依照最有章法的工作程序，迅速解决操作问题。

3. 特许经营模式创业的步骤

特许经营创业的成败与特许经营企业（盟主）的品牌和支持密切相关，加盟商可以通过三个步骤来进行特许经营模式的创业。

（1）挑选行业。加盟时要选择自己熟悉的领域，或者至少是自己感兴趣的领域。加盟商多是中小投资者，本身有一定的资金压力，要根据自己期望的资金回报率来选择行业。不同行业都有自身的特点，如餐饮店的毛利高、分类较细，其中火锅、快餐相对容易复制，中西式正餐较麻烦，也多以直营为主；教育类服务的口碑、所在店址的辐射区域都会决定经营情况，以服务为主导，对教师的要求很高；美体健身业态的装修、器械成本高，多采取预收款办卡制，资金回笼问题不大，但不同商家的服务同质性较大。

（2）挑选加盟主。对加盟主的考察有以下几个方面：第一，看直营店。如果直营店管理规范、效益很好，意味着加盟主有很强的经营能力。第二，看已经加盟的商店的统一性，如视觉识别系统、陈列、面积、服务态度等。如果已经开业的加盟店的管理非常不规范，说明加盟主的经营管理能力差。第三，看二次加盟商的数量和比例。如果二次加盟商的数量多和比例高，说明加盟商能够盈利，加盟店的可复制性强。第四，特许经营合同越厚越好，合同越薄越麻烦。第五，看对方有几个品牌，最好选择单一品牌专注经营，多品牌经营难度很大，有些"骗子"就是用多品牌运作的。

（3）签订并履行加盟协议。加盟意味着双方要维持长久的关系，要有协议对经营的各方面进行详尽约定，协议越完整越好，因为可以对各种情况加以明确，避免日后可能产生的纠纷。加盟商要使用加盟主的特许经营资源、商标、形象，要有维护品牌的意识，不要以为品牌不是自己的。品牌毁掉了，既影响加盟主的形象，加盟商的生意也做不下去。认同总部的经营理念，遵循总部的规章，但也可以有所创新，经过总部同意，可以根据当地的情况做些有特色的服务或宣传。

三、SOHO 创业

SOHO（家居办公）创业又称在家创业，起源于美国 20 世纪 80 年代后期，然后迅速在经济发达国家风靡起来。形象地说，SOHO算是"个体户"在互联网时代的"升级版"。

SOHO是"small office（and）home office"的缩写，就是"在家里办公、小型办公"的意思，特指那些在家办公的自由职业者，如网站设计人员、网络主持、网络写手、自由画家等。从事这一行的人大多是20~30岁的年轻人，能熟练运用电脑，是当今时代的新新人类。其实任何人都可以成为SOHO族。对大学生这个群体，我们强调的SOHO族是指基于互联网、按照自己的兴趣和爱好自由选择工作、不受时间和地点制约、不受发展空间限制的自由职业者。

据估计，我国的SOHO族已经超过500万人，而在美国已有1/5的工作人员是SOHO族，且以每年5%的速度在增长。日本、韩国和中国香港地区也在鼓励个人创办SOHO型公司。在澳大利亚已经有超过1/10的人在家里办公。

调查显示，在SOHO大军中，有70%的人全部或者大部分时间在家里办公，他们主要是从事IT行业的经理人和专业人员，依靠互联网、传真和电话等现代信息传输工具与外界联系。另外，40%在家办公的人士属于人们平常所说的"自己开公司"的人和自由职业者。

随着互联网的日益发展，人与人之间的联系在技术上变得前所未有的便捷，企业的边界逐渐被打破或者变得十分脆弱，在家创业则成为时代的一种重要趋势，并正在改变着我们的工作、生活与财富分配方式。可以说，在当代SOHO代表了一种先进的生产组织方式，已成为最活跃的新经济。

据资料统计，在过去20年间，以美国为例，已经有18%的行业和产业在消失，35%的工作岗位已不复存在。面对产业结构和技术结构的变化，无数家庭面临现实的或潜在的失业危机。选择在家创业，也许是你把这种趋势所带来的挑战转化为机遇的明智之举。

能在家里挣钱是令人幸福的事，在家办公的最大好处是可以自由自在地工作，不需要向雇主作长期承诺，尤其是免掉了因上下班交通拥挤而浪费时间，不必拘泥于办公室里的各种繁文缛节，少了很多麻烦和焦虑，从事着自己所喜爱的工作，更加自由和宽松。什么时候想干活了，马上就可以开始！

SOHO族分个人和团体两种。在新生代的SOHO族中，有的是基于当事人个人独立接活，并独立完成相关业务。这类SOHO族主要适合于那种比较强调独创性的业务，追求创意性和风格的独特、个性。比如自由撰稿人、音乐人、画家、平面设计师、自由摄影师等，可以认为是home office的代表。稍微高级一点的就是以所谓"工作室"的形式开展业务，几个志同道合的朋友，相互配搭，以便完成更复杂、要求更高一些的工作。比如从事动画制作、简单的游戏制作、礼品、配送、理财与投资顾问、幼儿教育、家政、商务代理、广告与音乐制作等业务，以及婚礼、联谊会、发布会、驴友俱乐部之类的活动策划和项目策划。这些可以认为是small office的代表。这两者之间工作和生活方式的差别并不十分严格，不同的人可以根据个人的特点、性格以及能力，选择更适合自己的SOHO生活方式。

有一个很有意思的现象，在淘宝网上创业的女性占到全体创业者数量的一半以上，这反映出互联网是适合女性创业者成长的肥沃土壤。

鉴于SOHO族的经济收入和社会地位，很多人把他们称为自由白领。他们同时也要面对和承受一些由此产生的烦恼。在家工作，容易产生惰性，工作效率不高，并且少了同事间的情感互动、互相启发，个人的创造力也要打折扣。没有公司与团队做后盾的SOHO人士注定要面对更多的寂寞和压力，甚至可能出现"SOHO综合征"，如头痛、头昏、失眠、工作效率下降、注意力不集中、记忆力减退、不愿与人交往。因此,只有那些具有很强的自律性和毅力,并且身心健康的人才适合在家办公。如果你有"SOHO 综合征"的预兆,应及时请求帮助,并考虑更换工作方式,或进行必要的治疗。

四、收购现有企业创业

收购现有企业创业是目前常见的创业方式之一,但不是普通的大学生可以选择的方式。收购创业包括两种方式:一种是收购现有企业后自己来经营,常见的有支付一定的转让费后接管别人的商店、工厂或公司,自己做起了老板。另一种是收购现有企业后对其进行重组、转卖,甚至借壳上市。在收购现有企业之前,当然要对收购企业作全面的评估,彻底了解收购带来的负面影响,如资产负债高、资金缺乏、商誉不佳、产品利润率低等不利因素。如果你有办法控制或降低这些风险和扭转其经营局面,有把握改善所接手生意的经营局面或者通过业务转型实现超常的发展,或者发现了其资产的价值空间,那就可以做这样的运作。

五、白手起家

早期温州人白手打天下的历程现在被传为美谈,还有很多早已成名的企业家,包括李嘉诚、王永庆、曾宪梓等,都是白手起家的典型。尽管现在的时代不再有那么大的施展空间,但对于发展并不均衡的中国来说,仍然存在不少的可能性。

白手起家创业是在没有基础或条件很差的情况下,从很小的生意开始,如做推销、产品的校园代理等,通过艰辛的努力逐渐积累,在此过程中不断把握机遇、提升能力,最终创立起一番事业的创业模式。这并不是简单盲目的闯与创,也不是一味的充满激情,而是需要有超人的毅力、吃苦耐劳的精神,有强大的心理承受能力来面对市场的竞争;也需要经营者具备一定的预见能力,能够把握好市场的方向,并在最简单的东西中发现商业机会;而具备良好的信誉和品格将是这类创业者最大的财富。

也许有人认为,概念创业是天才的选择,如果不是天才,又没有资本和资源,但仍然想创业,那就只有白手起家这一条路了。从这个意义上说,白手起家模式是难度系数最大的一种形式。它犹如先有一个鸡蛋,孵出小鸡后,鸡生蛋、蛋孵鸡这样的一个循环往复、一点一滴摸索、一步一步积累资产的过程。

第二节 创业资源整合

"巧妇难为无米之炊",创业也是如此。任何创业都以一定的资源为前提。创业者要根据所选择的创业项目,去整合必要的资源。有时由于受到资源的限制,要求从资源出发来选择创业项目和创业方式。所以,要做好创业资源的整合,为创业创造有利的条件。

一、创业资源的内涵

彼得·德鲁克在《管理的实践》一书中指出,创业战略就是管理者找出新创企业所拥有的资源并在此基础上决定新创企业应该做什么。彼得·德鲁克的战略定义强调了创业者必须识别和找出自己所拥有的资源,并根据自身的资源特点来确定创业的方向。

创业资源是指在创业活动中能为创业者创造价值的特定的资产,包括有形的与无形的资产。创业资源是企业创立和运营的必要条件,主要表现形式为创业资本、创业技术、创业人才和创业管理,它们共同作用形成创业产品和创业市场,并决定创业利润的水平以及创业资本的积累能力,进而左右新创企业成长发展的速度。创业比较理想的条件是能同时比较完备地拥有这四种创业资源,这样的创业很快便能够实现创业的跨越。但国内外的创业经验表明,只有极少数的创业者能够同时比较完备地拥有这四种创业资源,绝大多数创业者只拥有其中一种或几种资源。所以,创业者在期初自己所拥有的创业资源匮乏的条件下创业,难度很大,还必须借助外部资源。通过所有资源的整合,来实现创业。

(一) 内部资源

创业者刚开始拥有的内部资源主要是创业者自身的知识技术资源,及其所占有的生产资料等,也就是个人所拥有的有形资产及无形资产。拥有一份良好的内部资源,对创业者来说无疑是重要的。

1. 现金资产

现金资产是指创业者本人可以随时支配的现金和银行存款。请注意是"可以支配"的,创业要取得全家的支持,也要为家庭的生活留有余地。易于变现的国债、股票等也可以视同现金资产。

2. 房产和交通工具

这种资源一方面可以作为创业的硬件资源,另一方面可以作为现金资产的补充,在需要的情况下,可以做抵押品向银行或其他投资人申请融资。如果这些房产和交通工具是按揭方式购置的,则要大打折扣。

3. 技术专长

这里说的技术专长,包括有形的和无形的。有形的是指已申请成功的发明专利、实用新型专利和外观专利,或者是某一领域公认的专家,如注册会计师、律师、高级美工师、设计师、工程师、医生、心理咨询师等;无形的是指专有技术、科研成果或者对某个特定行业和领域的深入研究。

4. 信用资源

你有没有信用污点,如果没有,估计一下你能够通过你长期积累的信用资源干些什么事,或是有人根据你的信用愿意给你投资,或是有人愿意借钱给你,至少有人愿意在你还没有支付工资的情况下为你工作。

5. 商业经验

商业经验即对市场经济和游戏规则的了解程度,尤其是创业者对将进入的行业的深入理解程度。行业之间的差异很大,各行业的关键成功因素都不一样,需要有深入的研究和实践才能积累足够的商业经验。

6. 家族资源

家族资源包括经济支持、创业指导、学习机会、人脉关系甚至是客户资源。即使家族资源非常丰富,也需要获得家族权威者的认可和支持,方能真正有效利用这些资源。

大学生处于资源积累的初始阶段,自身拥有的资源数量少、质量不高,但是要想创业就必须具备一定的内部资源。内部资源中通过自己实践积累的资源最为关键,一来能证明创业者的潜在能力从而增强创业信心;二来能够用于说服家人全力支持和取得投资者的信任。无形资产更能成为创业者的核心竞争力,大学生创业者若能拥有产品方面的专利技术,则能成为吸引投资和获得学校、政府大力支持的关键资源;具备良好的个人信用和商业经验则可以凝聚团队、实现团队创业。

内部资源的积累则需要创业者进行一定的规划,充分准备,逐步获得创业所需的能力和资源。大学生可以先从自己的兴趣开始打造个人专长,往往个人感兴趣的事情能够成为未来的创业基础,甚至是创业的核心优势。例如,美国苹果公司的创始人史蒂夫·乔布斯从里德学院退学之后,按照自己的兴趣去学习了该校开设的全美国最好的美术字课程,他从这个课程学到了多种美妙的艺术字体和精妙的排版等技术。十年之后,当史蒂夫·乔布斯在设计第一台 Macintosh 电脑的时候,他所学的那些知识正好派上了用场。

(二) 外部资源

外部资源是指创业者或者新创企业并不具有"归属权",但通过某些利益共同点而可能在一定程度上加以配置和利用的各种资源。常见的外部资源,如原材料供应商、技术供给者、销售商、广告商以及相关政府部门等,实际上就是商业环境中的相关条件性资源。这里着重阐述两种重要的外部资源,即创业者的职业资源和人脉资源。

1. 创业者的职业资源

所谓职业资源,即创业者在创业之前,在为他人工作时所形成的各种资源,包括项目资源和人脉资源。从职业资源入手创业,如充分利用工作中建立的各种关系,符合创业活动"不熟不做"的教条。尤其是在国内目前普遍认同的执行竞业避止法则的情况下,选择从职业资源入手进行创业,已经成为了许多人创业成功的捷径和法宝。不过,职业操守仍然是应该维护的基本立场。据调查,国内离职下海创业的人员,90%以上利用了原先在工作中积累的资源和关系。

大学生在校期间虽然没有开始工作,但只要有意识地去整合校园的资源,高校的相关创业资源还是比较丰富的。大学生要积极地建立与高校教师之间的良好关系,以此来获得老师的支持甚至借用老师的个人资源。大学生应重点关注两类教师资源的积累:一是技术专家型,可以为大学生创业提供技术方面的指点和支持,以及研发设施资源的借用;二是创业专家型,能为大学生的创业提供商业方面的指导和支持。

2. 创业者的人脉资源

人脉资源是创业者最重要的外部资源。人脉关系对于创业之初非常关键。创业者的人脉资源,按其重要性来看,首先是同学资源。现在同学会很盛行,名牌大学在大城市都有同学会或校友会分会。很多老板到各大名校读 EMBA,其中的主要收获之一是拓展人脉关系。同学之间因为接触比较密切,彼此比较了解,同时因为同学圈子一般不存在利害冲突,友谊一般都较可靠,纯洁度更高。EMBA 这类同学圈子还因为大家比较成熟而容易建立高效率的合作。对于创业者来说,同学是值得珍惜的战略性外部资源之一。其次,与同学相似的是战友,以及同乡资源。同学资源和同乡资源或者战友资源,可并称为创业者最重要的两大外部资源。再次是朋友资源。同学、战友、老乡也算是朋友,其实同事一样是朋友。朋友犹如资本金,对创业者来说是多多益善。在家靠父母,出门靠朋友;多一个朋友多一条路是至理名言。一个创业者如果不能交朋友,没有一些高质量的朋友,恐怕很难发展。创业专家认为,人际交往能力应列在创业者素质的第一位。

大学生创业者可以着力于两类人脉的建立:一是创业团队的积累。大学同学因为彼此熟悉和信任而容易成为未来的创业伙伴,能够抱团打天下,共同承担创业初期的艰辛与困难。同班同学之间建立信任关系往往是最容易而且稳定的,通过参加各种社团、社会实践和创业大赛等活动积累的团队成员也因共同的经历而能够联系在一起。二是创业"贵人"的积累。创业路上尤其是创业初期的艰难时期,能够获得成功者的点拨和激励,得到客户的提携帮助,有"贵人"相助,创业者将容易挺过创业的低谷。大学生创业者需要在社会人士和高校老师中争取这种宝贵的支持,一个富有创业精神、勤奋努力的年轻人是能够获得成功人士的垂青和指引的。

二、创业资源开发

创业资源开发过程可归纳为资源识别、资源获取、资源配置和资源利用四个部分。

(一) 资源识别

1. 资源识别的概念

资源识别是指对创业所需的资源进行分析、确认,并最终确定创业所需资源的过程。为实现既定战略,需要明确所需的资源,因为资源对创业者的行为有重要影响。创业者需要知道自己现在所拥有的资源以及未来创业所需要的资源。在此过程中,创业者需要把资源分为以下类别:人力资源、社会资源、财务资源、物质资源、技术资源和组织资源。经过这样的分类,就可以评价所需资源、当前资源与企业所面临的机会之间的差距。一些资源可直接用于创业过程,而另一些资源则需要经过整合才能使用。识别所需要的资源不仅要评估资源的类型,还要确定资源的数量、质量、使用时间以及使用顺序。

2. 资源识别对创业的影响

对创业所需资源的准确识别,有利于创业者根据自己的状况来发现和抓住机会。不同的创业者、不同的项目、不同的时间等,对资源的要求是不一样的。准确识别创业资源,能够使创业者明白什么样的资源类型适合当前的创业状态,创业者是否能以较低的成本获得所需的资源,识别什么样的资源是创业所需的,等等。了解了创业者已有的资源与创立企业所需的资源之间的差距之后,才能对所需的资源进行识别判断,才能得出所需资源的清单。这样才更利于创业者的创业。

除了识别资源本身的特性之外,还要对资源潜在的供应商进行识别。这需要创业者具有专业知识和一定的社会联系。为了获得持久的竞争优势,创业者必须在资源供应商的可靠性方面作出评价。

3. 资源识别的方式

资源识别方式分为自下而上和自上而下两类。自下而上是指创业者开发了商业运作的概念模型,分析需要投入的资源有哪些,而后识别资源,并把这些资源开发、整合在一起以创造价值的过程。自上而下是指创业者首先勾勒出组织愿景以及这一愿景如何实现,而后向下识别所需的资源和能力,这种资源评价过程主要以组织资源为基础。两种方式均需要概念模型的开发,指出商业发展路径。事实上,创业者经常把两种方式混合使用,以获得创业所需的必要资源。

(二) 资源获取

1. 资源获取的概念

资源获取是指在确认并识别资源的基础上,利用其他资源或途径得到所需资源并使之为新创企业服务的过程。在创业初始阶段,创业者的个人资源是创业的前提。在许多情况下,创业者自身拥有基本资源(教育、经验、声誉、行业知识和社会网络)存在于创业团队中。

研究表明,团队创业者比个人创业者更容易取得成功。在特定的行业,创业团队中成员的社会网络资源和技术对于企业的成功至关重要。在企业形成的早期阶段,创业者面临着如何选择资源并把资源运用到新创企业中的问题。创业者在认识资源重要性的同时,还要考虑企业的发展前景以及资源的关键性。

2. 资源获取的方式

获取资源的方式主要有三类,即资源购买、资源联盟和资源并购。

资源购买主要是通过市场购入所需的资源。需要注意的是,诸如知识尤其是隐性知识等新资源很难通过购买获取并为企业所用,这些资源可能附着在非知识资源(如引进的设备等物质资源)之上。

资源联盟是指通过联合其他组织,对一些难以或无法通过自己进行开发的资源实行共同开发。这种方式不仅可汲取显性知识资源,还可汲取隐性知识资源。不过要注意,资源联盟的前提是联盟双方的资源和能力互补且有共同的利益。

资源并购是指通过股权收购或资产收购,将企业外部资源内部化的一种交易方式。不过,资源并购的前提是并购双方的资源尤其是知识等资源具有比较高的关联度。

3. 影响资源获取的因素

资源是外部购买还是内部寻求,主要依赖于资源在市场的可用性、成本等因素。若证明快速进入市场能够带来成本优势,那么外部购买就是获取的最佳方式。获取资源贯穿创业的全过程,在创业的初始阶段,它更加具有重要的作用。把资源吸引到一个新创企业中,是创业者面临的比较大的挑战。对于多数新创企业来说,初始资源的禀赋是不完整的,创业者需要取得资源供应商的信任以取得所需的资源。他们可以通过一定的手段(如完美的商业计划和优良的设施)来展示企业成功的形象,并借此鼓励供应商对企业进行资源投资。这样,通过杠杆作用即可利用一种资源(如社会网络资源)来撬动另外一种资源(如财务资源),并使之为企业所吸收利用。若企业拥有广泛的社会资源,这种资源就能为企业带来有形的和无形的利益,包括合作机会、信任、财务资源以及以较低的成本采购设备等。创业者的声誉、能力、行为以及其他人力资源和社会资源是吸引潜在合作者的决定性因素。在这一过程中,比较有力的分析工具是资源开发路径,即创业者根据本身的资源禀赋创业,通过识别资源进而获取资源,最后把一种资源作为杠杆来吸引、撬动另外一种资源。

(三)资源配置

资源配置是指企业在获取了必要的资源之后,对资源进行调整,使它们互相匹配、相互补充并获得独特竞争力的过程。企业资源在未整合之前大多是零碎的、非系统化的。要发挥这些资源的较大使用价值、产生最佳效益,就必须运用科学方法对各种类型的资源进行综合、集成和激活,实施再建构,并将有价值的资源有机地融合起来,使之具有较强的柔性、条理性、系统性和价值性,获取的资源只有合理有效地配置到最能发挥其使用效益的地方,才能体现出这些资源的价值。创业者把不同的资源融入组织中,经过整合转化为有价值的资源。在创业团队中,不同的人拥有不同的经历、不同的教育背景、不同的社会关系、不同的财务资源和不同的识别能力,经过对各种资源的配置,企业会形成新的资源,或者说持续竞争优势。经过对初始资源和吸引的资源进行配置而不是简单的绑定,能够形成独特的核心能力。同时,创业者不仅要使配置的资源适应特定的行业环境,还要在此过程中开发新的资源,这就是资源整合过程中的灵活性。如何配置资源主要取决于创业者对资源所做出的评价,即资源的种类、特长、特质以及与其他资源的关系。

(四) 资源利用

资源利用,就是使用所获取并经过匹配的资源,在市场上形成一定的能力,通过发挥资源能力的作用生产出产品或服务为客户创造价值的过程。在识别、获取以及配置资源之后,新的资源能力或者说竞争优势就会形成,企业必须利用区别于其他企业的这种优势来赢得市场。而这种利用涉及两方面的内容,即资源的协调与拓展。

资源在整合并转化为企业内部的独特优势之后,创业者需要协调各种资源之间的关系,匹配有用的资源,剥离无用的资源。通过协调,能在资源之间形成一种合力。

协调就是把互补性的资源搭配在一起,弥补各自的缺点,使资源间产生一种独特的联系,创造竞争对手无法模仿的价值。协调不仅能成为资源发挥作用的有力工具,而且也为下一步拓展资源奠定了基础。

拓展资源是在协调资源的基础上,进一步开发潜在的资源为企业所用的一个重要阶段,又称资源再开发。资源在整合之后,需要进一步利用,而利用资源并不仅仅是实现财富的创造,而是在实现资源价值的基础上拓展资源库,进一步开拓资源的范围和功能,为下一步的识别、获取、配置和利用资源奠定坚实的基础,这也是企业持续竞争优势的根本来源。

需要说明的是,以上四个阶段并不完全具有线性关系,各阶段是相互交叉的。例如,在获取资源的过程中就伴随着资源的整合和配置,据此可以吸引更多有效的资源到企业中来;在利用资源的过程中,根据资源本身的特质和存在的问题,进一步配置并剥离资源,创造基于资源优势的竞争优势。

三、新创企业不同发展阶段的资源需求

新创企业的发展,一般要经历种子期、起步期、成长期和成熟期四个发展阶段。在不同的发展阶段,企业的资源需求状况会发生相应的变化。也就是新创企业的资源需求重点会发生转移。由此,在企业不同发展阶段,要有着不同的资源整合策略。

(一) 种子期的资源需求

在新创企业的种子期,企业所需要的各项资源都是比较匮乏的。在种子期,新创企业的商机是巨大且不断发展的,但同时存在很大的不确定性。企业所拥有的资源则非常有限,使得商机和资源之间存在着一个极不平衡的状态,企业尚未形成完整的商业计划,创业者之间也仅仅是有初步的合作意向。所以在这种情况下,企业应该根据本阶段发展的重点,以研发驱动为重点,以大力发展企业的创业团队为中心,进行资源整合战略。这样的资源整合战略,不但将大力推动企业的建立,组建成功的创业团队,同时还能帮助企业获取其他相关资源。

在该阶段,企业所拥有的社会资源发挥着举足轻重的作用。此时,企业还没有完成注册登记,产品与营销模式还没有确定,创业资金更没有落实。在这种情况下,广泛有效的社会关系将成为自主创业的保障。一个刚开办的公司,往往需要得到各方面的帮助才能发

展。如果能够很好地利用社会资源,处理好与政府部门、潜在消费者、供应商、分销商等之间的关系,将为企业未来的发展提供强有力的保障。

(二) 起步期的资源需求

新创企业在经过种子期的磨合后,就逐步进入下一个发展阶段,即起步期。在新创企业的起步期内,商机更大而且发展得更快,由于经过种子期阶段的努力,企业已经获取了相应的资源。此时的资源和团队与商机之间的差距逐渐变小,两者之间的匹配程度也由开始的极不平衡向逐渐平衡转变。

在该阶段,资金资源和技术资源是企业进行资源配置的重点。资金资源的解决,将有效地带动其他相关资源的获取。同时,其他资源的需求得到满足,对于资金资源的满足也是有力的保证。而新创企业对技术资源的成功开发,将在整个市场中建立自身的独特优势,对于开拓市场、提高市场占有率发挥积极的作用。整个资源需求是一个互动的过程,但是在该阶段,企业务必将资金需求放在工作的重点,这对企业的进一步发展具有至关重要的作用。

(三) 成长期的资源需求

当新创企业顺利渡过创业阶段并生存下来后,在外部市场竞争的压力和自身成长需要的双重作用下,通过扩张增强企业的竞争力是企业持续健康成长必然的发展方向。企业经过生存危机的创业期后,完成了四大积累,即人才积累、经验积累、客户积累和资本积累,会迅速进入了成长期,也就会很快面临成长危机。在该阶段,商机、资源与团队之间的匹配达到了平衡。商机比以前更大、成长更快,在资源方面,企业拥有健康的资产负债表和良好的自由现金流,而团队的运作则达到了最佳的水平。

在新创企业的成长期,企业的产品已经开始得到了市场的认可,生产和销售都得以提升,企业的规模进一步扩大,员工进一步增加,各个部门之间的分工也逐渐清晰和明确,管理开始逐步系统化,企业对于资源的配置,应该更多地从组织管理角度出发。而其中最重要的,就是人力资源的问题。

在该阶段,企业的研发能力进一步增强,企业将力主打造属于自己的品牌。新创企业应该在企业自身的技术体系上,勇于突破,依靠自身的努力和探索,产生核心技术或核心概念的突破,并在此基础上依靠企业自身的能力完成创新的后续环节,实现新技术的商品化和市场开拓。在该阶段,企业实行技术上的率先创新,有利于树立企业在行业中的主导地位,培育企业的核心竞争力。

(四) 成熟期的资源需求

企业经过成长期的磨合后,便稳步进入了成熟期。在该阶段,商机、资源和团队之间,又出现了新的不平衡。此时的团队,已经成长为最好的团队之一。在商机方面,仍旧有比较大的成长潜力,同时也面临比较强大的竞争对手。在资源方面,企业在该阶段拥有充足的资金、完备而先进的生产技术和众多出色的人才。所以,在该阶段,新创企业的发展已经到了一个新的阶段,企业面临着破坏性技术的威胁,也肩负着保持和更新企业组织的任务。由于存在着一系列的不确定性因素,导致三者之间出现新的不平衡。所以,企业应该正确处理企业发展与资源需求之间的关系,把企业推向新的高度。

在该阶段,企业各方面的运营都进入成熟阶段,组织结构完整,经营状况稳定,市场占有率稳定,拥有持续稳定的现金流量。但在该阶段,因为市场需求的变化或者竞争对手的超越,企业逐渐丧失在原有的技术、服务、管理等方面的优势,难有更大的市场突破。于是,寻求新的发展空间就成为发展的必由之路。开拓新的市场或者通过并购获得技术和资源,将成为企业在该阶段运营的重点。所以说,在新创企业的成熟期,社会资源将成为企业资源需求的重点。因为在该阶段,企业各方面的发展已经成熟,资金充裕、技术完备、人才充足,拥有比较稳定的客户群,产品在市场上也逐渐树立了自身的品牌效应。在这样的情况下,要想帮助企业获得更大的发展,就应该广泛利用社会资源,获取更加深厚的社会关系网络,利用各种外部条件,使企业的经营更上一层楼。同时谋求更加广阔的发展空间需要企业具备广泛的社会资源,帮助企业突破进一步发展过程中的一道道"关卡",寻求新的挑战。企业应该努力获取并加以利用的社会资源主要应该包括外部董事、律师、银行家和其他贷款人、会计师、顾问等。

第三节　创业商业模式

好的创业机会是创业的起点,具有核心竞争力的商业模式是创业成功的关键。创业者要研究商业模式,构建新创企业的商业模式,并且在新创企业的运营过程中持续地优化,以谋求新创企业长期稳定的生存和发展能力。

一、商业模式概述

在美国著名商学院的课堂中,商业模式是分析创业和企业运行的重要概念。管理学大师彼得·德鲁克曾说过:"当今企业之间的竞争,不是产品之间的竞争,而是商业模式之间的竞争。"前时代华纳 CEO 迈克尔·邓恩认为:"在经营企业过程当中,商业模式比高技术更重要,因为前者是企业能够立足的先决条件。"不管这种观点是否准确和完整,一个不争的事实是,企业必须选择一个适合自己的、有效的和成功的商业模式,并且随着客观情况的变化不断加以创新,才能获得持续的竞争力,从而保证企业的生存与发展。2004 年,Google公司的成功上市和上市后的优异表现,使人们更加深入地思考商业模式及其对创业成功的作用。

(一) 商业模式的概念

商业模式是从全新的角度来考察企业,是一个正在形成和发展中的新的理论和操作体系,具体的概念和内涵至今还没有统一的说法。但是,可以确定的是,商业模式涵盖了企业从资源获取、生产组织、产品营销、售后服务、研究开发、合作伙伴、客户关系和收入方式等几乎一切活动的内容。

目前,关于商业模式的定义主要有三种,即分别从商业模式的结构、运作和动态三个方面来定义。

1. 结构定义

从结构的角度,把商业模式描述为企业的运营结构,分析商业模式的相关概念和理论,以及它们之间的关系。把商业模式说成企业获取利润的逻辑结构和关系,是企业商业系统的一种整合,是对企业管理模式、运营结构和战略方向的整合优化。

2. 运作定义

从运作的角度,把商业模式描述为企业的流程管理创新,在企业运营流程中去定义这些商业模式的要素是如何交互作用的,并进一步分析阐明通过企业的结构重组和商业流程再造,设计新的商业流程来创造价值。

3. 动态定义

从动态的角度,把商业模式描述为企业战略的动态发展,展示商业模式如何进行全过程价值的创造。认为商业模式就是从战略管理的高度,进行客户价值定位,市场细分,整合资源,打造竞争优势以达到企业可持续发展的过程。

(二) 商业模式的要素

商业模式的核心三要素是顾客、价值和利润。一个好的商业模式,必须回答以下三个基本问题:

(1) 企业的顾客在哪里?

(2) 企业能为顾客提供怎样的(独特的)价值和服务?

(3) 企业如何以合理的价格为顾客提供这些价值,并从中获得企业的合理利润?

当评价一个新创企业是否构建了真正具有创新性的商业模式时,首先需要从逻辑上回答上述问题,需要判断它能否为顾客、股东和员工,甚至其他利益相关者带来实际的价值和利益。总之,好的商业模式应当能够为多方创造价值。

一个成功的商业模式是对现有方法的有效改进或突破。通常,企业的业务价值链可以划分为两部分:一部分是与生产相关的所有"后端"行为:产品设计、原材料采购、生产制造等;另一部分是与销售相关的所有"前端"行为:寻找并接近客户、交易谈判、分销产品或者提供服务。一种新的商业模式的故事情节或经济逻辑,可能始于设计一种新产品,以满足一项尚未完好满足的需求,如 Google 的搜索引擎和定向广告链接服务;也可能始于一个流程的创新——用更好的方法从事一种成熟产品或服务的生产、销售或分销,如 e-Bay、戴尔、沃尔玛。不过,现实中的商业模式创新也可能是源于这两部分不同环节的创新组合,如苹果公司的数字音乐播放器产品 iPod+iTunes 音乐在线商店的商业模式:一方面,iPod 容量大,其时尚的外观设计迎合了年轻人的喜好,40G 硬盘的标准配置可以容纳近 1 万首歌曲;另一方面,苹果的 iTunes 音乐在线商店把 iPod 和 99 美分音乐下载服务联系起来,其简单便捷赢得了大多数用户的青睐,并带动了苹果公司的 iPod 音乐播放器的销售。2004 年 11 月,苹果公司还和 U2 乐队共同推出了 iPod+U2 的合作联盟,为 iPod 产品进一步"摇旗呐喊"。

Google 的商业模式回答了有关顾客定位、价值创造、利润来源三个问题:

(1) 准确的角色刻画:广告客户和普通网络用户。

(2) 合理的动机:广告客户希望更好的广告效果,普通网络用户不希望网站上满眼是通栏广告。

(3) 使人洞悉价值的故事情节:定向广告,实现更好的普通网络用户上网感受,更满意的广告客户投资效果,Google 更好的收入来源。

(三) 商业模式的特点

1. 创新性

商业模式并非一种固定的模式,它是创新的产物。不同的时代,不同的创业者,不同的创业项目,以及不同的创业资源,其商业模式是不同的。当市场环境发生变化时,企业便需要对自身的商业模式进行重构,重构就是一种创新。

2. 有效性

商业模式的有效性,一方面是指好识别,并能满足客户需求,让客户满意;另一方面是指通过模式的运行能够提高自身和合作伙伴的价值,创造良好的经济效益。同时,也包含具有超越竞争者的、体现在全过程的竞争优势,即商业模式应能够有效地平衡企业、客户、合作伙伴和竞争者之间的关系。好的商业模式既要关注客户,又要使企业盈利,还要比竞争对手更好地满足市场需求。

3. 整体性

好的商业模式至少要满足两个必要条件:第一,商业模式必须是一个整体,有一定结构,而不仅仅是一个单一的组成因素;第二,商业模式的组成部分之间必须有内在联系,这个内在联系把各组成部分有机地结合起来,使它们互相支持,共同作用,形成一个良性循环。戴尔的直销模式之所以成功,其重要的原因之一是戴尔具有低于4天的存货周转期,这种高周转率直接带来了低成本,使得戴尔的产品价格低,具有竞争对手不可比拟的优势。戴尔的低库存高周转效率正是来自其核心生态系统内采购、产品设计、订货、制造商及服务支持等一系列生态链中的相关活动的整体联动所产生的协同作用,这是其真正的核心竞争力所在。

4. 差异性

商业模式的差异性是指既具有不同于原有的任何模式的特点,又不轻易被竞争对手复制,保持差异,取得竞争优势。这就要求商业模式本身必须具有相对于竞争者而言较为独特的价值取向以及不易被其他竞争对手在短时间内复制和超越的创新特性。戴尔的直销模式重新定义了顾客对速度、成本和价值的衡量方式,构筑了阻碍竞争对手模拟的障碍。

5. 适应性

商业模式的适应性是指其应付变化多端的客户需求、宏观环境变化以及市场竞争环境的能力。商业模式是一个动态的概念,今天的模式也许明天会演变成不适用的,甚至成为阻碍企业正常发展的障碍。好的商业模式必须始终保持必要的灵活性和应变能力,具有动态匹配的商业模式的企业才能获得成功。

6. 持续性

企业的商业模式不仅要使其他竞争对手在短时间内难以复制和超越,还应保持一定的持续性。商业模式的相对稳定性对维持竞争优势十分重要,频繁调整和更新不仅增加企业成本,还易造成顾客和组织的混乱。这就要求商业模式的设计具备一定的前瞻性,同时还要进行反复矫正。

7. 生命周期特性

任何商业模式都有其适合的环境和生存土壤,都会有一个形成、成长、成熟和衰退的过程。

二、商业模式的模型

由于商业模式对企业生存与发展的战略意义,国内外的许多学者研究商业模式,也形成了众多学术观点和理论模型,其中最具代表性的是商业模式的九要素模型。围绕着提高企业的核心竞争力,商业模式包含的内容是众多的,但是归纳起来主要是业务、运营和盈利三个方面的九种战略,简称商业模式九要素模型,如图 2-1 所示。

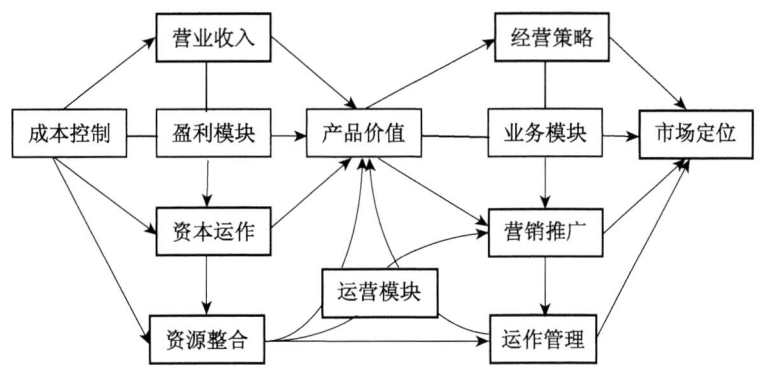

图 2-1 商业模式九要素模型

(一)业务模块

1. 产品价值

产品价值,即企业通过其产品和服务向消费者提供的价值。提供什么产品和服务给消费者,是商业模式的关键。实践中,企业通过为顾客创造更多的价值来提高企业在产品或服务方面的核心竞争力。要做到这一点,企业必须重新定义目标市场,重新定义顾客的需求认知,创造产品的价值优势。在价值链或产业链上,也可经由价值链的重组与价值活动的创新等方式来增加产品的价值优势。企业可以在产品功能方面,也可以在商品组合方面,甚至在产品的制造过程之中,通过增加功能、增加服务、改变产品定位和改变交易方式实现价值创新等不同途径,来达到产品或服务价值提升的目的。

2. 经营策略

经营策略,即企业如何通过对商业环境的战略分析,向顾客有效地提供价值服务并实现企业利益最大化而形成的战略、策略、计划等。企业制定的经营目标,决定了经营中的顾客、竞争对手、竞争实力,也决定企业对关键性成功因素组合,并最终决定企业的竞争策略。成功的企业经营策略,会制定出具有独特商业模式要素和特征的竞争策略。企业要对经营策略进行创新,以适应企业外部宏观和微观环境的变化,形成核心竞争力优势,还要利用竞争对手间的利益相关性和优势互补性,实现资源整合,来寻找增长的潜力。

3. 市场定位

市场定位,即企业根据竞争者现有产品在市场上所处的位置,针对顾客对该类产品某些特征或属性的重视程度,为本企业产品塑造与众不同的、给人印象鲜明的形象,并将这种形象生动地传递给顾客,从而使该产品在市场上定位适当的位置。其主要可以从地域市场划分、消费者群体细分、产品差异化、技术壁垒和营销模式等差异,来确定精准的市场定位。

(二)运营模块

1. 营销推广

营销推广,即企业与消费者接触的各种途径,也即企业如何制定市场策略,开拓市场和建立销售渠道。它涉及企业的市场和分销策略。企业要根据营销环境的变化情况,并结合企业自身的资源条件和经营实力,寻求营销要素在某一方面或某些方面的突破或变革。市场细分与定位帮助企业确定自己的目标客户群及优势产品或服务,而如何有效接触目标群体,传递企业的产品或服务价值,则需要依靠营销模式。

2. 运作管理

运作管理,即企业在业务开拓中的运作模式和营运过程,是指如何整合公司资源开展业务。企业要实现运作管理创新,即使组织形成创造性思维并将其转换为有用的产品、服务或操作方法,也即富有创造力的组织不断地将创造性思维转变为某种有用的结果。企业把新的管理要素(如新的管理方法、新的管理手段、新的管理模式等)或要素组合引入企业管理系统以更有效地实现组织目标。

3. 资源整合

资源整合,即企业对不同来源、不同层次、不同结构和不同内容的资源进行识别与选择、汲取与配置、激活和有机融合,使其具有较强的柔性、条理性、系统性和价值性,并创造出新的资源的一个复杂的动态过程。企业应优化资源配置,要根据企业的发展战略和市场需求对有关的资源进行重新配置,以凸显企业的核心竞争力,并寻求资源配置与客户需求的最佳结合点。其目的是要通过组织制度安排和管理运作协调来增强企业的竞争优势,提高客户服务水平。

(三) 盈利模块

1. 营业收入

营业收入,即企业通过怎样的模式和渠道取得营业收入并且赚取利润。营业收入模式又是企业在市场竞争中逐步形成的企业特有的赖以盈利的商务结构及其对应的业务结构。影响企业利润大小的三大要素包括利润源、利润点和利润杠杆,企业利润是三大要素组合形式的整合。利润源是指企业提供的商品或服务的购买者和使用者群体,他们是企业利润的唯一源泉。利润源分为主要利润源、辅助利润源和潜在利润源。好的企业利润源,一是要有足够的规模;二是企业要对利润源的需求和偏好有比较深的认识和了解;三是企业在挖掘利润源时与竞争者比较有一定的竞争优势。利润点是指企业可以获取利润的产品或服务。好的利润点,一要针对明确客户的清晰的需求偏好;二要为构成利润源的客户创造价值;三要为企业创造价值,有些企业有些产品和服务或者缺乏利润源的针对性,或者根本不创造利润。利润点反映的是企业的产出。利润杠杆是指企业生产产品或服务以及吸引客户购买和使用企业产品或服务的一系列业务活动,反映的是企业的投入。

2. 成本控制

成本控制,即以成本作为控制的手段,通过制定成本总水平指标值、可比产品成本降低率以及成本中心控制成本的责任等,达到对经济活动实施有效控制的目的的一系列管理活动与过程。成本控制又指降低成本支出的绝对额,故又称为绝对成本控制;成本降低还包括统筹安排成本、数量和收入的相互关系,以求收入的增长超过成本的增长,实现成本的相对节约,因此又称为相对成本控制。成本控制的对象是成本发生的过程,包括设计过程、采购过程、生产和服务提供过程、销售过程、物流过程、售后服务过程、管理过程和后勤保障过程等。

3. 资本运作

资本运作,即通过融资获取运作资金,通过兼并收购等财务杠杆来扩大业务,最后通过上市获得投资回报,实现利润价值最大化。简单地说,它是以资本最大限度增值为目的,对资本及其运动所进行的运筹和经营活动。企业要将本企业的各类资本,不断地与其他企业、部门的资本进行流动与重组,实现生产要素的优化配置和产业结构的动态重组,以达到本企业自有资本不断增加这一最终目的。

三、商业模式选择

商业模式的内容十分广泛。凡是与企业活动有关的内容,几乎都可以纳入商业模式范畴。现在经常提到的商业模式包括电子商务模式、B2B 模式、B2C 模式、拍卖模式、代理模式、广告收益模式、会员模式、佣金模式和社区模式等。在人们所熟悉的商业世界中,任何一个商业组织,都有其特定的商业活动业务流程,这一业务流程汇集了物流、信息流、资金流,最终以增值的商品或服务传递到客户手中,并产生每个组织所赖以生存和发展的收益。概而言之,这一与每个商业组织相联系的业务流程或其核心环节的抽象,就是它的商业模式。

(一)选择商业模式的原则

一个具有吸引力、成功的商业模式,通常具备能够创造价值与竞争优势的某些特点,而这些特点往往影响着新创企业的成败。因此,选择商业模式必须遵循一定的原则。

1. 适用性原则

适用性也可以称之为个性,是商业模式的首要原则。由于企业自身情况千差万别,市场环境变幻莫测,商业模式必须突出一个企业不同于其他企业的独特性。这种独特性表现在它怎样为自己的企业赢得顾客、吸引投资者和创造利润。严格地说,一个企业的商业模式应当仅仅适用于自己的企业,而不可能为其他企业原封不动地照搬照抄。所谓商业模式,最终体现的是企业的制度和最终实现方式。从这个意义上说,模式没有好坏之分,只有是否适用的区别。适用的就是好的,适用较长久的就是较好的。

2. 有效性原则

有效性是选择商业模式的关键原则。在经济全球化、信息化的今天,无论哪个行业或企业,都不可能有一个万能的、单一的、特定的商业模式,用来保证自己在各种条件下均产生优异的财务结果。因此,评价商业模式的好坏,最根本的一条在于它的有效性。可以认为,有效的商业模式是企业在一定时期、一定条件下,能够为自己带来最佳效益的有效的盈利战略组合。

3. 前瞻性原则

前瞻性是选择商业模式的灵魂所在。商业模式是与企业的经营目的相联系的,一个好的商业模式要和企业长远的经营目标相结合。商业模式实际上就是企业为达到自己的经营目标而选择的运营机制。企业的运营机制反映了企业持续达到其主要目标的最本质的内在联系。企业以盈利为目的,它的运营机制必然突出确保其成功的独特能力和手段——吸引客户、雇员和投资者,在保证盈利的前提下向市场提供产品和服务。但是,仅仅如此是不够的,因为这只是商业模式的"现在式",而商业模式的灵魂和活力则在于它的"将来式",即前瞻性。也就是说,企业必须在动态的环境中保持自身商业模式的灵活反应、及时修正、快速进步和快速适应。一句话,就是具有长久的适用性和有效性,以达到持续盈利的目的。

(二)选择商业模式应当注意的问题

商业模式仿佛是一根神奇的魔杖,具有点石成金的功能。独特新颖的商业模式,可以得到投资者的青睐,能够推动创业者走向事业的高峰,造就在业界呼风唤雨的公司。但是,也应看到,以网络泡沫破灭为先导的全球性经济衰退的一个重要原因,正是源于对一些不切实际、不可行的商业模式的过度投资。正所谓成也模式,败也模式。

每一个创业者都有成功的梦想,每一个成功的创业者都有成功的模式。因此,任何一个创业者在整个创业过程中都要找到属于自己的、唯一的那种成功的商业模式,而不是对他人模式的简单复制。

1. 注重企业经济要素中的智力资本

据麦肯锡顾问公司分析,2005年美国有85%、欧洲有80%的工作是以知识、智力或技术为基础的,衡量一个企业的经济价值正在或即将发生很大的改变。企业必须提供整体性解决顾客问题的方案,创造价值链。企业不仅是卖产品的组织,更是卖智慧的组织。企业必须告别旧的生产要素,而发展新的生产要素,尤其是智力资本。一般而言,企业可持续竞争优势主要来源于以下四个方面的智力资本:

(1) 市场资源,即企业所拥有的与市场相关联的可以获得潜在利益的无形资产,包括品牌、营销网络和渠道等。

(2) 技术资源,即企业的生产技术原理、专利权、商标、知识产权及技术诀窍等。

(3) 人力资源,即企业每个员工的优秀品质和能力的总和,包括领导和员工的技术专长、创造性解决问题的能力、领导能力、开拓能力、管理技巧和团队精神等。

(4) 组织管理资源,即企业采用的用来保证企业正常运转的管理机制和方法,如企业的激励机制、协调和控制水平以及信息获取和处理能力等。

2. 重视知识的信息化和价值化

在信息时代,商业模式必须十分注重知识的信息化和价值化,否则,商业模式会因为知识的封闭、贬值而过时。知识的信息化是指通过科技将知识分门别类、组织归档,成为共享信息;知识的价值化是指通过信息技术构建知识交流、利用的管理机制。知识经济下管理的目的就是如何通过科技产生智力资本,因此,对企业而言,其竞争力重点在于知识如何为企业创造经济价值,其交流模式是动态实时的交流与沟通。知识的信息化和价值化对企业降低成本并提供更多的顾客让渡价值非常重要。

现代商业企业传统的竞争力已难分高低,竞争的核心阵地已逐渐移至信息处理和流通方面。只有更快、更准确的信息处理、快速的信息传递和敏捷反应,才能形成竞争优势。沃尔玛倾巨资建立起的全球最大的私人卫星系统与3 800家供货商联网,就是为了能使企业及时掌握销售情况、市场需求和供应商供货情况,实现快速反应,在不发生缺货的前提下实现零库存,加速资金周转,提高效率,最终降低交易成本,从而为顾客提供更大的价值。沃尔玛设立的网上商城与其各个分店建立了连接,有效利用了众多连锁店的作用解决了物流问题。在线购物的积极意义是带给顾客以"诚信",2001年沃尔玛的网上商城被评为最受消费者喜爱的购物网站之一。海尔公司在"走出去"的国际化经营中,不断推出了新的举措,如为中东地区顾客定制耐高温冰箱,为美国消费者定制"棱角冰箱",为欧洲消费者定制"绿色冰箱"。其"定制营销模式"是企业按照顾客的特殊要求定制产品的个性化营销方式,它实现了市场的快速形成和裂变发展,已将顾客上升为企业营销关系中的核心位置。顾客满意成为企业营销创新的最高目标。

3. 注重管理的沟通

在新型的商业模式中,企业知识资本将跨部门共享,知识管理带来的开放平台和公共数据库信息流通,将打破工业时代以来的组织功能界限。基于工业时代的组织模式,是依照功能对号入座,而现在是拆解生产流程,同时也将信息汇集的力量散置在各业务单位。新型的商业模式起源于知识经济下管理的共享概念,它非常注重管理的沟通。共享概念的"共享逻辑"从概念上终结了旧时代的管理逻辑。管理沟通主要包括:企业内部管理者之间、管理者与员工之间、员工之间的沟通;企业与顾客之间的沟通;企业与投资者之间的沟通;企业与供应商、制造商之间的沟通;甚至企业与竞争者的沟通都显得非常重要。世界著名经济战略伙伴研究专家詹姆斯·穆尔认为:企业竞争管理不是要击败竞争对手,而是要集成经营,利用广泛的共同力量创造新的优势,分享市场。"集成经营"就是强调通过管理沟通整合聚变,突出协同与创新,不断聚合出新的市场竞争能力,以主动适应知识经济与科技日新月异的发展要求,获得新的企业发展机会。

4. 降低企业成本

网络的出现,让信息的交流成本降到了最低,改变了人类思考的方式,造就了一群善用信息的知识管理工作者。"e 化"实际上就是结合了信息化、国际化和交互化的管理。成本是任何一个企业经营者所关注的一个问题。Internet 为在线顾客建立了充分自由选择的模式,不能保持低成本低价格的企业,将被市场无情淘汰。低成本是电子商务的显著优点,也是网络企业发展的阶梯。在虚拟的网络世界里,直接销售、职能虚拟化、低廉的信息成本奠定了网络企业低成本运营的基础。

四、创建商业模式的方法

1. 借鉴同行的商业模式

任何企业的经营都会受到可控和不可控的因素影响,有时相同的错误会普遍发生。因此,观察其他企业的做法、处境,以及如何引进产品和推销等,可以获得很多经验教训。研究与要创建的类似的公司或者要生产的类似的产品,可以使创业者冷静地认识市场需求,帮助创业者找到合适的商业模式。

2. 改进对手的商业模式

(1)知己知彼,百战不殆。创业者必须首先找到自己的竞争者,然后要像了解自己一样了解竞争者。了解他们的产品特色、市场份额的大小、营销策略等,同时要清楚哪些人正与你做着同样的事,掌握和分析他们的信息,才可以找到自己的生存空间。

(2)想顾客之所想。除了向成功的企业家学习之外,以顾客的利益和市场需求为行动指南是创业中的第二条重要准则。如果创业者比竞争者想得更周到,做得更完美,一直致力于做顾客的"贴心人",那么就可以战胜竞争对手,取得出类拔萃、与众不同的成果。

(3)急顾客之所急。创业者还应尽量避免过于看重自己的观点和能力。一个固执的创业者,往往容易忽视团队的意见,甚至忽略顾客的需求。当产品不符合市场需求时,新创企业就会立刻失去竞争的优势,把市场白白送给竞争者。

(4)市场始终如逆水行舟,不进则退。如果创业者不注意研究竞争者,那么突然有一天就会发现原本属于自己的"奶酪"减少了,被竞争者在不知不觉中抢去了。经营永远是"不进则退",市场永远没有停止变化的时刻。

(5)找出竞争对手的弱点。至少要找出十位和你具有相同客户群体的竞争对手,他们就是和新创企业同分一块市场蛋糕的对手,或者说只有从他们的手里抢过更多的蛋糕,新创企业才会有立足之地。只有分析对手,才可以战胜对手。

（6）重视成功创业者的意见。企业经营管理咨询并非只有大企业才需要，对所有的创业者来说，在创业伊始去请教有创业经验的成功企业家，是非常必要的。

（7）与顾客要"亲密接触"。几乎每一个成功的创业者都能够灵敏地捕捉到顾客的需要和渴望，以及市场最细微的变化，并能快速对需求的变化和发展的趋势做出反应。要掌握市场的第一手资料，就应该亲自去目标客户那里体验一下。

3. 寻找最佳的商业模式

创业者必须要遵循一个原则：任何模式都应以顾客的需求、市场策略和经营特色为中心。好的商业模式应具有如下三个特点：必须可以同时满足顾客和企业的需要；应该是满足顾客愿望或解决顾客不满而研究出来的对策；一定具有自己的特色，可以使顾客离不开你的产品或服务。

不少创业者的一大缺点，是他们每天宁愿花费大量的时间去思考公司重大决策方面的事情，投入大量的人力物力去精心运作和执行，却不肯多花费一点时间来考虑、设计适合自己的商业模式，使公司长期在利润区外徘徊，找不到进门的钥匙。在企业的战略与运营之间其实存在这样一个被人忽略的规律，找到了它，成功的企业能更加稳固，平凡的企业可以焕发新生，流动的资本就会找到利润区，这个规律就是商业模式。

在所有的创新之中，商业模式创新属于企业最本源的创新。离开商业模式，其他的管理创新、技术创新都失去了可持续发展的可能和盈利的基础。所有成功的大企业都是从小企业秉持成功的商业模式一步一步走过来的。我们说，沃尔玛其实是开杂货店的，可口可乐是卖汽水的，微软是卖软件的，国美是开电器店的，小肥羊是开火锅店的。这些企业的成功说明一个道理：无论科技含量高还是低，都能成功，关键是要找出成功的商业模式，并把商业模式的盈利能力快速发挥到极致。

五、商业模式的持续创新

（一）从模糊到清晰

新创企业在创建之初，其市场定位和商业模式常常并不明晰，甚至模糊，有的可能仅是个设想。随着商业的具体运作开展，创业者会逐渐形成清晰的市场定位和商业模式。达到这个状态，一些创业者可能要付出辛苦的探索，甚至痛苦的失败。

即使一个企业拥有良好的商业模式，但随着时间推移，当环境出现重大变化时，如出现相关技术的重大突破、相关政策法规发生重大变化、行业结构扁平化、消费偏好的改变、众多模仿者在一夜之间出现等，企业原有的商业模式不再具有竞争优势，这就需要企业及时调整。尤其是在中国这个经济和社会快速发展与转轨的环境下，外部变化要求企业适应力的同步提升。

在技术和信息方面，从 20 世纪 90 年代中后期以来，由于互联网的出现和迅猛发展，关于产品、价格等方面的信息搜寻成本大大降低，企业信息更加公开，人们很容易货比三家，市场力量也从卖方转向买方。网络作为一种无时空限制的新媒介，催生了许多新业务，也结束了许多旧业务，从而改变了行业结构和收入在企业间的分配。另外，由于思想的传播异常迅速，当市场上出现一个好的商业模式后，很快被仿效。而且，一个市场迟早会出现饱和，用户消费观念也会发生变化，企业的增长会因此而减速，收益会快速达到递减点。因此，企业的商业模式并不是，也不可能一成不变，它需要在实际运作中不断演变和调整。

（二）从"复制"到"本土化"

市场经济发达的国家和地区,其产品和服务通常处于相对成熟的领先地位,也产生了很多比较成功的商业模式,值得我们借鉴参考。越来越多的在海外学习和工作的华人,希望发挥其信息和商业体验方面的优势,抓住国内的市场空缺机会,回国创业,有的已经获得了很大的成功,如搜狐的张朝阳、易趣的邵亦波等。

一些留学生回国创业之初,常常希望把国外成功的商业模式以最快的速度拿到中国"复制",不过这又出现了"水土不服"的问题。原因是国内的商业基础设施(包括"软""硬"环境)和消费者的需求与国外可能差别较大。那些成功者,不是采取简单的"全盘复制",他们的商业模式通常是从"复制"到"本土化"。例如,易趣最初的创业就是模仿 e-Bay 的商业模式,但在执行过程中,发现中国的商业基础设施及信用环境与美国大不相同,因此根据我国的实际情况,易趣及时进行了调整和新的尝试,终于获得成功。

在企业展开全球化经营的过程中,对商业模式的复制同样需要考虑消费文化上的差异,并进行必要而谨慎的调整。例如,星巴克的主席霍华德·舒尔茨最初只想在美国设店重现意大利的浓咖啡体验,因而他对任何破坏这种纯正体验的细节都异常敏感。他在各个方面都力图体现意大利的咖啡风情,如扩音器里只能播放意大利歌剧,侍者必须打领结,咖啡馆里没有椅子,只有供人倚靠的吧台。霍华德·舒尔茨还发誓永远不供应脱脂牛奶,他甚至觉得提到这个词就意味着背叛。菜单上都是意大利文,装修也极尽意大利风格。然而,他和他的同事们慢慢认识到,意大利咖啡吧的许多细节在美国的西雅图并不适合。顾客们抱怨歌剧,员工们抱怨领结,人们想要椅子以便坐下来看报纸。因此,创业者们开始根据顾客的需要调整咖啡馆——增加了椅子,改变了音乐,脱脂牛奶也上了菜单。霍华德·舒尔茨谨慎地进行了调整,以便在本土化的同时并不丧失原有的核心价值。渐渐地,一种美国版的意大利咖啡吧出现了。

沃尔玛在刚进入阿根廷时也遭遇过失败,因为超市里没有阿根廷人喜欢的肉类、当地妇女常用的化妆品,也没有 220 伏标准电压的电器。沃尔玛碰壁后,发现了这些需求差异,及时进行了必要的业务调整。

（三）持续创新

一个商业模式酝酿出来后,需要进行创新,以便更好地满足顾客的需求。

以星巴克为例,围绕核心产品咖啡,延伸出了一些新的相关产品,如咖啡冰激凌、茶饮品,咖啡也推出浓、淡口味;星巴克除了在美国出售咖啡,在全球许多国家和地区都设立了咖啡店,服务对象从喜爱喝咖啡的美国人扩展到风俗、偏好大不相同的其他民族;在支付方式上,允许用信用卡代替钞票,大大方便了咖啡爱好者。星巴克将其价值定位于完美的服务体验,而不是上等的咖啡。

研究发现,与专注于降低成本的方式相比,通过改善商业模式对提高企业在行业中的地位效果更为显著。例如,针对惠普收购康柏,希望通过规模效应降低成本来加强企业竞争力,惠普通过与行业创新巨人 EMC 战略合作,进入军用计算机的存储市场,并取得了良好的业绩。

外部环境的变化导致企业的商业机会发生变化,与此同时,企业自身核心能力也在变化。企业可能实现的商业目标在不断变化,企业的使命和商业模式也需要不断调整,"与时俱进"地进行持续创新。

创新理论大师熊彼特认为,创业者的核心作用在于实现生产要素的新组合;创新主要表现为以下五个方面:开发新的产品,开发新的生产程序,采用新的组织方式,开辟新的市场,采用新的原材料。公司的具体商业模式的演进、商业模式的根本性变化,乃至整个公司"定义"的根本性改变,也可以从这五个方面来分析。

六、美国安然公司的商业模式分析

(一)公司概况

安然公司成立于1930年,总部设在美国休斯敦,曾是一家位于美国得克萨斯州休斯敦市的能源类公司。安然公司在2000年《财富》世界500强排名第16位,是美国最大的天然气采购商及出售商,也是领先的能源批发销售商。另外,该公司还运营着一家天然气管道系统和宽频部门。安然公司同时也经营纸、煤和化学药品等日用品。该公司在美国控制着一条长达32 000英里的煤气输送管道,并且提供有关能源输送的咨询、建筑工程等服务。

在2001年宣告破产之前,安然拥有约21 000名雇员,曾是世界上最大的电力、天然气以及电讯公司之一,2000年披露的营业额达1 010亿美元之巨。公司连续6年被《财富》杂志评选为"美国最具创新精神公司"。然而真正使安然公司在全世界声名大噪的,却是这个拥有上千亿资产的公司2002年在几周内破产,持续多年精心策划,乃至制度化、系统化的财务造假丑闻。安然欧洲分公司于2001年11月30日申请破产,美国本部于2日后同样申请破产保护。但在其破产前的资产规模为498亿美元,并有312亿美元的沉重债务。过度快速发展使其无法应对经济环境的逆转,而导致无法经营运作,以破产结束企业。

(二)公司业务

安然公司的主营业务是经营和维护天然气和石油输送管网,它建立了美国最大的天然气管道输送系统,输送量达到美国国内总消耗量的1/5。1985年,美国能源监管委员会发布命令,要求管道商对所有顾客实行平等开放,这样终端用户可直接向天然气生产商购买能源产品,使得天然气输送市场和销售市场可以分开。此后,美国能源监管委员会又公布了一系列文件,使原来从天然气生产、运输到销售一条龙垄断的天然气市场格局被完全打破。

天然气交易市场由此发生了巨大变化,安然公司从中发现了市场机会,由一家主营天然气管道的企业转变为天然气交易商,它利用自己拥有全美最大天然气管道输送系统的优势,从天然气生产商处购买天然气,再转手卖给最终用户。但安然公司仍不满足于仅仅成为一家天然气中间商,它在天然气现货交易的基础上开发了多种风险管理合同,这些合同是一些金融衍生交易工具,具备套期保值作用。由于拥有天然气输送系统,安然公司比其他交易方掌握着更多的信息,使它在这类金融衍生工具交易方面如鱼得水。经过多年发展,安然在天然气交易方面的金融合同要远远超过实物合同。1989—1992年,安然的利润几乎增加了50%,达到3亿美元,到1993年年底,其股票攀升了217%。1989年,安然公司的天然气商务分部还不足12个雇员,可到了1994年,这个部门已拥有150名员工。

在发展天然气交易的同时,安然公司还开始涉猎天然气以外的领域。安然公司买下了俄勒冈州波特兰的一家电力公用事业公司,并逐渐在世界各地修建电厂。安然公司在电力市场中如法炮制,在电力交易基础上开发出了多种风险管理合同,形成了类似期货交易的电力交易方式。实际上,安然公司早已从一家传统的能源企业转变为一个从事金融衍生交易的企业。安然公司招徕了大量金融方面的专业人才,为公司开发各种各样的交易合同和衍生工具,交易对象涉及天然气、电力还有自来水。在互联网概念被华尔街青睐时,安然公司还顺着其天然气输送管道铺设了光缆,以交易电力或天然气的方式来交易网络宽带,并由此成立了 Enron Online 作为能源网络交易平台。从 Enron Online 正式启用开始,安然有超过 1 500 种商品在网络中买卖,累计商品交易金额已达 6 500 亿美元,每天交易量约 5 000 件,交易金额 30 亿美元。从此,安然公司一改在公众心目中传统能源公司的形象,摇身变为新经济中的高科技公司。其股票价格在 1995 年后开始上涨,从 15 美元左右升至 2000 年年底的 90.75 美元的顶峰。随着安然公司开发出许多复杂的金融工具,它逐渐形成了一个庞大的金融帝国。

(三) 商业模式分析

安然公司的成败兴衰,与其商业模式的转型密切相关,可以从其商业模式角度来分析其破产的根本原因。安然公司原本是一家天然气管道运营商,后来进入能源交易领域,这时其经营行为还在公众的理解范围之内,安然公司开发了一系列金融衍生产品后,外界就如雾里看花,无法弄懂安然究竟是做什么的公司。下面以天然气为例,可以看到安然公司商业模式运作过程的变化,如图 2-2 所示。

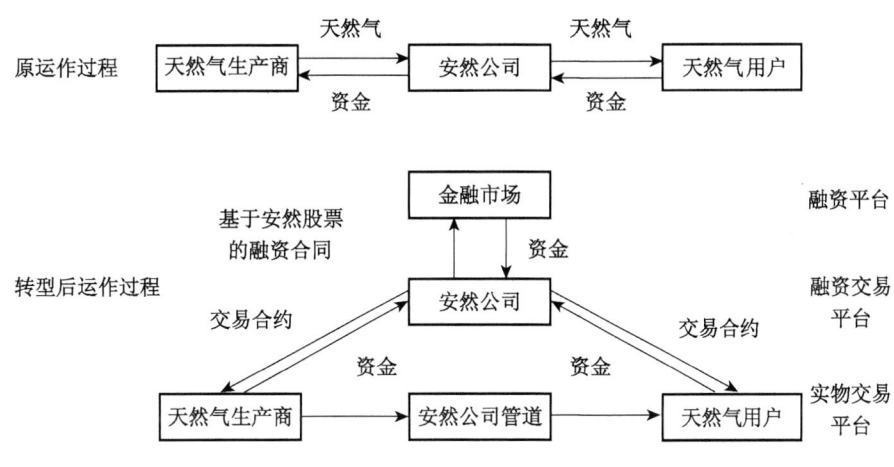

图 2-2　安然公司商业运作过程的变化

由于公司运作过程的变化,安然公司的商业模式也发生了根本变化,这里仍以天然气为例进行其新旧商业模式的对比,如表 2-1 所示。

表 2-1　　　　　　　　　　　安然公司新旧商业模式的对比

商业模式 构　成		旧商业模式	新商业模式
收入	收费对象 收费单元及组合 价格组合 收费渠道	天然气用户 天然气 天然气单价 直接向用户收取	天然气生产商和用户 天然气交易合约 期权、合约 通过交易平台收取
运营	运营方式 运营方法 运营流程	连续生产供应 生产输送 连续过程	实物与交易分离 合约化交易 谈判、交易

（续表）

构　成 ＼ 商业模式	旧商业模式	新商业模式
资源　资源组合 资源价格 供应渠道 供应方式	天然气、管道系统及其他 天然气供应价格 生产商供应 输送	资金、交易合约及金融 融资利息、人员薪金 金融市场、人才市场 购买

资料来源：李时椿.创业管理[M].北京：清华大学出版社，2008：263.

从以上商业模式的对比中可以看到，安然公司的商业模式已发生根本性的转变。安然公司的旧商业模式简单清楚，对收入和成本都能够依照传统的会计方法进行计量和控制，而新商业模式比较复杂，收入和成本都依赖金融衍生工具的交易条件和金融市场环境，具有非常大的不确定性，没有人能够准确地计量、控制收入和成本。实施新商业模式的初期，由于安然拥有天然气管道系统，能够获得比交易对手更多、更准确的诸如消费量和变化趋势等对交易起决定影响的信息，也就能够准确预测市场，从而在以天然气交易为基础的金融衍生工具的交易中占得上风。但当安然公司将这一做法推广到电力、自来水和网络宽带等产品时，原有的优势不复存在。而在新商业模式中，最重要的资源已非实物资产和产品，这也是安然公司前 CEO 斯基林所称的"轻资产战略"（assets-light strategy）的特点，资金成了这种商业模式中最重要的资源。随着业务扩张，安然公司需要越来越庞大的资金，因而不得不采用多种手段筹集资金，公司股票成为筹集资金最主要的抵押。这时，安然公司的商业模式运作过程就形成了这样一个循环，如图 2-3 所示。

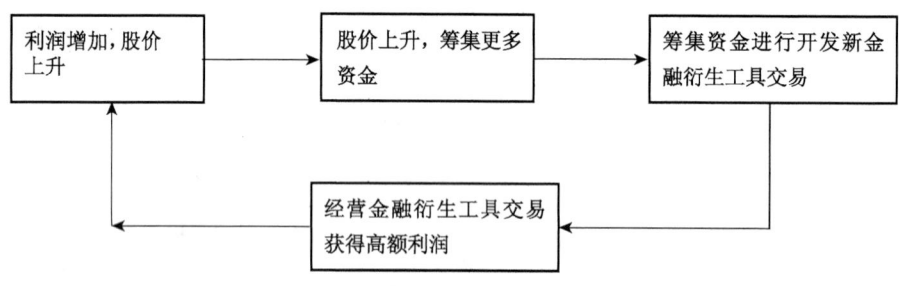

图 2-3　安然公司商业模式的运作循环

这个循环能够持续下去的充分必要条件是安然公司能够获得高额利润以支持其高股价，而安然公司在其他领域却没有在天然气交易中的优势，由于各方面原因，安然公司在电力、自来水和网络宽带网市场损失惨重，到后来只有采用隐瞒债务、虚增利润手段来支撑其股价，最后终因假账被揭露而破产。应该说，安然公司的商业模式确实有所创新，初期的成功也说明安然公司这种商业模式并非一无是处，但是，安然公司扩张的野心使其完全忽视了商业模式中存在的风险和问题。

在激烈的市场竞争中，商业模式的创新可以为企业创造巨大的发展空间，但需要注意的是，与技术创新一样，企业的商业模式创新必须与企业的经营优势相匹配。否则，企业虽然可能会在短期内获得一定的轰动效应和超常发展，但是，随着时间的推移，其缺陷必将暴露，正如在安然公司所发生的一切。因此，任何企业在经营管理方面的创新都不能违反企业经营管理的基本规律，否则必然要为这种创新付出代价。

第三章　创业计划书

当创业者确定了创业项目并且构建了商业模式之后,就需要进一步对这个项目进行更深层次的细化和分解,并通过一系列的调研和论证,最后制定出一份具有可操作性的创业计划书。可以说,创业计划书是对创业者整个经营设想的总结和概括。创业之前,创业者借助创业计划书,可以去"推销"自己的经营思路、设想,去说服团队、客户以及投资人。

第一节　创业计划书概述

创业计划书是创业者需要完成的一份重要的商业文件。创业者要根据自己的需要撰写创业计划书,发挥创业计划书在沟通和融资中的积极作用。尽管创业计划书的类型多样,但是它们在内容上都要突出六个基本的要素。

一、创业计划书的概念

所谓创业计划书,是包含与企业、创业项目有关的宏观战略性安排的所有方面,并将之书面化的商业文件。该计划需要对一个初创企业在经营中涉及的相关外部要素和内部要素进行通盘的周密考虑。其大体上需要包括:该项目商业前景的展望,该项目所处行业的市场规模,企业所需整合的各种资源,各种职能计划的形成,以及在经营的前几年短期和长期决策的方针。因此,我们也可以把创业计划书看作为创业项目制定的一份完整、具体且深入的行动指南。

创业计划书要明确创业的基本目标,即在全局上考虑创业者的基本思路和期望目标,根据这一思路和目标制订出创业者的发展计划,也就是创业者准备如何把握好这一商业机遇,对有可能在将来影响企业发展和创业成功的因素进行预测和总结。当然,最重要的,也是我们最为关注的,还是要找到新创企业战略性融资的渠道和方法。

创业计划书是对创业者理想和希望的具体化。如同理想与现实总是存在些许差距一样,创业计划与创业者面临的真实运营过程当然也会存在不符之处。但是我们应该看到,环境越是瞬息万变,计划越是重要。技术和信息的爆炸性增长,以及全球市场的一体化,对创业计划提出了更为严格甚至苛刻的要求。创业成功不仅仅需要敏锐的商业嗅觉和快速进入并抢占市场的主动性,还要求在面对瞬息万变的市场时保持与市场发展完全同步,因此,创业计划应当是一项始终处于进行中的工作。

如果认为一份利润回报高、制作精美、富于吸引力的创业计划书就一定会带来企业的成功,显然是不现实的。这包含两层含义:一方面,创业计划书的开发会带来之前不曾想到的新机会;另一方面,决定创业成败的关键是商业机会的质量和把握该商机所必需的资源和团队。

二、创业计划书的类型

创业计划可以从不同角度分类,根据编写创业计划目的的不同,分成以下几种类型。

1. 以融资为主要目的的创业计划

编制这类创业计划时,可能已经存在一家公司,也可能是需要在得到这笔风险投资后去建立一家新公司,这类创业计划通常包括以下几部分内容:计划概述、产业背景和公司概述、市场调查和分析、公司战略、项目总体进度安排、关键风险和问题、管理团队的组成、企业经济状况、财务预测以及假定公司能够提供的利益。

2. 以争取他人合伙为主要目的的创业计划

要争取他人合伙,就得将自己的创业思路告诉对方,达到双方心理上的高度信任与沟通,这类创业计划一般包括以下几个部分:创业机会及其商业价值描述,新创企业拟提供的产品或服务以及可能的用户群,可能的市场竞争与拟采取的市场策略,可能的市场收益,可能遇到的风险及对策,希望别人以怎样的方式参与,将给新进入者哪些利益,有待与新进入者讨论的问题。

3. 以争取政府支持为主要目的的创业计划

过去个人或机构要开展某项商业化开发或产业化活动,如希望得到政府支持,就必须研究、编制、提供一个可行性报告。而现在政府出台了许多鼓励创新创业的政策,并给予大力的财政支持,这时个人或商业机构就需要向政府有关部门提供一个创业计划。因此,为了得到政府的支持,创业计划书应站在政府审批的角度撰写,它一般应包括以下部分:总论、团队情况、产品的市场需求预测、项目的技术可行性、项目实施方案、投资估算与资金筹措、项目效益分析、项目风险及不确定性分析、关于项目可行性的综合结论以及希望政府给予的具体支持。

三、创业计划书的作用

创业计划书作为创业者事业发展的参考蓝图,其最主要的目的是成为创业者对外寻求资金的"敲门砖",是一种与投资商进行沟通的工具,要知道投资商之所以会将每天大部分的工作时间用于翻看大量的、"八股文"似的计划书,其目的就是为了了解项目的经营信息从而作出快速、准确的投资决策。因此,一份合格的创业计划书对创业者开展后续的创业具有非常重要的作用。

1. 创业融资

在商品经济社会中,资金是企业生存和发展的基础。创业活动同样离不开资金的支持,但由于新创企业缺少经营经历和资信证明,相对一般企业更难从传统渠道获得融资。此时,对于正在寻求创业融资的创业者来说,创业计划书就如同企业获取资金的敲门砖,创业计划书的质量,往往决定着创业融资的成败。

在金融投资领域有句名言:"寻找资金没有窍门,唯有好的想法、好的技术、好的管理、好的市场。"一份优秀的创业计划正是创业者吸引融资的"敲门砖"和"通行证"。可以通过创业计划向投资者展示新创企业的市场潜力、团队、竞争能力和赢利前景,有助于说服投资者和取得投资。在视美乐创业案例中,邱虹云等 3 人与 30 多家企业进行了投资谈判,通过优秀的创业计划展示了产品概念的独特性、创业者的清华背景、踏实的创业计划书以及当时良好的市场环境,在创业团队组成的2个月后,就顺利获得了风险投资。

2. 认识自己

编写创业计划的过程也是企业认识自己的过程。通过对创业计划中各个部分的分析,可以从商业模式、市场、管理、财务、营销等各个方面更加深入地了解企业的优势和劣势。"知己知彼,百战不殆",创业计划使创意不再虚无缥缈,它将为创业的成功提供强有力的保证。

3. 战略思考

创业计划建立在详尽的分析基础之上,这不仅可以大大节省时间和减轻以后的压力,还有助于战略思考,为企业的战略决策提供依据和保障。同时,创业计划勾画出了创业的蓝图,有了这份详细的旅行图,创业的旅程将更加安全,即使受到干扰或挫折,也不至于乱了创业活动的节奏和进程,从而减少失误。

4. 创建和凝聚团队

新东方的俞敏洪在谈到创业团队时就曾说:"团队的每个成员都是一粒珍珠,珍珠只有串起来才更有价值。"创业同样需要团队的努力,仅仅靠个人是很难取得创业成功的。一般来说,创业团队的创建是在创业计划写作之前的事,创业团队本身就是创业计划的重点内容之一。但是,一份有效的创业计划,可以吸引潜在的创业团队成员,发挥"诱饵"的作用。而且,创业计划还为创业团队指明了今后努力的方向,可以就创业计划的具体安排与团队成员沟通,同时创业计划还明确了每个成员的作用和责任。作为串起"珍珠"的那根线,创业计划是创业团队沟通的"语言"和凝聚团队力量的重要手段。

5. 取得政府和相关机构支持

在我国,大量的创业活动离不开政府和相关机构的支持。政府每年都会选择一些潜力项目并提供资金支持。要取得政府的支持,必须借助公共关系和完整的创业计划,展现创业活动所具有的积极的社会意义,让政府机构充分了解创业思路和所需要的具体支持。国内以前常常用可行性报告和项目论证书代替创业计划书。

四、创业计划书的六大要素

无论从哪种渠道融资,投资者都会从以下六个方面对创业计划进行审视:商业模式、市场、产品(服务)、竞争、管理团队和行动。它们构成了创业计划书的六大基本要素。

1. 商业模式

通过创业计划书展现商业模式,让投资者了解企业是如何赚钱的。商业模式一般贯穿在整个创业计划书中,它决定了新创企业的运作,关系到企业的发展战略。投资者特别关注商业模式是否蕴含着巨大的利益,是否对现有的和潜在的利益进行重新组合和再分配。因此,除了要向投资者阐明选择的商业模式,还要让投资者确信商业模式能够获得成功,能够随着市场和自身条件的变化进行创新等。

2. 市场

创业计划书还要向投资者提供对目标市场的深入分析和理解。因为对于投资者来说,其最关心的还是产品(服务)有没有市场,市场容量有多大,顾客为什么要买产品(服务)。要打消投资者的顾虑,要在创业计划中对消费者购买本企业产品(服务)的行为进行细致的分析,说明经济、地理、职业和心理等因素如何影响消费者行为,并通过营销计划说明企业将如何通过广告、促销和公关等营销手段来达到预期的销售目标。总之,不仅要让投资者相信企业产品(服务)具有广阔的市场前景,而且要提供充分的证据向投资者证明,企业的预测和目标是可信的,不是盲目乐观的。

3. 产品(服务)

在创业计划书中,还要提供产品(服务)的所有相关细节,包括企业所实施的所有调查。还需向投资者说明产品(服务)所处的发展阶段,它的独特性,企业销售产品的策略,企业的目标顾客,产品的生产成本和售价,企业开发新产品或新服务的计划,等等。应该努力让投资者相信,企业的产品会在市场上产生重要的甚至革命性的影响,同时也要使他们相信,创业计划提供的证据是真实可信的,最终让投资者认识到,投资这个产品(服务)是值得的。

4. 竞争

在创业计划书中还必须就竞争对手的情况展开细致的分析,向投资者清楚地阐述如下几个主要问题:有哪些现有的和潜在的竞争对手,产品价值是如何实现的,与竞争对手的产品相比,本企业产品的特色,竞争对手所采用的营销策略,各竞争对手的销售业绩和市场份额,相对于竞争者,企业具有的优势,顾客偏爱企业的产品和服务的原因,企业应对潜在竞争对手的挑战的对策。总之,创业计划书要使投资者相信,企业不仅是行业中的有力竞争者,而且将来还会是确定行业标准的领先者,企业的竞争战略完全能够应对即将面临的竞争。

5. 管理团队

很多时候,投资者对创业团队的关注甚至超过产品(服务)本身,因为他们深知,要把一个好的商机转化为一个成功的风险企业,关键要有一支强有力的管理队伍。因此,在创业计划中,要向投资者完全地展现企业的管理团队,描述一下整个管理队伍及其职责,分别介绍每位管理人员的特殊才能、特点和造诣,细致描述每个管理者能够对公司作出的贡献,并明确企业的管理目标和组织机构。要让投资者对企业的管理团队充满信心,相信企业的管理队伍是刚好适合新创企业的"梦之队"。

6. 行动

再好的理念,也只有通过行动才能实现。行动的无懈可击才可能赢得投资者的青睐,创业计划书应该有清晰的产品设计、生产和运营计划,切实可行的企业营销计划和准确的财务计划。企业将如何把产品推向市场,如何设计生产线,如何组装产品,需要哪些原料,企业拥有哪些生产资源,还需要哪些生产资源,生产和设备的成本是多少,如何定价等,所有这些问题,要在创业计划中说清楚。

创业故事:视美乐创业赢在团队

邱虹云、王科和徐中三个在校生于1999年5月在清华园里创办公司,占尽了天时和地利。1998年5月,中国首屈一指的理工院校清华大学开风气之先举办了首届大学生创业计划竞赛,激起校园创业热情。"视美乐"主发起人王科和徐中分别是这次比赛的组织者和参与者。1999年,创业计划竞赛发展为全国性的反响巨大的高校学生活动。而这一年也正是中国风险投资启蒙年。

1999 年 4 月，材料系四年级学生邱虹云的发明——大屏幕投影电视在校园比赛"挑战杯"学生课外科技作品大赛上夺得一等奖。如果这一年清华园里没有创业的风潮，没有风险投资的启蒙，这项千把块钱做出来的简陋的学生作品基本上就会以校园获奖为终点了。然而，在 1999 年，这才是一个将在中国的经济发展史上注定要留下一笔的学生创业和风险投资故事的序幕。

创业的故事是从清华自动化专业五年级学生王科开始的。宁波理科状元出身的王科有遗传自母亲的天生的商业头脑，敢想敢干的他最强烈的欲望是创业。邱虹云的发明给了他创业契机。王科在公司兼过职，他了解投影机的市场需求和进口产品的昂贵价格，清华底子的技术敏感更使他意识到这项发明的"价值"，他提出要以十几万元的价格买下邱虹云的技术。不过，聪明的王科很快意识到这项专业技术含量很高的产品如果没有技术上的支持和不断突破，很难发挥它应有的价值。于是，王科说服邱虹云以技术入股，共同开发使之成为市场产品。

如果说商业敏感使王科及时抓住了商业机会的苗头，那么商业才华的再次显示就是他组织起一个创业的核心团队——在把技术核心邱虹云拉下"海"后，王科开始寻找管理人才。这样的认识和人力资源积累也源于创业计划竞赛。两周后，上届创业竞赛的活跃分子清华经济管理学院 MBA 班班长徐中也加入了进来。

追寻视美乐至今的成功，有其幸运和偶然的成分，比如媒体的关注使其自诞生起就备受瞩目，这对公司形象、融资等都是很有利的，而这一点无法效仿。但其成功更有规律和必然的方面，这也是最值得分析和总结的。

在风险投资模式里，第一重要的是人，第二是人，第三还是人。按投资管理顾问潘福祥的话说，视美乐的团队是一个"黄金组合"。在视美乐引进风险投资创业的故事里，两家投资方首先强调的也都是看中了这个团队。邱虹云是被清华校长称为"清华爱迪生"的人才。从入学起就在学生课外科技作品竞赛上年年获奖，其天分和成长经历颇有几分传奇色彩，是一个极其难得的发明家。

"王科是个战略家、企业家人才，他在外部条件不具备的情况下很善于借助各种资源为我所用。他有闯劲，有想象力、煽动性和热情，能干很多别人不敢干的事，而且举重若轻。是个帅才。"这是视美乐顾问潘福祥的评价。他还认为："徐中与王科正好互补，徐中是一个实实在在抓落实的管理者。到清华读书前他已工作了 6 年，在长城特钢公司先搞机械设计，后任团委书记，因此年纪轻轻就有机会参与大公司领导层会议，在学生公司里他绝对是见多识广、企业经验丰富，而且他做事风格踏实、稳健。王科是视美乐创建的组织者，如果不是王科挂帅，视美乐造不成这么大的'势'，也不会推进得这么快；如果没有徐中，企业管理和工程运作经验几乎是空白的王科可能点起轰轰烈烈的一把创业之火后而无法控制；而邱虹云这样才华出众又本分的工程师则可遇而不可求。"

王科特别强调的是：我们与一般学生创业公司的最大区别在于有徐中这样一个有企业经验的人。他讲了一个小故事：要开发产品完成中试，王科和邱虹云做过一个预算需要二十几万元，即邱虹云做一台参加学生比赛的机器要千把元，做上二十几台成型机要二十几万元。别笑，这就是校园里学生的思路。徐中参与进来后，告诉他们要产业化,工厂开一套模具就要 20 万元以上,重新预算是 250 万元。对这个数目,王科觉得大得让他们毫无办法。徐中则笑着告诉他对于一个大企业开发新产品来说,这点钱根本不是问题。

进一步思考后,我们想到:徐中的经验固然重要,但王科对自己不足的认识、对徐中意见的接受认同更重要。又回到潘福祥的总结:这个团队有学生的创新精神、技术优势、精力充沛、全身心投入,又有一定的企业经验积累,尤其难得的是互相配合、精诚团结。这样的团队总会有好项目,总有成功的潜能。

资料来源:莫扬.视美乐创业赢在哪里?[N].中华工商时报,2000-12-07.

第二节　制定创业计划书

创业计划书是一份特殊的商业文件,它有基本的撰写要求和制定程序。目前,创业计划书的内容没有统一的要求,但是它同我国的可行性研究报告以及国外的商业计划书类似,内容也基本相同。本节就是介绍创业计划书的基本内容。

一、创业计划书的基本要求

每个投资机构每月会收到数以百计的创业计划书,每个投资者常常每天阅读几份甚至几十份创业计划书,而其中大多数都被无情地扔进了废纸篓。要想让企业的创业计划书引起投资者的关注,首先就要了解创业计划书写作的基本要求,不犯基本的错误,在此基础上再把创业计划做得更加出色。

1. 力求准确

向投资者全面披露与新创企业有关的信息,无论是优势还是困难都要讲到位,体现出与之投资合作的诚意,如果隐瞒实情、过分乐观甚至夸大其词往往会适得其反。

2. 简明扼要

投资者都是非常繁忙的,所以创业计划书首先要简洁,能够一句话表述清楚的就一个字也不要多加,最好开门见山,直书主题,让投资者觉得阅读每一句都是有意义的。许多创业者常犯的毛病是把创业计划书写得像一部企业管理大全,面面俱到,忽视了应有的侧重点。创业计划在 20~40 页为佳,太短或太长都不好。

3. 条理清晰

创业计划书看起来似乎是很高深很复杂的东西。实际上,无论新创企业是做高科技还是传统产业,投资者真正关心的问题都是一样的:做的是什么产品,怎么赚钱,能赚多少钱,为什么能赚钱,等等。在制定创业计划书之前,要能够清晰地就这几个问题解释清楚:商业机会,所需要的资源,把握这一机会的进程,风险和预期回报。

4. 注意语言

良好的语言水平并不能挽救新创企业不成熟的创业理念,但是一个好的创业理念却可能因为语言水平不高而导致融资的最终失败。因此,需要对创业计划书的语言进行锤炼,一方面,创业计划不能像学术论文,而应该力求语言生动;另一方面,要让读者容易理解创业计划书的内容,所以应尽量避免使用过多的专业词汇。

5. 强调可信性

创业计划描绘的前景可能很动人,但要真正打动投资者,还要让他确信这幅图景是可实现的。要做到这一点,需要在创业计划书写作之前进行充分认真的市场调研,通过调研了解顾客、竞争对手、市场前景等问题,然后在调研数据的基础上进行财务方面的分析,来说明企业将获得的收益。在创业计划书中,数据越充分越翔实,就越容易让投资者相信预测是可信的。

二、创业计划书的制定程序

一份良好的创业计划书包括附录在内一般为 20~40 页,过于冗长的创业计划书反而会让人失去耐心。整个创业计划的写作是一个循序渐进的过程,可以分成五个阶段完成。

第一阶段,创业计划构想细化,初步提出计划的构想和框架。

第二阶段,开展市场调查,同行业内的企业和专业人士进行访谈,了解整个行业的市场状况,如产品价格、销售渠道、客户分布以及市场发展变化的趋势等因素。为了便于问题的处理,还可以进行一些问卷调查,在必要时也可以求助于市场调查公司。

第三阶段,竞争者调查,确定你的潜在竞争对手并分析本行业的竞争方向。分销问题如何? 形成战略伙伴的可能性? 谁是你的潜在盟友? 准备一份 1~2 页的竞争者调查提纲。

第四阶段,对拟创业项目进行财务分析,必须保证所有的可能性都考虑到。财务分析应量化本公司的收入目标和公司战略,要求详细而精确地考虑创立公司所需的资金。

第五阶段,创业计划书的撰写与修改。利用收集到的信息制定公司未来的发展战略,把相关的信息按照创业计划书的结构进行调整,完成整个创业计划的写作。在计划完成以后仍然可以进一步论证计划的可行性,并跟踪信息的积累和市场的变化,不断完善整个计划。

三、创业计划书的内容

创业计划书必须提出一个具有市场前景的产品(服务),并围绕该产品(服务)完成一份完整、具体且深入的创业计划,要描述公司的创业机会,并提出行动建议。理性地看,创业计划是给自己设计创业目标和创业路线,是在给别人讲述自己未来的"创业故事",故其虽有核心内容,但却无严格一致的格式与体例,关键是针对评估者要了解的内容和问题对症下药。大多数创业计划在基本内容方面有极大的相似性,在写作上也存在着一定的规范、结构和格式。可以根据适合企业的"表达"方式写作创业计划,不必拘泥于固定的格式,创业计划应当能够包括以下部分:封面或封页、内容索引和目录、执行总结、企业介绍、产品(服务)、技术、管理团队和组织、市场分析、营销计划、生产计划、财务计划、风险管理、退出策略等。可以有所侧重,后面将择其要点进行说明。

(一)执行总结

执行总结又称摘要,是投资者阅读时首先要看的内容。如果这部分不能立刻引起投资兴趣,后面的部分写得再精彩也没有用。投资者往往通过阅读执行总结就很快地判断出新创企业是否值得投资。

1. 执行总结的作用

如果说创业计划书是叩开创业投资公司大门的敲门砖,是通向融资之路的铺路石,那么,创业计划书的执行总结可以被喻为点燃投资者投资意向的火种,是吸引投资者进一步阅读创业计划书全文的灯塔。执行总结浓缩了整个创业计划书的精华,反映了创业计划书的全貌,是创业计划书的核心所在。如果能让投资者在阅读执行总结后继续读下去,那么,离融资的成功就近了一步。

2. 执行总结应该表达的内容

通过执行总结,首先能够使投资者马上理解创业计划的基本观点,快速掌握创业计划的重点,然后作出是否愿意花时间继续读下去的决定。执行总结的主要目的是刺激投资者的阅读欲望,让他在看到创业计划书后有一种相见恨晚、爱不释手的感觉。因此,在写执行总结时必须充满激情,满怀信心,全部正面阐述,向投资者充分展示新创企业所具有的优势,营造出一种朝气蓬勃、蒸蒸日上的气势,并让投资者充分相信创业者的能力和判断。执行总结部分应该重点向投资者传达五点信息。

第一,新创企业的理念是正确的,新创企业在产品、服务或技术等方面具有竞争对手所没有的独特性。

第二,商业机会和发展战略是有科学根据和经过充分考虑的。

第三,企业有管理能力,企业团队是一个坚强有力的领导班子和执行队伍。

第四,创业者清楚地知道进入市场的最佳时机,知道如何进入市场,并且预料到什么时间该退出市场。

第五,企业的财务分析是实际的,投资者不会把钱扔到水里。

如果能简洁、清楚地阐述这些内容,投资者将会更有兴趣读完整篇创业计划书,甚至乐意把钱投入该项目。

3. 撰写执行总结的注意事项

执行总结如此重要,就不能有丝毫的怠慢,还要对以下的事项加倍注意。

(1)最好在最后完成创业计划书的执行总结部分,这样,在动笔写执行总结之前,对整个创业计划会有更清晰准确的理解。在完成对整个创业计划书的主体的抛光润色后,再反复阅读主体部分,从中提炼出整个计划书的精华,最后再动笔写执行总结。写完后,要请融资顾问检查过目,并提出修改意见,根据反应再考虑改写,直到可以马上打动相关人为止。

(2)创业计划的执行总结部分要有针对性。因此,在撰写执行总结时,要常常问自己:"谁会读我的计划书?"一般来说,不同投资者的兴趣和背景是完全不同的,他们看创业计划书的侧重点也各不相同。比如,银行类投资者通常对企业以前的成功业绩感兴趣,而投资公司则通常对新技术感兴趣。所以要先对投资者作一番调查研究,在执行总结部分突出投资者最感兴趣的方面。由于一项投资通常要由几个人共同作决定,因此,在调查投资者情况时要对整个投资机构有一个较为全面的了解,尤其是对有决策权的人要格外关注。

(3)语言仍然是要强调的内容。撰写创业计划执行总结时一定要文笔生动,风格要开门见山,夺人眼球,这样可以立即抓住重点。执行总结一般只需1~2页即可,切忌行文繁琐冗长、含蓄晦涩,让人难以琢磨。

(4)在写作全部完成之后,要反复检查直到确切无误为止,如果因为几个错别字而失去重要的机会,会令人后悔不已。

(二)企业基本情况

通过企业简介,可以让投资者对新创企业有一个初步的了解。当然新创企业有可能仅仅是一个美妙的产品(服务)创意,此时,把新创企业的简单情况做一番介绍是有益的,包括创业团队的组成和经历、创意的产生和商业前景等。如果企业已经建立,那么在这一部分中,应向投资者尽可能简明扼要又全面到位地介绍企业情况,给投资者以尽可能多的企业及所在行业的信息。总之,企业简介应能够描述出企业的发展历史、现在的情况和未来的规划。具体而言,主要可以从下面几个方面加以阐述。

1. 业务性质

简要介绍企业所从事的主要业务,要求尽可能通过短短几句话使风险投资者了解本企业的产品或服务。

2. 业务发展历史

介绍企业成立于何时,第一次生产产品或提供服务是在什么时候,企业发展经历了哪几个重要阶段等。在介绍企业历史时,要让读者了解企业的形成过程,创意源于何处,它是怎样进化的,负责人是谁,介绍发展阶段时要指出所处的融资阶段。

3. 业务展望

按时间顺序描述企业未来业务发展计划,并指出关键的发展阶段。让风险投资者了解风险企业未来 5 年的业务发展方向及其变动理由。在进行企业目标陈述时,要一语道出企业的目标。

4. 企业组织结构

主要说明企业所有制性质,比如是股份制还是合伙制,企业注册地点、经营范围及企业全称。此外,还需说明本企业是否是一家有着附属公司的母公司。在公司拥有多家子公司或附属机构的复杂情况下,则应该用图表表示其法律关系,写出所占股权的比例。

5. 供应商

主要介绍本企业生产所需原材料及必要零部件供应商。风险投资者通常会给名单中的部分或全部供应商打电话以确认该名单的真实性。

6. 协作者或分包人

说明企业产品生产到销售过程中的协作者或分包人。说明的内容包括协作人名单、协作金额等,一般还需说明协作单位名称、地址及联系电话。

7. 专利与商标

对企业持有或将要申请的专利和商标进行描述。企业可以通过对专利与商标的描述来强调其独特性。或者在此列出企业的专利和商标清单,从而让风险投资者自己来判断这种独特性。

(三) 企业管理层

人是创业中最重要的因素,人的素质是投资者在决定风险投资时考虑的首要因素。上海商学院 2015 届毕业生李俊磊,一毕业就注册上海家旬信息科技有限公司,不久就得到第一笔风投,风险投资者风趣地说"我看中的不是你的企业而是你这个人"。在创业计划中,要对管理团队进行特别的关注,并能清楚地阐述新创企业中的关键管理角色和担任这些角色的人员情况,创业所需要的支持和服务,新创企业对管理团队的激励约束机制以及新创企业的组织结构和组织模式。在一些创业计划中,管理团队是通过"组织计划"的方式体现的。

1. 管理层的展示

首先,要对企业的关键人物进行介绍,也就是所说的管理团队。有时候也可以适当介绍关键员工,但不要过于琐碎,因为投资者不会关注一个没有影响力的成员。应展示的情况包括：

（1）列出组成管理团队的关键人员的名单和基本信息，包括每个成员的教育背景、工作经历、工作业绩、商业技能、领导能力和个人品质等，并说明在这些成员之间，责任是如何划分的。

（2）通过简历形式列出团队成员的创业经历和在管理方面的业绩与成就，证明这些关键成员是成功人士，充分向投资者展示他们完成自身角色的能力。不过，除了要展示优点外，还要适当提及弱点，这可以让投资者感到更为真诚可信。

（3）通过表格或图表的形式，向投资者展示管理团队在个人知识结构、经验结构、能力结构、动力结构和年龄结构方面的互补性，让投资者感到企业团队不仅人才济济，而且结构合理，在产品设计与开发、财务管理、市场营销等各方面均具有独当一面的能力，足以保证企业以后成长发展的需要。

（4）展示管理团队的优秀品质和职业道德，如团队成员之间的团结和相互支持，爱岗、敬业、勤奋和他们对企业的忠诚度等。在一些创业计划书中会看到这样的声明："管理层成员都不曾受到犯罪指控，各成员及其所从事过的业务未曾破产，其个人资信报告也能证明每位成员都有着良好的信用评级，也不曾有过拖欠债务的记录。"通过这种方式，可以向投资者证明自己和团队其他成员都非常"干净"。

2. 创业所需要的支持和服务

要提及企业关键的顾问，因为很少有人拥有开创一个新事业所需要的所有经验和技巧。如果企业拥有财务、公共关系、管理机构和其他方面的顾问，则是在传递着企业的专业化信息，也应该告诉投资者。这些顾问的良好名誉对新创企业而言，是一笔宝贵的财富。所以，应在创业计划中列出新创企业需要的支持和服务，列出新创企业咨询顾问的名单，列出为企业提供服务的会计师、律师、金融专家及其他相关人士的基本情况、背景资料以及他们将提供的支持和服务。

3. 激励约束机制

新创企业所采取的激励约束机制也是投资者所关心的问题，这里的激励约束机制不仅仅是针对管理层的。在创业计划中应该对相关内容进行列示，比如，要对企业的基本薪酬制度进行描述，要以清晰的数据向投资者展示对管理层的股票期权计划和对员工的持股计划，还要就职务升迁、培训和企业文化等方面对激励约束机制进行阐述。通过求助于企业咨询顾问，可以更圆满地解决这些问题。总之，要让投资者确信，激励约束机制能够保证管理队伍以充分的热情来实现预定的目标。

4. 组织模式和组织结构

需要向投资者展示企业的组织结构，附上企业的组织结构图，让投资者有依据来考察组织结构和模式是否合理；还需要说明企业的性质和所属关系，比如是独资还是合伙的。另外，对董事会的设置、规模和成员背景，也要进行相应的说明，并阐述其权利和义务。

（四）产品（服务）

投资者在评估风险投资项目时，不仅需要知道新创企业生产和出售什么产品（服务），还要对产品（服务）能否适应市场的要求作出评估，这些结果可以对投资者的投资决策产生关键影响。需要向投资者重点展示的内容包括：产品的名称、特征及性能用途，产品的研究开发过程和研发计划，产品所处的生命周期的阶段，产品的市场前景和竞争力如何等。

1. 简要介绍

要对企业的产品(服务)进行简要的介绍,描述产品(服务)的名称、特征及其功能,替代产品(服务)、竞争对手提供的产品(服务)数量和品牌等。有时候提供的可能不止一种产品,这时需要把讨论集中在最重要的产品上,对其他产品只需进行总体上的介绍。

2. 产品(服务)的价格

应该对产品(服务)的价格、价格形成基础、毛利及利润总额等进行说明,不仅要让投资者确信产品的最终形成价格在逻辑上是合理的,还要让投资者清楚地明白产品是市场能够接受的,是有很强的市场竞争力的,如果投资该产品,投资者能够从中获得巨大的利益。价格是投资者重点关注的内容之一,他们会提出很多甚至很尖刻的问题,因此,产品定价要充分考虑所有影响因素,能够对投资者的问题有所准备。如果新创企业有好几种产品(服务),那么最好分开进行描述。

3. 产品(服务)的独特性

投资者选择投资,是因为企业所具有的独特性。企业的独特性可以表现在很多方面,如技术、管理队伍、产品(服务)等。实际上,有些创业者会在创业计划书执行总结或在创业计划书用较大的篇幅对其独特性进行描述。

为突出产品(服务)的独特性,让投资者对新创企业充满信心,必须能够证明产品(服务)具有创新性,并能指出这种创新的意义及其带来的优势和价值。比如,同竞争对手的产品(服务)相比,同市场上的替代产品相比,企业的产品(服务)优势体现在哪里,如果产品功能升级了又能给顾客带来多少的额外价值,如果企业技术进步了又能降低多少的产品(服务)生产成本等。

4. 顾客或买主

要对产品(服务)的主要买主或顾客进行详细说明。比如,使用该产品(服务)的会是哪些人,他们使用该产品(服务)是什么目的,他们购买本企业的产品(服务)是什么原因,等等。可以用直观的图表将公司顾客的构成和分布表示出来。

(五) 技术和研发

1. 未来的技术发展趋势

要根据市场上现有产品的不足,结合产品技术发展的趋势,简单明晰地描绘出未来市场上的产品发展趋势和需要在哪些现有技术上进行改善或突破。

2. 企业的技术研发力量

要向投资者充分地展示企业研发队伍的实力。可以列出技术骨干的背景、经历和成果以及新创企业已有的研发成果等,力求让投资者确信,企业的技术研发队伍具有足够的实力把握市场上产品技术发展的脉搏,能够迎合顾客的需要开发新产品、开拓新市场,能够保证公司未来竞争发展对技术研发的需要。

3. 研发计划

要向投资者说明,企业为开发产品和服务所制定的研发计划,包括企业研究开发新产品的成本预算、时间进度、产品的技术改进或更新换代计划及其成本预算等内容。让投资者确信,他们今天的投资是有价值的。

4. 知识产权保护

还要说明企业将采取哪些措施来保护知识产权,这些内容更多是技术性的,可以求助于咨询顾问完成这一部分。

由于技术研发是公司未来发展的重要推动力,对于上述各项内容,要在仔细评估自己实力的基础上,给出详细说明。

(六) 行业及市场情况

市场分析是企业编制创业计划的依据,要在充分调研的基础上,对整个产业以及竞争状况进行充分详尽的分析,并在此基础上逐渐形成对企业目标市场的清晰认识,从而可以为制定企业战略提供依据。创业计划书的"计划"功能和"营销"功能都要以市场分析为基础。市场分析常常被认为是创业计划最重要的部分,是不无道理的。因此,对于这部分内容的思考必须清楚,否则创业计划很可能经不起投资者的推敲和市场的检验。可以从以下三个方面进行阐述:整个市场的大小和市场走势,新创企业的目标顾客群体,企业面临的竞争态势。有些创业计划书的市场分析部分还对企业预期达到的销售业绩进行描述,我们将销售业绩预期放到了营销计划部分进行介绍。

1. 产业分析

产业分析的重点是向投资者介绍市场的前景。投资者不会依据一个简单的数字就做出投资的计划,只有对企业将要进入的行业和市场进行充分分析,才能准确地估计出产品(服务)所具有的真正潜力,才有助于投资者做出正确的判断。

(1)需要向投资者展示进入的行业或市场的发展情况,包括产业的发展历史、现状和未来发展趋势。产业分析要重点说明影响行业发展的关键性因素,包括诸如技术进步、经济发展、政府政策、社会文化以及市场需求等方面的因素,结合这些因素来说明行业发展趋势。

(2)要用具体的数据说明整个市场的状况,包括现状和对未来的预期。需要展示的数据有:行业的销售量和对未来 5 年销售量的预期,行业的总收入和对未来 5 年总收入的预期,行业的平均回报率和对未来 5 年平均回报率的预期,等等。

(3)展示在市场上所有经济主体的经营概况,包括竞争者、供应商、销售渠道和顾客等,揭示这些市场主体之间的经济关系。

2. 目标顾客

清楚地告诉投资者企业的产品(服务)将"卖给谁",说清楚产品(服务)现在的顾客和潜在的顾客。换句话说,确定"目标市场",这是制订营销计划的依据。重点内容包括以下三个方面。

(1)需要对企业即将进入的市场进行细分。说明顾客在产品(服务)上的需求差异,企业是按照什么标准来细分市场的,细分的市场结构如何,哪个细分市场比较适合本企业,等等。

(2)企业必须进行准确的市场定位,根据产品(服务)的特性和企业的情况在细分市场中选择一个或几个目标市场,结合企业的目标、产品、优势、劣势和竞争者的战略等因素说明为何选择这种市场定位,顾客为什么会愿意并购买企业的产品(服务)等。

(3)用实际数据向投资者展示企业目标市场的大小及其走势,结合目标市场的每个细分市场进行说明。需要注意,目标市场不要太小,否则风险投资者会对产品(服务)的市场前景产生疑虑。因为一般来说,企业价值的巨大增长往往只有在行业或市场潜力同等巨大时才有可能取得。如果企业已经掌握了一些订单或合作意向书,可以直接出示,因为这些材料会有力地证明产品的市场前景。

3. 竞争分析

对竞争产品和竞争对手进行描述和分析,也是制定竞争战略的基础。

(1) 列出主要竞争对手,用数据说明这些竞争对手所占有的市场份额、年销售量和销售金额等。当然,也可能没有竞争对手,但需说明不存在竞争对手的原因,如拥有专利权或者是市场先入者,而且要对潜在的替代产品和竞争对手进行预测。

(2) 要进行竞争能力调查,了解竞争对手的优势和劣势。比如将产品的质量和价格与市场上的其他产品进行比较,将产品性能和其他产品进行比较,将企业的生产水平和经营特点与竞争对手进行比较,包括这些企业的生产规模、产量、设备、技术力量、销售利润、价格、竞争战略、推销方式和售后服务等方面的特点。

(3) 将竞争的范围缩小,锁定几个重要的竞争对手,与它们进行比较。可以通过图表的形式,按照竞争力调查中列示的主要内容进行描述和比较。要让投资者确信,新创企业的竞争战略是合理的,新创企业具有足够的竞争优势应对市场竞争。

(七) 营销计划

营销计划也是创业计划中不可或缺的重要组成部分。它的作用在于让投资者相信新创企业的赢利能力,同时还可以为企业未来的营销活动提供指导。实际上,在一个独立、完整的营销计划中,必须包括市场分析的内容,不少创业计划是将市场分析和营销计划融为一体的。在竞争分析的基础上向投资者说明企业用于应付竞争的各种营销策略,如产品策略、定价策略、销售渠道策略、促销策略,然后再结合市场分析确定企业销售目标,最后说明将采取哪些具体的措施。

1. 总体营销策略

在完成具体策略的写作后再写这部分。总体营销策略应该分成三部分:第一部分,结合前面的市场竞争分析说明企业的定位,突出说明企业的自身特色。第二部分,是对四个具体策略的提炼——在市场营销中称为"4P",通过各个具体策略来展现新创企业如何展示自身的特色给顾客。第三部分,可以对"4P"未能涵盖的内容进行说明,如公关关系策略。注意,这里不要将注意力放在阐述具体营销策略上,而应着重向投资者灌输一种营销理念,而非具体策略。

2. 产品策略

产品是营销"4P"的第一要素,产品策略是指通过产品(服务)满足顾客的需要并从中获取利润。产品策略是整个营销策略的基础。与前文的"产品"(服务)部分相比,这部分着重关注产品策略的"营销"方面。

(1) 要树立"大产品"的理念,运用产品整体的概念从三个层次上进行分析,即在核心产品层次上能给顾客提供哪些最基本的效用和利益,在形式产品层次上提供给顾客何等质量、品牌、款式、包装和特色,在延伸产品层次上将给顾客提供哪些服务和其他附加利益。

(2) 结合产品的生命周期向投资者说明产品处在投入期、成长期、成熟期或衰退期的具体阶段。在不同的阶段,企业将采取不同的策略。一般来说,在投入期,企业需要侧重于市场占有率,让产品能迅速占领市场;在成长期,应该注重产品的改进和完善,提高服务质量,注重产品在顾客中的形象和口碑;到了成熟期,企业应该进一步地改进产品并提高质量,注意发现新的细分市场,力争扩大销售;衰退期来临前,企业应该及早做好准备,为新的市场开发新产品,或者干脆选择撤离该市场。

(3)向投资者说明企业的产品组合策略,主要是企业将经营的产品类别,有多少产品线,产品线内又有多少产品项目,各种产品在功能、生产和销售方面的相互联系是否紧密,等等。在营销学中,这些属于产品组合理论部分。产品组合的阐述要让投资者确信能够满足市场上的不同需要,同时也符合企业自身的效益。

(4)要展示给投资者品牌策略,它不仅涉及一些具体的外部形象设计和标识,在战略层次上,还要思考使用品牌的策略,使用何种品牌策略,即个别品牌策略、统一品牌策略、分类品牌策略、延伸品牌策略或者多品牌策略等。

(5)在产品策略中,还要对产品的开发进行相应的说明,重点是向投资者说明将采取怎样的新产品开发方式,要让投资者相信,企业的开发策略是符合企业自身的实力和经济效益的。

(6)对产品的包装策略进行简要说明。包装的主要作用在于能够促进销售和对产品进行保护,目前企业通常采取四类包装策略:第一类是类似包装策略,如百事可乐等很多饮料的包装;第二类是组合包装策略,将多种相关联的产品组合包装在一起出售,如颜料盒和颜料、洗浴用品包等产品;第三类是赠品包装策略,如一些美容杂志赠送护肤品;第四类称为可回收包装策略,最明显的例子就是酒瓶和易拉罐饮料产品。

通过这些说明,让投资者在心中树立起产品的立体形象,一个活生生的形象。其他的三个"P"都将在这个"P"的基础上起作用。

3. 定价策略

定价策略是营销计划乃至整个竞争策略中极为重要的组成部分。产品价格将会影响企业在市场上的竞争地位、企业的销售业绩和企业的经济效益。我们这里虽然将定价策略放在"营销计划"部分,但定价不仅仅是一种营销手段。

首先,应通盘考虑影响定价的因素,然后在此基础上确定产品的价格。这些因素可能相互交织在一起,包括产品的价值和成本,竞争对手的定价策略,市场的供求状况和企业的财务利润目标。这里需要着重说明的是,企业的主要目标之一是说服投资者向新创企业投资,因此,定价能保证企业将获得令投资者满意的收益。

其次,对应需要重点考虑的影响价格的三种因素,存在三种不同的定价方法。第一种是成本导向定价法,着重考虑在收回成本的基础上实现一定的目标利润,具体做法就是总成本加成定价,即根据利润目标确定一个加成率,加上单位成本构成产品的价格。这种方法被广泛采用,需要注意的是根据市场和外界环境的变化对加成率进行适当调整。第二种是需求导向的定价方法,主要方法是先确定一个合理的满足需求的均衡中心价格,然后根据需求的价格弹性的大小来决定是提高价格还是降低价格。第三种是竞争导向的定价方法,主要做法是以锁定的目标竞争者的价格作为参考,再结合自身产品在成本、质量、性能、品牌和服务等方面的优劣势进行调整。

最后,需要考虑企业将采用哪种具体的定价策略,主要是向投资者说明,企业在向市场投放产品时将采取什么策略,是采用撇脂定价策略(高价)还是渗透定价策略(低价),以及为什么选用这种战略。选择的依据其实还是前面阐述的诸多影响因素,关键在于如何向投资者证明企业的选择是合理的。另外,还可以对一些具体的定价策略进行说明,包括折扣定价、地理定价和心理定价等手段。

4. 渠道策略

渠道策略说的是产品(服务)从新创企业转移到顾客手中经过的途径或通道,可以做一幅图,描绘出从产品(服务)到顾客之间的"通道",让投资者更直观地了解到顾客购买产品(服务)的全过程,了解销售渠道。

需要说明的主要是两个问题:销售渠道的长度和宽度。关于长度,要说明在产品和顾客之间经过多少环节——有代理商、批发商、零售还是直销。结合新创企业、市场、产品的特征来说明作出这种选择的原因。关于宽度,要说明企业的市场销售窗口到底有多少,销售点的分布是怎样的以及为什么要这样做。

5. 促销策略

促销就是促进销售,作用在于企业和顾客之间的信息交流和对销售或购买行为的促进。其主要分为促销战略和促销方式两个层面。

在战略层面上,需要从促销的目标、产品的性质、生命周期以及市场等角度进行思考。要清楚地说明企业促销的对象,是中间商还是顾客;根据产品的性质、产品所处的生命周期阶段以及市场特征,应该采取的具体促销方法,等等。

在战略层面的基础上要说明促销的方式,是采取人员促销,还是非人员促销;如果产品推销、市场开拓、信息沟通、市场调研或者提供咨询服务采取的是非人员促销方式,那么是否要做广告,用什么方式做广告,是否要做营业推广,如何做推广,是否要通过新闻宣传、展览会或者公益活动进行公关促销,等等。

6. 销售目标和策略实施

在前文的市场分析部分,就企业的目标市场的发展进行了预测。在此基础上,还要向投资者展示企业预测几年内的销售目标,这个目标应该符合市场和新创企业的实际。

在策略实施部分,需要说明将如何具体地实施上面提到的各个策略。首先要对策略思考的结果进行总结,通过图表或数据的形式向投资者直接展示这些结果。比如,具体的产品线策略、具体的定价和价格结构、渠道的中间商和人员安排、促销活动方案,等等。然后还要说明一些具体的措施,比如,已经和即将与哪些中间商或经销机构进行联系,彼此合作的内容,销售活动计划的时间表,等等。让投资者确信整个创业计划已经就销售目标的实现进行了周密细致的安排和准备工作。在有的创业计划书中,实施部分是直接融入各分策略部分中进行说明的。

(八) 产品制造

在创业计划中,生产计划虽然不如其他部分那么夺目,但它的重要性是不言而喻的,它构成了财务计划的基础之一,是创业计划不可或缺的一部分。在这一部分,应尽可能地向投资者展示企业拥有和需要的生产资源,将怎样安排这些资源进行生产,以及生产目标是什么。

1. 生产资源

向投资者融资的行为本身就意味着创业需要一些资源,生产条件就是其中重要的部分。要向投资者列示已经拥有的资源,这些资源包括原料、厂房、设备、技术、团队和基础设施等。不过,有很多资源需要不断追加,因此,还要列出企业的生产资源需求计划,这些计划应包括的内容有:原料采购计划,劳动力和员工招聘计划,生产厂房和土地计划,生产设备和基础设施购置与改进计划以及总的资金需求计划。

关于原材料采购,要说明供应商的情形,并结合生产周期拟订原材料的采购计划。关于人员,要说明需要招聘哪些人员以及人员的数量,还应就员工的薪酬计划作说明。对于生产厂房和土地,要说明企业现有的房地产或租用的办公室和工厂,并需要描述企业生产所需要的厂房面积和办公室安排。对于生产设备和设施,要详细介绍企业已有的主要设备,说明使用现有设备能达到的产值和产量,结合生产目标说明企业采购新设备的计划、设备采购周期以及设备改进等问题,同时还可以对水电供应、通信、道路等配套设施的情况作简单介绍。总的资金需求计划需要在上述计划的基础上确定下来,最好以明细表的形式向投资者展示。

2. 生产过程

在生产过程部分,应首先介绍企业的生产流程,在展示时最好有生产流程图作为辅助说明。在此基础上,集中说明生产的特征和影响生产的关键因素,重点回答产品的生产过程及生产工艺是否复杂、是否成熟,员工是否需要具备一些特殊生产技能,哪几个生产环节最为关键,生产所需的零部件种类繁多还是只有少数几种,产品的实际附加值有多高,等等。此外,对于生产中存在的不确定因素,还应翔实细致地进行描述。所有这些说明可以让投资者对生产过程一目了然并抓住关键。

3. 生产目标

首先,需要考虑产量目标,这是根据市场预测和企业实际确定的,市场预测揭示了目标市场的潜力,而企业的实际生产能力决定产品的产量,企业的销售能力又影响着产品的销量,应该综合所有因素分析产量。其次,要说明在成本控制上的目标和实施计划,展示产品成本的结构,并说明如何控制和管理存货,如何降低生产成本等问题。

(九)融资计划

在资金需求的基础上可以规划出融资计划,这部分有很大的弹性,很多内容实际上需要在和投资者反复磋商后才能真正确定下来。融资计划主要阐明以下问题:

(1)预计的资金需求数量,其中,创业者期望获得的投资额。

(2)新创企业将采用的融资方式,是外源融资还是内源融资,是直接融资还是间接融资,是股权融资还是债务融资等,都需要详细说明。

(3)企业未来的资本结构,创业者和投资者各占新创企业多大的股份,双方对企业所有权的具体安排等。

(4)筹集到的资金投资方向、使用目的,以及如何向投资者报告资金的使用情况并接受投资者的监督。

(5)投资收益的具体安排和分配。

(6)投资者参与企业的经营管理活动范围和权限,控制权和决策权的内容等。

(十)财务计划

财务计划常常被认为是创业计划的核心和灵魂,投资者通过财务计划可以看到一个好的创意终将转化为赢利。前面所说的所有内容,到这里将演化为现实的赢利。创业计划书中的财务计划肩负两大使命:一方面,通过财务分析进行财务预测,说明融资需求,以此为依托谈判融资的具体事宜;另一方面,通过财务分析揭示的数据,向投资者展示新创企业未来的财务状况和获利能力。需要提醒的是,有关这部分的写作是相当专业的,写作者必须了解财务计划需要传递的一切信息,很多时候,财务计划是聘请财会专业人员完成的。

1. 财务报表

在财务计划的最后部分,需要向投资者提供一套财务报表,包括资产负债表、利润表和现金流量表。在制定报表之前,要充分设计、预测、评估和测算财务报表中包含的所有项目。

(1)资产负债表。资产负债表给出了企业资产价值的轮廓,包括现金、应收账款、存货、机器设备和土地等;还揭示了公司所有的债务,包括应付账款、应付票据、应付税款和利息、应付薪水或工资等。资产和负债的差额就是企业资产的净值或权益额。

(2)利润表。利润表需要结合营销计划进行。先根据销量预测和定价确定销售收入,而后要计算企业产品(服务)的销售成本和所有预计的固定间接费用;总收入减去总成本就是净收入或净亏损,还有税收等因素。

(3)现金流量表。现金流量表揭示了企业财务状况的变动,主要记录由企业的经营活动、投资活动和筹资活动等形成的现金流量。现金流量总额是揭示企业经营业务是否成功的关键指标之一。

如果新创企业已经运营了一段时间,应该通过上面的三大财务报表揭示过去3年或经营期内的经营财务情况,这对投资者决策有很大的参考价值。

企业要根据生产计划、营销计划的分析和预测,结合市场分析和公司财务环境,做出未来3～5年的企业预计资产负债表、利润表和现金流量表。关于预测方法和预测依据在各种财务教程里面都有详细的介绍,关键是预测要尽量可信。在企业启动的前两年,我们建议给出以月度为基础的利润表和以季度为基础的资产负债表及现金流量表,其后只需提供年度报表即可。如果创业计划需要提供超过5年的财务预算,可根据需要酌情处理。

2. 财务预测

在编制财务报表的过程中,必须进行准确的财务预测,它是整个财务计划的基础,其重点是预测企业的资金需求和企业未来的赢利情况。

(1)需要准确预测企业的资金需求情况,包括资金额、条件和需求的时间。最简单直接的做法是做一个财务预算,结合企业的生产计划和营销计划,对资金的使用安排进行列示。比如,购买生产设备需要多少资金,企业产品进行促销活动需要多少资金,每年为维持企业的经营和发展需要多少资金,等等,最后加总可以得出总的资金需求。

(2)还要对企业未来的赢利情况进行预测。需要预测的变量包括销售收入、销售成本及管理费用、财务费用和税收。其中,销售收入的预测也要结合营销计划进行,而对于成本和费用,对一些明确的成本和费用可以直接列出其数额,而对一些不明确的成本和费用可以对比经营历史或行业情况进行预测。在此基础上不难预测企业的预期赢利。

在创业融资实务中,财务规划的编制对于企业能否获得投资具有十分重要的影响。在进行财务预测时,务必保证财务分析部分与其他部分保持一致,必要时可以请专业顾问帮助编写或指导。清晰、精确、有逻辑和有根据的财务预测是赢得投资的最重要因素之一。

(十一)风险分析

创业的高风险是众所周知的,投资者在向新创企业投资前总是希望尽可能多地弄清企业可能面临的风险、风险的大小程度以及将如何降低或防范风险、增加收益等。成功地消除和减轻投资者的顾虑,将有助于获得投资。在创业计划的各个部分中,对各种风险作了零星的介绍,但仍有必要在创业计划书中对创业的风险问题进行专门的说明。

1. 风险来源

首先要说明的是企业将面临的各种风险来源以及风险的大小程度。不同企业有各自不同的情形和风险。这些风险可以分为机会风险、技术风险、市场风险、资金风险、管理风险、生产风险和环境风险等多个方面。其具体体现在以下几个方面。

（1）经营期限短。这是大多数新创企业面临的一种情形。重点是企业刚刚成立，或者才组建不久。根据风险发生的规律，创业初期的风险最大，企业的各种风险都有可能发生，这也是投资者可以理解的。

（2）管理经验不足。新创企业的管理团队很年轻，或者只能算是这个行业的新手，经历、能力等诸多因素将为投资者所关注，也是导致创业风险的重要原因。

（3）资源不足。新创企业如果不能获得一定的资源支持，那么，可能会缺乏足够的资源来维持长久经营，这是一个需要提及的潜在风险。

（4）市场的不确定性。市场环境的不确定性是投资者关注的又一个焦点。政府的行业政策、产品的市场需求以及竞争对手经营策略的变动，都将为企业带来风险。诸如此类的问题，都要在创业计划书中做出明确的回答。

（5）生产的不确定性。生产中也存在着很多不确定因素，尤其是新创企业。例如，当创业活动是基于一项技术创新时，从技术研发到最后产品出炉的整个过程中，就存在很多不确定因素。

（6）财务原因。财务结构不合理、财务状况脆弱、现金流不充足、重要财务指标是否正常等，都将导致财务风险。

（7）对核心人物的依赖。很多新创企业的价值是依附于企业的核心人物而存在的。这就得向投资者解释清楚，一个核心人物离开企业，将会给企业带来的影响，以及企业核心人物如果离开新创企业将采取的补救措施。

（8）其他。必须指出企业可能出现问题的其他地方，尽可能客观地向投资者说明企业面临的风险因素。实际上，投资者往往都会希望企业站在投资者的角度，以投资者的身份来看待企业的经营情况。

注意，不要为了获得投资而故意人为地缩小或隐瞒风险因素，千万不要等投资者主动提出这些问题，因为这对融资是没有任何帮助的，相反只会令投资者对新创企业产生不信任。实事求是、诚实坦白的品质才是风险投资者十分赞赏的。

2. 风险控制

投资者会担心自己的投资是否会因为风险因素遭到损失，要想融资成功，就要说明企业将怎样对这些风险因素实施控制，证明新创企业具有较强的抗风险能力。

（十二）收获与退出

在阅读了创业者一系列的美妙设想和规划后，风险投资者还有最后两个问题需要创业者予以解答：一是风险投资者将获得投资回报的多少；二是风险投资者的投资资金退出的时间和方式。这两点直接关系到风险投资者本次风险投资是否成功，因此，这是风险投资者十分关心的关键性问题。

这一部分中需要对新创企业未来上市公开发行股票的可能性、出售给第三者的可能性及创业者自己将来是否在无法上市或出售时回购风险投资者股份的可能性给予周密预测。当然，任何一种可能性都要让风险投资者明了投资回报率。风险投资者收回投资大体有三种方式,创业者应该对这三种方式进行描述,但要指出哪一种是最可能的投资退出方式。

1. 公开上市

第一种可能的方式就是公开上市。风险投资者所持有的部分或全部股份就可以通过二级市场卖出。

2. 兼并收购

兼并收购方式,即可以把企业出售给一家大公司,通常是某个大集团。如果采用这种方式,创业者一定要提到几家自己认为对本企业感兴趣并有可能采取收购行动的大集团或大公司。

3. 偿付协议

最后一种方式是创业者可以给风险投资者提供"偿付安排",在偿付安排中,风险投资者会要求本企业根据预先商定好的条件回购其手中的权益。

(十三)项目实施进度

创业计划书正文的最后部分,应该解决此类问题:主要活动何时实施、里程碑何时达到。而且,认真思考"何时"完成不同任务或达到特定目标的问题,对创业者和潜在投资者都很有用。从投资者观点看,这个部分表明创业者的确关注了企业的运营,并且已经为企业的未来发展制定了清晰的计划。这些里程碑包括新企业的正式组建(如果这还没有发生)、完成产品或服务设计、完成产品原型、雇佣最初的员工(销售人员或其他)、在贸易展览会上做产品展示、与分销商和供应商达成协议、进入实际生产、收到初次订单、初次销售与交付和盈利等。

第三节 创业计划书范文

本节选用"纳米晶胶原基修复材料创业计划书"①作为范文供学习。

一、执行总结

瑞福(ReLive)科技生物材料有限公司(简称瑞福科技)是一家主要从事研究、开发、生产和销售生物医用材料(如骨修复材料、人工器官替代材料等)的高科技企业,将致力于研制人体各种组织器官的修复与替代的新型生物医用材料,提高人体各种器官疾病的诊断水平,优化人类生活质量,延长人类寿命。在初创阶段,瑞福科技的核心产品为纳米晶胶原基骨修复材料,简称纳米骨。

骨损伤的治疗在中国有着巨大的需求,现存的775万名肢残患者和每年新增的300万名骨损伤患者都需要大量的骨修复材料。而其中,大块骨缺损(大于30 mm)的医治更是亟待解决的问题。

瑞福科技坚信"医疗以人为本",在产品开发中时刻关注医生和患者的要求,为此,我

① 资料来源:姜彦福,张帏.创业管理学[M].北京:清华大学出版社,2005:162-199.本商业计划书在2003年全球创业计划大赛获得第四名,在2004年USF国际商业计划大赛获得"最佳国际商业奖",指导教师为清华大学经济管理学院张帏博士,主要完成人为马晨、张先涛等。编者根据需要,进行了部分调整。

们已经与北京的多家医院建立了联系,已经并正在听取医生和患者的反馈意见。我们坚信"医疗以人为本"的信念将与我们的信誉和技术一样在国内甚至全世界得到广泛的认同。

(一) 瑞福科技的产品——纳米晶胶原基骨修复材料

瑞福科技在国家 863 计划的支持之下,按照仿生学的思路设计出了无抗原性的多孔骨组织工程框架材料,克服了传统骨移植在人体应用中的缺陷,为大块骨缺损的修复找到了一种近乎完美的解决方案。

2003 年 1 月 15 日,纳米晶胶原基骨修复材料在北京东直门医院进行了首例临床试验,在经过 1 年零 4 个月、近 300 例的人体临床试验之后,获得了国家食品药品监督管理局的三类植入产品试生产注册证,成为我国首例可以在市场上公开销售和应用的纳米医药产品。

1. 全球首创性的技术

纳米晶胶原基骨修复材料可替代传统的生物陶瓷和金属型骨修复材料,骨修复可达到长出人骨原有活组织的目的,属于全球首创的高技术含量新产品。瑞福科技所拥有的四项国家发明专利和一项美国专利均已获准公开。

2. 四大创新突破

(1) 成分。材料采用胶原基质和羟基磷灰石的复合。胶原是硬组织有机基质的主要成分,高温会导致其变形,因此,在普通的材料制备方法中很难得到应用。在瑞福的产品中,根据仿生学思路,在常温下采用自组装方法制备纳米晶磷酸钙/胶原复合的框架材料,所用的全部材料采用了天然骨的组成成分,利于人骨的修复。

(2) 修复范围。采用瑞福的产品,可完成犬桡骨 40 mm 骨缺损修复,打破了以往桡骨缺损 40 mm 的"自行修复临界"。

(3) 结构。瑞福的产品具有自体骨中的胶原/纳米磷酸钙的周期性层状结构,其周期尺度约为 10 纳米。材料中有机成分和无机成分的比例和天然骨相似。此外,材料在微米尺度上具有互联孔洞结构,孔隙尺寸为 100～500 微米,孔隙率为 60%～80%,能够更好地诱导自体骨生长。材料自身会进行降解,两者的结合达到骨组织的再生。

(4) 性能。瑞福的产品具有良好的可降解性和生物相容性,由于采取的材料为国际首创,通过相关严格的实验证明,有着良好的可降解性和生物相容性,修复的效果是长出自体骨而植入的材料本身降解。

(二) 市场机会

20 世纪 90 年代,医疗器械全球平均年增长率约为 11%,其中发展中国家增长更快,目前我国年增长率为 27%。矫形外科修复材料和制品的世界市场年增长率达 26%;预计工程化的组织、器官和材料上市后,将可开拓 800 亿美元的新市场。

作为生物医学材料中一个重要组成部分,人工骨移植材料的市场销售额在以每年 50% 的速率递增。

人工骨移植材料是生物材料器械领域的关键性应用。过去,由于国内缺乏相应的研究,使得国内该类技术落后,骨移植材料 70%～80% 要依靠进口。进口材料价格高昂,给病人带来了巨大的经济负担。依靠完全自主性的研发,瑞福科技有效地填补了国内空白。

在美国,每年实施 45 万例骨移植手术,整个骨移植材料市场高达 11 亿美元。

对于欧洲市场,骨替代产品 35% 为合成材料,并且以每年 13.7% 的速率增长,2002 年骨移植手术为 285 000 例,整个材料市场价值高达 8 亿美元。

中国是世界上人口最多的国家,也是最大的发展中国家。加入 WTO 对国民收入的巨大拉动,将导致人均交通工具拥有量的大幅提升,但中国的交通事故率却长期居高不下。同时,中国社会已经开始步入老龄化,居民中老年性骨科疾患发生率也将大幅上升。这两大因素,决定了中国对于人工骨移植材料的极大需求。

据统计,中国有肢体不自由患者 1 500 万人,由于缺乏重建技术和材料,已有 300 万人截肢,每年新增的骨缺损和骨损伤患者也有近 300 万人。瑞福科技的硬组织修复材料在性能和产品质量上具有无可比拟的优势,完全适用于现今中国的病例状况,它的产业化将极大地满足对人工骨替代材料的迫切需求。据统计,目前每一例骨修复手术,材料费用在 2 000～20 000 元之间,按年手术 30 万例计算,我们面对的将是一个每年 6 亿～60 亿元的巨大需求。

更重要的是,在骨科手术中采取瑞福的产品,患者将不再受两次手术之苦,不再因免疫排斥反应长期吃药,住院时间也会大大缩短,这意味着对于中国更多的骨损伤患者,像健康人一样正常行走将不再是缥缈的期待。"重塑完美,栩栩如生",是瑞福科技的追求,更是超越商业的人文关怀。

(三) 营销战略与市场细分

1. 营销战略

在对外部营销环境和企业内部环境进行详细分析的前提下,我们制定了营销战略。

瑞福将分三个阶段来实现公司的目标。

第一阶段:在投资方的资金支持下成立公司。该阶段瑞福的产品主要是目前的纳米晶胶原基骨修复材料,即纳米骨,研发和市场推广将是本阶段的主要工作。在品牌上,树立瑞福高回报将不是本阶段最优先考虑的目标,主要目标将是企业形象、市场占有率的提升和产品的系列化。通过第一阶段的努力,瑞福将努力成为行业中最具竞争力者。

第二阶段:材料中加入更新的生长因子并将致力于人工器官替代材料(如牙齿、人工心脑血管支架、人工肝等)的深度开发。该阶段的目标是成为人工器官替代材料生产的旗舰企业。瑞福将通过技术领先,制定行业技术标准,并辅以转让、合作、品牌推广等手段,达到引领人工器官替代材料市场的目的,获得良好的经济回报和社会效益,从而实现公司的高速成长。

第三阶段:在继续第二阶段的赢利模式的情况下,瑞福将进一步扩充产品生产线。产品将会向生物医用材料的其他领域延伸,人体复杂器官的替代和修复产品将会是瑞福新的产品领域。产品将采用国际上信誉好的公司作为代理厂商,进行海外市场开拓,同时也会考虑在国外合资建厂等其他合理的国际市场开发方式,最终使瑞福公司成长为一个真正国际化的公司。

2. 目标市场与市场定位

瑞福的目标市场是骨缺损修复手术材料需求,产品的主要客户是需要进行组织修复手术的多种骨科患者。瑞福将把各大医院视为战略合作伙伴,同时和同类产品生产商建立竞争合作的伙伴关系。

在产品进入市场的初期,将采取独家代理销售的方式进行市场开拓。目前,瑞福已经拥有优秀的合作伙伴——北京某生物工程公司——具有广泛的医用产品的销售渠道。这种策略是基于医用产品的市场进入壁垒高的现状决定的。随着品牌的树立和销售量的增长,瑞福将引入多家代理商进行销售,以降低渠道风险。

(四)公司

公司名称是瑞福科技生物材料有限公司。它是一家基于清华大学的科技成果,并吸引风险投资的新型高科技企业。公司注册资本为 X 万元,其中吸引风险投资 800 万元;清华大学(包括技术发明人)投入专利技术和非专利技术,占 $a\%$ 股份,外部投资者占 $b\%$ 股份,另外,创业团队以自然人的身份拥有公司 $c\%$ 的股票期权。

(五)公司的生产操作策略

作为一家高新技术企业要想在激烈的市场竞争中保持不败的地位,产品的研发工作十分重要。我们知道,国内外的一些知名高科技企业都有强大的技术研发部门和一定的技术储备,在市场上推广的产品往往是几年以前的技术成果,而自己仍储备着更为先进的技术。只有这样才能保证企业在竞争中的优势地位,防止竞争对手在技术上的模仿与跟进。

瑞福公司的技术研发主要来自公司自身的研发部门和清华大学材料与生物材料研究中心。

瑞福公司与清华大学材料系生物材料研究中心建立了长期稳定的技术合作关系,在技术上处于国内外领先的地位。我们将以合作研究的方式获得科研单位最强有力的技术支持。公司邀请了相关领域专家组成了强大的技术顾问组,保证瑞福在技术水平上一直处于同行业的最前沿。

(六)公司的组织结构及人力资源

公司董事会由股东大会选举产生,是公司经营的最高权力机构,决定公司的发展战略及基本政策,决定总经理的人选,聘请会计师事务所监督公司的财务情况。同时,定期向股东大会提交有关财务报表,报告公司业务经营状况,并提出经营方面的发展计划。总经理负责公司的日常经营事务,任命和解雇部门经理,并向董事会汇报工作。

公司组织结构力争实现扁平化,将人力资源作为公司核心竞争力的重要因素,因为我们将十分清醒地认识到:"在高附加值的企业里,最大的资产是关键成员的定位、解决问题的能力、沟通的能力以及整合不同资源的技巧。"

(七)公司的财务预算

现在,瑞福公司处在需要较强资金投入的状态下。为实施计划,公司需要 800 万元的权益投资,100 万元的长期借款,用于购置固定资产和支付生产运营的启动费用。

产业化投产初期,假设全国 1% 的骨缺损疾病采用瑞福产品进行骨缺损修复,则保守估计第一年的销售量能够满足 3 000 例临床应用的需求(据统计,北京和上海两地每年进行的骨缺损修复手术约 10 万例)。第二年开始进入正常生产期,且将逐年对生产设备追加投资,扩大生产规模。预计在第五年达到 20% 的市场占有率。按平均每例手术耗用量为 5 克产品计算,前 5 年的销售量分别为 15 000 克、75 000 克、150 000 克、300 000 克和 450 000 克。

产品推出前 3 年的市场采用全国统一定价,预计零售价为 800 元/克。公司出售给分销商的价格为 600 元/克。公司主要财务指标,如表 3-1 所示。

表 3-1　　　　　　　　　　　　　瑞福公司主要财务指标简表

年度 指标	第一年	第二年	第三年	第四年	第五年
净利润（万元）	412	2 786	5 246	11 218	18 083
现金净流量（万元）	27	2 175	5 386	11 271	16 046
总资产报酬率	26%	63%	50%	49%	42%
净资产收益率	28%	66%	55%	54%	45%
销售毛利率	84%	86%	87%	88%	89%
销售净利率	46%	62%	58%	62%	63%
安全边际率	53%	71%	78%	83%	84%

　　在公司经营中的现金流量层面,资金回笼很快,静态投资回收期仅为 0.94 年。5 年间公司的内部收益率为 285%,这远远高于目前一般项目的收益率,处于风险资本要求的收益率区间。第五年年末的公司价值为 26 332 万元。

　　通过灵敏度分析发现,即使售价和销量发生较大的波动,内部收益率仍然能够维持在一个相对较高的水平。

（八）融资方案和风险投资的退出

　　第一年年初计划引入风险投资 800 万元;并向银行借款 100 万元,在第三年年初偿还。

　　对瑞福公司而言,风险资本退出的方式、时间可根据风险资本投入的规模、风险投资者的自身实力以及本企业的资本运作情况来制定具体实施方案。为了顾全风险投资商和公司双方的利益,我们把 IPO 作为优先考虑的退出方式。

（九）总结

　　从理念到现实,从公司到产品,从创业到成长……商业计划几经磨砺终于成形。我们在为这份最初成果的取得而激动不已的同时,也在更加冷静地看待未来。作为创业者,我们的目标不曾一刻离开头脑——我们要成为中国乃至世界生物医用材料行业的领先者!

　　我们有信心用执著赢得信任,用创新营造未来。

二、产品和理念

　　我们当前所处的是一个健康备受关注的时代。今天,科学技术的迅猛发展,使人类对生命和健康的崇尚、对高品质生活的追求在很大程度上得到了实现和满足。然而,并不是一切都尽如人意。从骨缺损的医治问题来看,迄今为止,临床上还没有一个令人满意的解决方案,尤其是大块骨缺损的医治,更是亟待解决的问题。

　　目前的治疗方法,主要有自体骨移植和异体骨移植两大类,而且都有非常明显的缺陷。自体骨移植增加了患者的痛苦,自身供体的有限性也限制了其应用;而异体骨移植具有抗原性,常因剧烈的免疫排斥反应导致植入失败。同时,目前临床上所使用的人工骨替代材料,大多是用金属、陶瓷或高分子材料制成的,这些材料在生物相容性、生物活性、生物可降解性等方面都存在各自无法弥补的缺点。

　　因此,按照仿生学思路设计的无抗原性的多孔骨组织工程框架材料无疑是大块骨缺损治疗的理想材料。

（一）产品——纳米晶胶原基骨修复材料

纳米晶胶原基骨修复材料是可以植入人体，对骨缺损进行修复的医用生物材料。纳米晶胶原基骨修复材料以胶原分子为模板，调制钙磷盐在液相中沉积到胶原上，得到的具有天然骨层片结构的纳米晶钙磷盐——胶原复合材料，可替代传统的生物陶瓷和金属型骨修复材料，骨修复达到长出人骨原有活组织，属于世界首创的高技术含量新产品。

这种材料由于从微观结构上仿照天然骨，具有层片结构和纳米晶两大特点，因而有着更好的综合性能，包括降解性和生物相容性。我们还采用特殊的增强工艺把这种有优异生物相容性的材料，制成具有天然骨孔隙率复合的框架材料，并且经过了细胞、动物模型（兔和狗）的验证。

该材料已经由清华大学材料系生物材料研究中心研制成功，相关技术已获得国家知识产权局的四项发明专利和一项美国专利。

（二）产品理念

产品理念是："重塑完美，栩栩如生。"

我们把这样一种理念转化为现实的产品并将其成功推向市场，决定这一过程成败的关键因素可以总结为6M＋I＋T。

6M：money（资本）、materials（资源）、machines（设备，包括技术）、men（人力资源）、management（管理）、marketing（营销）。这些是可见因素，也是传统意义上的公司所着重强调和追求的。

I：information（信息），在信息时代信息资源将是核心竞争资源。

T：time（时间），即灵活性和敏感性的体现，在最短时间内作出有效决策。

我们追求的不仅仅是6M、I、T之间的一种简单的加和，而是6M＋I＋T的整合。在高科技的企业里，最大的资产是关键成员的定位与解决问题的能力以及整合不同资源的技巧和沟通能力。

（三）产品优势

1. 技术优势

（1）全球首创性的技术。纳米晶胶原基骨修复材料属于世界首创的高技术含量新产品。材料从微观结构上仿照天然骨，具有层片结构和纳米晶两大特点，有包括降解性和生物相容性在内的更好的综合性能。采用特殊的增强工艺，把这种有优异生物相容性的材料，制备成具有天然骨孔隙率复合的框架材料，从而具备各种强度，同时也具备良好生物相容性。

产品作为骨修复材料，与现有其他材料的性能相比，其优势如表3-2所示。

表3-2   几种现存材料与纳米骨的性能对比

性能 \ 材料	金属	陶瓷	纳米骨
生物相容性 （溶血试验、致敏试验、致畸试验、体内植入试验）	差	差	优
生物活性 （诱导成骨和传导成骨性能）	不能	不能	能
生物可降解性	不能	不能	能
力学性能 （压缩强度、弹性模量）	优	优	优

在生物医用材料领域,国内外的竞争对手的技术,在某些特性方面尚存在缺陷,目前还不能完全地满足骨损伤患者的需求。与竞争对手的具体技术对比情况如表 3-3 所示。

表 3-3　　　　　　　　　　　　　竞争对手技术分析

材料名称、用途	生产公司	特点
硫酸钙填充材料	美国 Wright 公司	硫酸钙生物相容性差
β-硝酸三钙	美国 Orthovita 公司	颗粒尺寸是 100 纳米,没有进入国内市场
珊瑚热转换羟基磷灰石	英国	无生物活性
自固化磷酸钙	华东理工大学	生物相容性差,偶有不良反应
牛松质骨框架材料复合牛 BMP	中国第四军医大学	重组合异种骨

（2）产品具有如下四方面创新点,使产品大大优于其他同类产品。

第一,成分为采用胶原基质和羟基磷灰石的复合。胶原是硬组织有机基质的主要成分,高温会导致变形。在常温下采用自组装方法制备纳米晶磷酸钙/胶原复合的框架材料,所用的全部材料都采用了天然骨的组成成分,更利于入骨的修复。

第二,大尺寸骨缺损修复,产品可完成犬桡骨 20 mm 骨缺损修复。而据以前的报道,当桡骨缺损大于 20 mm 时,是不能自行修复的。

第三,产品具有天然骨的微结构。产品具有自体骨中的胶原/纳米晶磷酸钙的周期性层状结构,能够更好地诱导自体骨生长。自身会进行降解,两者的结合达到骨组织的再生。

第四,良好的可降解性和生物相容性。由于采取的材料为国际首创,经过相关实验证明,有着良好的可降解性和生物相容性。

2. 知识产权

产品技术来源于清华大学材料系生物材料研究中心,相关技术已获得国家知识产权局的发明专利,并获得一项美国专利,具体情况如表 3-4 所示。

表 3-4　　　　　　　　　　　　　相关技术所获专利

专利名称	申请号	专利公开号
纳米相钙磷盐/胶原/聚乳酸骨复合材料的制备方法	00107493.8	CN 1272383A
NANO-CALCIUM PHOSPHATES/COLLAGEN BASED BONE SUB-STITUE MATERIALS	No.09/845,724（美国专利）	Pub. No：US2002/0018797 A1
纳米相钙磷盐/胶原/高分子骨复合多孔框架材料的制备方法	01129699.2	CN 1325734A
含有纳米相钙磷盐、胶原和海藻酸盐的骨材料的制备方法	01141901.6	CN 1337171A
用于骨修复的纳米晶钙磷钙胶原基复合料的制备方法	01136246.4	CN 1338315A

3. 研发队伍

纳米晶胶原基骨修复材料的研发技术依托清华大学材料系生物材料研究中心。该实验室在天然生物材料、组织工程应用基础研究等方面开展了系统性工作,承担了国家自然科学基金重点项目:生物矿化过程及模拟、国家"863"重点项目胶原基骨组织工程材料等一系列与生物矿化和与骨组织修复相关的科学研究,具有雄厚的科研基础,并已取得了一系列为国际同行瞩目的研究成果,在胶原基骨矿化技术水平上又达到了国际先进水平。

4. 合作伙伴

北京协和医院、解放军总医院、解放军第三五九医院、中日友好医院、南京军区骨科研究中心和北京某生物工程公司。

5. 产品生产

(1) 生产技术。瑞福科技的可降解人工骨的生产包含一系列材料的生产和加工,活性生长因子的引入和已经具备工业化生产的技术,可在短时间内形成生产技术,投入生产。

(2) 生产成本。采用了羟基磷灰石和胶原等国产优质的基础材料和秘诀配方,工艺简单,其成本大大低于进口和市场上目前的其他替代材料。

(3) 生产设备。生产设备包括大型冷冻干燥机、反应釜、单光子骨密度仪、生物力学试验机等,易于操作。

(4) 生产原料。采用某生物工程开发中心提供的高纯 I 型胶原以及在市场容易购买的羟基磷灰石等原料。

(5) 生产能力。在产品生产的初期,预计月产量 2 000 克,相当于 2 套加工设备的生产能力。随着产品销路的拓宽,根据订单的要求再增加设备,预计 10 套设备可以基本满足产品成熟期的目标,达到月产量 20 000 克。

(6) 生产人员。本项目有强大的生物学专家阵容保证其顺利实施。产品投产初期,预计有 10 名工人即可保证产品的生产,管理人员可根据需要适当配备。随着市场需求的增大,适当增加工人人数以满足生产的需要。进入产品成熟期,预计管理人员与生产人员共计 50 人。对生产人员的要求不高,具有高中以上学历的人员经过一定的培训即可上岗。80～100 人可以满足最终生产要求。

另外,在市场开拓方面,为了让企业形成一套自身的、成熟的销售模式,不断扩大销售网络,也需要高素质的销售队伍,以使产品具有强大的市场开发后备力量。具有生物学、材料学、经济管理学背景的,对国内外尤其是国内市场有相当了解的营销人员将成为首批人选。

(四) 未来研究计划

任何一项技术和产品都有一定的生命周期,都要经过种子期、成长期、成熟期和衰退期。如果我们在前一个产品的成熟期甚至成长期时,就投入新技术新产品的研究与开发,可以减缓经济效益随着技术进入衰退期而走向低谷的压力。

因此,这意味着瑞福公司应大限度地挖掘市场潜力。我们的研究目标如下:

(1) 对于人工器官替代材料(如牙齿、人工肝等)的深度开发。瑞福将通过技术领先,并辅以转让与合作、品牌推广等手段,达到垄断人工器官替代材料市场的目的。

(2) 扩充生产线。产品将会向生物医用材料的其他领域延伸。高端部分产品将会是主打产品领域。

(3) 产业化工程和科研开发基地建设。这包括骨修复材料技术产品生产基地的建立(工艺设计、厂房及生产线设计),中试批量生产中心的工艺流程与质量控制技术的研究和科研开发基地的建设。

三、公司战略

生产运作战略是关于生产系统如何成为企业立足于市场并获得竞争优势的战略性计

划。作为一系列决策的过程,它为实现生产系统在企业中的有效性规定了明确的决策内容、程序、原则和模式。

成本、质量、交货期、柔性等竞争优势都与生产运作管理状况密切相关,它们无不取决于生产运作管理的方式和效率。生产运作管理作为企业管理的一个子系统,其任务就是运用组织、计划、控制的职能,把投入生产过程中的各种要素有效地组织起来,形成有机整体,按最经济的方式,生产满足社会需要的廉价、优质的产品。

瑞福公司属于高科技新型产品与服务相结合的朝阳产业,我们将立足于对高新技术的不懈追求,服务于中国医疗保健市场,通过自身的不懈努力,塑造出卓越的品牌形象,为实现全人类的健康梦想作出贡献。

瑞福的目标是要通过与投资方的共同努力,利用先进的产品和技术、优质的质量保证,以快速占领市场为契机,稳定市场为基本原则,开发新型规格的配套产品作为保障,使公司成为生物医用材料生产领域的领先企业。

为了达成这样一个战略,公司将分三步来实现目标。

第一阶段(第一年至第三年),将在投资方的资金支持下,成立专业公司。该阶段的产品,主要是目前开发的纳米晶胶原基骨修复材料。我们将采取独家代理销售的方式进行市场开拓。通过已有的优秀合作伙伴——北京某公司具有的广泛的医用产品的销售渠道,面向医院尤其是重点医院骨科开展市场推广工作,树立生命科学的创新企业形象。在此阶段,回报将不是最优先考虑的目标,第一阶段的目标是企业形象、市场占有率和产品的系列化。通过第一阶段的努力,力争使市场占有率达到5%以上,成为业界最具有竞争力的企业之一。

第二阶段(第四年至第六年),将致力于人工器官替代材料(如牙齿、心脑血管支架、人工肝等)的深度开发。目标是成为人工器官替代材料生产的最大企业。我们将通过推广人工器官替代材料的形式,通过转让与合作、品牌推广等手段垄断人工器官替代材料的生产。我们将专注于人工器官替代材料的研究,通过技术领先,达到引领人工器官替代材料市场的目的,公司将会因此而高速成长,业务将为投资者带来高额回报。通过第二阶段的努力,我们力争使市场占有率达到20%～30%。

第三阶段(第七年以后),在继续第二阶段的赢利模式情况下,进一步扩充生产线产品向生物医用材料的其他领域延伸。人体复杂器官的替代和修复等先进产品将会是产品的新领域。产品将采用以国际上信誉好的公司作为代理厂商,进行海外市场开拓。

四、市场与竞争

(一) 面临的问题

作为一家新创高科技企业,发展的第一阶段所面临的首要问题是如何依托技术领先和成本较低的优势,迅速地渗透市场,获得市场份额,树立品牌。所以,我们必须制定最有效率的营销战略和策略。

(二) 市场规模

我国是世界上人口最多的国家,残疾人高达5 000万人,其中肢残者755万人,骨质疏松患者6 300万人(该类患者容易引起骨折),因疾病和偶然事故导致的骨缺损患者每年达

300余万人,其中因创伤住院的患者年增长率达7.3%,住院率高居第二位,对于骨修复类材料有着巨大的需求。本项目开发的纳米骨主要用于以下几方面疾病的治疗。

(1)骨缺损修复,如骨肿瘤病人切除手术后的保肢治疗。

(2)各种难愈合的骨外伤的治疗。

(3)用于整形外科手术,如颌面的先天和后天缺损与畸形以及牙龈的修复等。

除了和平时期的疾病损伤对于组织工程材料大段人工骨有较大需求之外,由于新型重型武器的不断推陈出新,战时的各种骨缺损也将会增多。

组织工程材料人工骨,有技术、设备、工艺和材料的推广及应用,这无疑有利于我国国防医疗水平的提高,同时也会带来可观的经济效益。

该项目的广泛用途及市场前景使其规模生产提上了日程,单位产品固定费用会随着生产的规模化而大大降低,产品的利润也会相应地迅速攀升。其良好的经济效益和社会效益促使我们有必要进行规模化生产。

材料科技、生物科技和能源科技并称为"属于21世纪的朝阳产业",而生物医学材料更是位于材料领域和生物领域两大焦点的结合部。当代生物医学材料产业发展迅猛,根据全球知名调查公司盖勒普的数据,2000年全球医疗器械市场已达1 650亿美元,其中生物医学材料及制品占40%~50%。

20世纪90年代医疗器械平均年增长率约为11%,其中发展中国家增长更快。矫形外科修复材料和制品的世界市场年增长率达26%;预计工程化的组织、器官和材料上市后,将开拓800亿美元的新市场。

生物材料前沿研究不断取得进展,在商业上,代表着更为广阔的市场空间,预计在今后15~20年间,生物医学材料产业将达到相当于药物市场份额的规模。

作为生物医学材料中一个重要组成部分,人工骨植入材料的市场销售额在以每年50%的速率递增。

人工骨移植材料是生物材料器械领域的关键性应用。过去,由于国内缺乏相应的研究,使得国内该类技术落后,骨移植材料70%~80%要依靠进口。依靠完全自主性的研发,瑞福科技有效填补了国内的空白。

美国每年实施45万例骨移植手术,整个骨移植材料市场高达11亿美元。

对于欧洲市场,骨替代产品35%为合成材料,并且以每年13.7%的速率增长,2002年骨移植手术为285 000例,整个材料市场价值高达8亿美元。

(三)目标市场分析

目标市场定位于骨缺损修复手术的材料需求。系列产品将适合于各种不同的骨缺损患者。我们通过北京某生物工程公司等代理商把产品提供给用户——国内外各大医院的骨科,再逐渐与经营骨替代材料的公司建立战略性合作关系。

(四)市场开拓战略

产品采取由代理商直销医院的方式。主要通过对产品的定向宣传,定期赞助医院的相关学术讨论会,开办学习班,组建专家顾问团及高素质的产品代表等方式,使医生能够普遍接受该产品。先以北京、上海、广州、武汉等大城市的大医院作为试点,总结经验向其他地区推广。售后服务与推广相结合,在稳定大城市之后,再以放射状拓展至周边医院和小城市中规模较大的医院,逐级占领市场。

（五）现有竞争

运用波特的五力竞争模型来分析目前的产业竞争结构,我们发现没有与该产品直接竞争的同种产品,竞争对手主要是替代品的竞争。因为传统的骨缺损修复材料生产厂家已经建立了与医院的固定销售网络。我们要针对产品的独特优势加大宣传力度,以无法替代的治疗效果赢得医生和患者的认同,树立起新产品的品牌形象,不断扩大市场份额。

（六）企业自身内部优劣势分析

1. 优势

（1）技术优势。把握核心技术,技术指标具有超前性,并且产品的研发具有可持续发展性,在现有基础中的进一步研发,能够满足更为严格的医用要求。团队中有 3 位成员来自清华大学材料系生物材料专业,1 位来自清华大学医学院生物医学工程系,具有丰富的生物材料研究经验,长期从事生物材料的理论和应用研究。

（2）管理优势。公司有来自清华大学经济管理学院的成员,曾经从事过国企和中外合资企业的管理工作,具有丰富的企业管理经验和理论知识。

（3）产品优势。产品结构设计科学精巧,仿冒困难;与现今市场上的产品相比,本产品原材料的来源丰富,投资较小;且经过医师的临床首肯,质量过关。

2. 劣势

属于创业初期,缺乏现成的公众影响力和充足的资金。

3. 机会

人工骨移植材料是生物材料器械领域的关键性应用。如果在骨科手术中采用瑞福的产品,将比使用国外进口的骨移植材料的价格低 40%～50%。本产品的低价位、性能优越和掌握核心技术的特点,可以弥补这个利润较大的空缺。

4. 竞争压力

我们面临的竞争压力主要来自两个方面:一方面是替代产品和技术的竞争;另一方面来自市场上已有产品的竞争。尽管这些产品性能不够完善且成本较高,但由于强制性要求,这些产品也具有一定的市场。

五、市场营销策略

（一）用高质量的产品和服务塑造品牌

我们将致力于瑞福生物材料的品牌建设。提高品牌忠实度、扩大品牌知名度,以此达到增强客户的信任感、提高市场份额、降低营销成本、抵御外来竞争者的目的。我们将通过产品过硬的质量和高质量的企业宣传塑造知名品牌。

瑞福形象的塑造将是重要的一环。通过实施 CIS 战略,建立企业理念识别、企业行为识别、企业视觉识别三要素,最终达到塑造企业形象的目的。

（1）企业理念识别。开发、利用高新技术,满足医疗需要,不断进取,给人们塑造一个健康的体魄。

（2）企业行为识别。高科技企业的形象、标志、名称、人员构成;传播、普及医疗知识;高科技产品与东方传统关怀、仁爱精神的结合;目标不是推销产品,而是将健康送给每一位患者。

（3）企业视觉识别。通过公司管理层的风范、公司的标志、产品包装、员工的着装与举止、公司办公环境、企业形象宣传等手段达到塑造企业品牌形象的目的。

我们将借助"瑞福"来自"清华——高科技的摇篮"的巨大优势背景，同时与国内著名的协和医院、解放军301总医院、中日友好医院等携手合作对产品进行新一轮研发。

通过多种手段塑造良好的品牌形象也将成为瑞福公司的核心竞争优势之一。

（二）用高价格来传递高质量的形象

产品的价格一般随产品的生命周期而改变，而引进期的定价最为关键。由于瑞福是市场的技术领先者，这无疑表明我们会给风险投资者以高额回报。其定价原则是：在产品的引进期，将采用获取市场高端用户的"撇脂定价法"，设定较高的价格，目的是利用产品的高价格传递产品的高质量形象。经过一系列的市场调查和弹性分析，在引进期产品的最终售价为人民币800元/克。

（三）渠道策略

基于医用产品利润高、市场进入壁垒高、公司的初期经营规模较小的现状，将采用独家代理销售的方式进行市场开拓。目前，已经拥有的优秀合作伙伴——北京某生物工程公司，具有广泛的医用产品销售渠道。

采用产品分销方式的好处在于：

（1）可以使中间商在销售上更加积极用心。

（2）可以保持对中间商在定价、促销、融资以及服务政策上的较大控制力，这一点对于产品尤为重要。

（3）可以节省对销售商进行培训的时间和费用，对于高技术含量和高度专业化的产品，培训合格而成熟的代理商的费用是相当高的。

（4）有利于提高产品的形象，获得较高的毛利。

随着品牌的树立和销售的增长，瑞福将引入多家代理进行销售，以降低渠道风险。

（四）市场沟通策略

瑞福向消费者灌输全新的理念，让各家医院在使用中体会瑞福产品的高性能、高质量等所带来的前所未有的治疗效果，使其最终接受产品。

经过对有效市场进行细分，将整个市场成功地转化成细分市场，利用集中力量突破单个市场的策略，把宣传教育费用降到最低。因此，瑞福以宣传教育的营销策略替代传统的电视广告的营销策略，将节省大量费用，以利于产品成本的降低。

通过比较和初步调查，拟采取如下有效的促销手段。

1. 广告类促销活动

（1）对于特定的客户群，采用直接信函的形式进行广告，对可能使用骨修复材料的医院进行有效的宣传。

（2）在有影响的医学健康的报纸杂志上刊登彩页广告。

（3）在互联网上建立瑞福的网站。

2. 销售促进类促销活动

（1）瑞福将组织有关瑞福产品的学术研讨会，邀请骨修复材料方面的专家，对产品的应用前景、在临床试验中的表现和社会效益的影响等专题进行研讨，在该领域吸引专家和广大用户对瑞福产品的关注。

（2）邀请骨修复方面的知名专家、学者在国内外相关的有影响的学术期刊、学报上发表学术论文,介绍瑞福产品在骨修复方面的应用,增进该领域的人士对我们的产品及相关理念的了解。

（3）参加各种博览会、订货会,和用户直接见面,签订合同或意向性合同。

（4）瑞福将自办新闻发布会和新品展示会,独家举行,宣传产品,宣传企业形象,进行销售活动。

（5）瑞福公司将在应收账款的付款时间上给予一定的优惠,以减轻使用单位的一次性付款压力。

3. 公关类促销活动

（1）出资赞助学术会议或展出产品。

（2）利用新闻媒体,举办知识竞赛或征文活动,以扩大企业及产品影响。

（3）赞助有影响的比赛和社会公益活动。

总之,我们要把对合格市场的有效媒体宣传和对潜在市场的媒体宣传结合起来,使瑞福的产品形象深入人心,达到刺激市场购买的目的。公司的长远目标是随着宣传力度的不断加大,进一步推广产品,扩大使用范围,将市场潜力最大化。

（五）专利的进一步申请

为了保证瑞福公司在技术上的领先地位并防止竞争对手的模仿与跟进,将对公司的进一步研发成果申请发明专利,同时,对产品中众多技术细节进一步申请专利保护,从而形成一套从原理到工艺的完整的专利保护体系。

（六）供应商的选择

瑞福公司将精心选择市场上性能价格比最优的外协加工和 OEM 厂商,并随时根据加工要求的变化和厂商的生产情况调整协作网络的组成,以保证始终向客户提供性能价格比最优的产品。

六、公司产权及治理结构

（一）公司的组织结构

瑞福公司的组织结构为有限责任公司。

（二）公司产权

公司产权,如表 3-5 所示。

表 3-5　　　　　　　　　　公 司 产 权

股东	投入资本种类	价值(人民币万元)	所占股份比例
外来投资方	现金	800	76.19%
清华大学＋技术发明人	专利和非专利技术	250	23.81%
合　计		1 050	100%

其中创业团队以自然人的身份拥有公司赠予的 $c\%$ 的股票期权,在团队成员工作期满 3 年和公司业绩达到预期目标(具体数字此处略),此期权全部转化为实股。

外来投资方为独家投资方或多家投资方组成的联合投资。

（三）公司的治理结构

瑞福公司的治理结构,如图 3-1 所示。

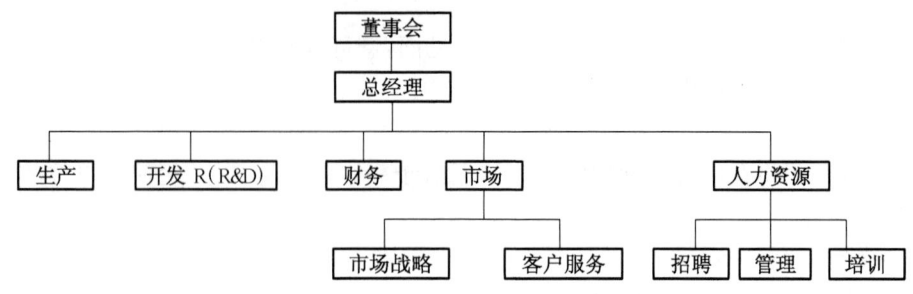

图 3-1　瑞福公司的治理结构

（四）主要机构主管人员及其职责

总经理:根据董事会确定的公司发展战略规划实施运营,研究制定具体措施,确定内部组织机构,协调各部门之间关系,任命和解雇部门经理,并定期向董事会报告公司经营情况。

副总经理兼研发部经理:协助总经理办理公司对内对外一切事务,全面负责公司的技术研发事务,并主持制定公司的技术发展战略,组织公司研发部门完成技术开发工作。

生产部经理:负责公司产品的日常生产管理,根据销售部门提供的情况调整、组织生产,协调处理与各供货商的关系。

财务部经理:对公司内部的财务控制、会计、金融、投资活动负责,定期向总经理递交财务报告,分析财务状况,并提出建议。

市场销售部经理:对公司的总体营销活动负责,管理营销队伍和地区经理,对公司的销售活动、售后服务和地区间的平衡负责。

人力资源部经理:负责人员招聘、培训、选拔、提升及关系协调,制定有效的人员考评和激励机制。

行政事务部经理:协调各部门工作,负责公司的对外联络和公共关系及后勤工作。

法律顾问:负责公司的法律事务。

七、财务计划

公司以市场调查数据为基础,在遵循会计原则的前提下,本着谨慎的态度进行了详尽具体的财务预算。依市场调查和合理的估算,瑞福公司产品有出色的赢利能力和广阔的市场前景。同时,注重财务杠杆和经营杠杆的使用。在风险适度的前提下,追求企业利润的最大化,以保证即使在风险波动较大的情况下,此项目依然有很高的投资利润率。

（一）投资预算

瑞福公司目前处在需要较强资金投入的状态下。为实施计划,需要 800 万元的权益投资和 100 万元的长期借款,用于购置固定资产和支付生产运营的启动费用。该项目一期资金筹措估算,如表 3-6 所示。

表 3-6 一期资金筹措估算表

单位:万元

项目名称	一期资金
所需总投资	891
固定资产投资总额	370
生产设备	150
办公和研发设备	220
营运资金投入总额	521
科研经费	230
动物试验费	50
临床试验经费	100
化学药品试剂	50
测试费	30
办公费	10
购进无形资产	50
市场推广及宣传费用	50
管理人员工资	15
管理费用	5
生产人员工资	12
购买原材料	120
变动制造费用	29
筹集资金总额	900
投资方投入	800
长期借款	100

(二)销售收入预测

按每年全国手术病例为 30 万例计算,假设在 5 年间这个数量保持不变,我们对销售量作了保守的预测,详见表 3-7 和表 3-8。

采用全国统一定价,零售价为 800 元/克。

公司出售给分销商的价格,为 600 元/克。

按平均每例手术耗用量为 5 克产品计算,前 5 年的销售量分别为 15 000 克、75 000 克、150 000 克、300 000 克和 450 000 克。

表 3-7 市场规模及销售预测

年度	全国骨损伤疾病病例(例)	目标市场(例)	市场占有率	手术单价(元/例)	年需求产值(元)	销售增长率
第一年	300 000	3 000	1%	3 000	9 000 000	
第二年	300 000	15 000	5%	3 000	45 000 000	400%
第三年	300 000	30 000	10%	3 000	90 000 000	100%
第四年	300 000	60 000	20%	3 000	180 000 000	100%
第五年	300 000	90 000	30%	3 000	270 000 000	50%
第六年	300 000	90 000	30%	3 000	270 000 000	0%

表 3-8　　　　　　　　　　　　销　售　预　算

金额单位:元

年度	销售单价 (元/克)	预计销售量 (克)	预计销售 收入	预计现金 收入	应收账款	计提坏账 准备金	坏账费用
第一年	600	15 000	9 000 000	8 250 000	750 000	7 500	7 500
第二年	600	75 000	45 000 000	42 000 000	3 750 000	37 500	30 000
第三年	600	150 000	90 000 000	86 250 000	7 500 000	75 000	37 500
第四年	600	300 000	180 000 000	172 500 000	15 000 000	150 000	75 000
第五年	600	450 000	270 000 000	262 500 000	22 500 000	225 000	75 000

(三) 财务预算基本假设

1. 经验性项目假设

假设年应收账款为年销售收入的 1/12。期末坏账准备金按应收账款余额的 1‰ 计提。每期现金收入与期末应收账款余额,如表 3-8 所示。

2. 主营业务成本

预计原材料单位成本为 50 元。根据表 3-8 的销售预算,按照以销定产的原则,我们进行生产预算,详见表 3-9。再根据生产情况,并假定每期原材料存货数量为下期预计生产耗用量的 10%。我们估计直接材料成本,详见表 3-10。

表 3-9　　　　　　　　　　　　生　产　预　算

单位:克

年度	预计销售量	加:预计期末存货	减:预计期初存货	预计本期生产量
第一年	15 000	3 750		18 750
第二年	75 000	7 500	3 750	78 750
第三年	150 000	15 000	7 500	157 500
第四年	300 000	22 500	15 000	307 500
第五年	450 000	112 500	22 500	540 000

表 3-10　　　　　　　　　　　　直接材料预算

单位:元

年度	预计 生产量	直接材 料单价	产成品直接 材料成本	减:期初原 材料存货	加:期末原 材料存货	本期采 购成本	本期应 付账款	本期采购 现金支出
第一年	18 750	50	937 500		393 750	1 331 250	133 125	1 198 125
第二年	78 750	50	3 937 500	393 750	787 500	4 331 250	433 125	4 031 250
第三年	157 500	50	7 875 000	787 500	1 537 500	8 625 000	862 500	8 195 625
第四年	307 500	50	15 375 000	1 537 500	2 700 000	16 087 500	1 608 750	15 746 250
第五年	540 000	50	27 000 000	2 700 000	11 250 000	35 550 000	3 555 000	33 648 750

预计直接人工成本:产品投产初期,预计有 10 名工人即可保证产品生产,管理人员可根据需要适当配备。随着市场需求的增大,可适当增加工人人数以满足生产的需要。第一年至第五年的工人数分别为:10 人、30 人、50 人、80 人、100 人。工人月工资为 1 000 元。详细计算见表 3-11。

表 3-11 直接人工预算

年度	生产工人数（人）	月工资（元/人）	总计（元）
第一年	10	1 000	120 000
第二年	30	1 000	360 000
第三年	50	1 000	600 000
第四年	80	1 000	960 000
第五年	100	1 000	1 200 000

制造费用包括变动制造费用和固定制造费用两部分。固定制造费用为固定资产折旧，折旧方法采用年数总和法，详见表 3-12。估计每月的其他变动制造费用为当月生产耗用原材料成本的 20％，包括水电费、机物料消耗、间接人工、固定资产维修和检测费用等，详见表 3-13。

表 3-12 固定资产折旧

单位：元

年度	厂房及生产设备原值	年折旧额	累计折旧	净值
第一年	1 500 000	285 000	285 000	1 215 000
第二年	4 500 000	800 850	1 085 850	3 414 150
第三年	7 500 000	1 218 689	2 304 539	5 195 462
第四年	10 500 000	1 557 138	3 861 676	6 638 324
第五年	13 500 000	1 831 282	5 692 958	7 807 042

表 3-13 制造费用预算

单位：元

年度	变动制造费用	固定制造费用	制造费用合计
第一年	285 000	285 000	570 000
第二年	800 850	800 850	1 601 700
第三年	1 218 689	1 218 689	2 437 377
第四年	1 557 138	1 557 138	3 114 275
第五年	1 831 282	1 831 282	3 662 563

假定在每年年末所应支付的原材料采购成本的 10％为应付账款。每期期末产成品存货数量为下期销售量的 5％。生产成本预算表见表 3-14。

表 3-14 生产成本预算

单位：元

	年度	第一年	第二年	第三年	第四年	第五年
当期生产成本	直接材料成本	937 500	3 937 500	7 875 000	15 375 000	27 000 000
	直接人工成本	120 000	360 000	600 000	960 000	1 200 000
	制造费用	570 000	1 601 700	2 437 377	3 114 275	3 662 563
	小计	1 627 500	5 899 200	10 912 377	19 449 275	31 862 563
	当期生产量	18 750	78 750	157 500	307 500	540 000
	单位产品成本	86.80	74.91	69.28	63.25	59.00

（续表）

年度		第一年	第二年	第三年	第四年	第五年
期末存货成本	期末存货数量	3 750	7 500	15 000	22 500	112 500
	期末存货成本	325 500	561 829	1 039 274	1 423 118	6 638 034
当期存货成本	当期销售量	15 000	75 000	150 000	300 000	450 000
	销货成本	1 302 000	5 662 871	10 434 932	19 065 432	26 647 647
	平均单位成本	86.80	75.50	69.57	63.55	59.22

3. 固定资产投资

该产品为高新技术产品。企业的期初固定资产投资共 370 万元人民币。其中：生产设备及厂房设备投资 150 万元，按年数总和法折旧法，折旧年限为 20 年，净残值率均为 5%；办公、研发设备投资 200 万元，办公设备投资 20 万元，按直线折旧法在 20 年内计提折旧。

4. 无形资产摊销

在公司成立之初，无形资产为技术专利权 250 万元，假定每年投入的研究发展费用在次年有 50% 可经过认证转为无形资产，在 10 年内摊销。土地使用权 15 万元，用直线法在 20 年内摊销。期初开办费共 10 万元，在 5 年内摊销。无形资产摊销见表 3-15。

5. 期间费用

管理费用假设包括办公设备、研发设备的折旧费用，无形资产和待摊资产的摊销费用，坏账费用，技术研究与发展费用及管理人员的薪金、办公费、福利费等。

预计每年投入的技术研究与发展费用均为 230 万元。第一年为管理人员工资及福利 15 万元，其他管理费用估计为 5 万元。第二年由于生产规模的扩大，上述管理费用分别为当年销售收入的 10% 和 5%；之后 3 年均按前期费用的 50% 的速率增长。

由于采用独家分销方法，所以产品投产初期发生的直接销售费用不多，销售费用估计为销售收入的 5%，在年内平均分摊，包括销售人员工资、广告费用、运输费等。

财务费用指借款利息费用。第一年年初向银行借款 100 万元，于第三年年初归还。假定借款年利率为 7%，于当年年底支付利息。

表 3-15　　　　　　　　　　　　　**期间费用预算**

单位：元

年度＼项目	第一年	第二年	第三年	第四年	第五年
管理费用					
办公、研发设备原值	2 200 000	2 200 000	2 200 000	2 200 000	2 200 000
当期折旧	104 500	104 500	104 500	104 500	104 500
累计折旧	104 500	209 000	313 500	418 000	522 500
净值	2 095 500	1 991 000	1 886 500	1 782 000	1 677 500
无形资产摊销					
土地使用权					
原值	500 000	500 000	500 000	500 000	500 000
当期摊销	50 000	50 000	50 000	50 000	50 000

（续表）

年度\项目	第一年	第二年	第三年	第四年	第五年
累计摊销	50 000	100 000	150 000	200 000	250 000
净值	450 000	400 000	350 000	300 000	250 000
技术专利权					
原值	2 500 000	3 650 000	4 800 000	5 950 000	7 100 000
当期摊销	250 000	365 000	480 000	595 000	710 000
累计摊销	250 000	615 000	1 095 000	1 690 000	2 400 000
净值	2 250 000	3 035 000	3 705 000	4 260 000	4 700 000
递延资产摊销					
原值	100 000	100 000	100 000	100 000	100 000
当期摊销	20 000	20 000	20 000	20 000	20 000
累计摊销	20 000	40 000	60 000	80 000	100 000
净值	80 000	60 000	40 000	20 000	0
坏账准备费用	7 500	30 000	37 500	75 000	75 000
技术研究与发展费用	2 300 000	2 300 000	2 300 000	2 300 000	2 300 000
管理人员工资及福利	150 000	4 500 000	6 750 000	10 125 000	15 187 500
其他管理费用	50 000	2 250 000	3 375 000	5 062 500	7 593 750
以现金支出的管理费用	2 500 000	9 050 000	12 425 000	17 487 500	25 081 250
管理费用合计	2 932 000	9 619 500	13 117 000	18 332 000	26 040 750
销售费用合计	450 000	2 250 000	4 500 000	9 000 000	13 500 000

6. 税收数据

新办的高新技术企业,享受所得税优惠。企业开办后从获利年度起2年内不征所得税,接下来的年度按15%的税率征收。公司为增值税一般纳税人,按17%的税率计算产品的增值税,该税为价外税,报表中不再列示。其他税务支出为城市维护建设税,按增值税额的7%计算;教育费附加为增值税额的3%;在利润表中计入产品销售税金及附加科目。此外,公司目前没有其他大额税金支出。假设增值税、城市维护建设税和教育费附加在当年缴纳,每年应付所得税税金在下年年初支付。

7. 利润分配政策

股利分配:成立前5年内不发股利。

法定盈余公积金:按税后利润的10%提取。法定盈余公益金按税后利润的5%提取。

根据上面的假设以及提供的数据,编制现金流量预算表,详见表3-16。

表3-16 现金流量预算表

单位:元

现金预算	第一年	第二年	第三年	第四年	第五年
期初现金余额	8 000 000	8 266 506	30 013 038	83 870 349	196 583 395
加:销售现金收入	8 250 000	42 000 000	86 250 000	172 500 000	262 500 000
可供使用现金	16 250 000	50 266 506	116 263 038	256 370 340	459 083 395
减:各项现金支出					

（续表）

现金预算	第一年	第二年	第三年	第四年	第五年
直接材料	1 198 125	4 031 250	8 195 625	15 746 250	33 648 750
直接人工	120 000	360 000	600 000	960 000	1 200 000
变动制造费用	285 000	800 850	1 218 689	1 557 138	1 831 282
管理费用	2 500 000	9 050 000	12 425 000	17 487 500	25 081 250
销售费用	450 000	2 250 000	4 500 000	9 000 000	13 500 000
购买无形资产	500 000	—	—	—	—
购买固定资产	3 700 000	3 000 000	3 000 000	3 000 000	3 000 000
开办费	100 000	—	—	—	—
支付的增值税	(1 303 688)	(6 913 688)	(13 833 750)	(27 788 625)	(39 856 500)
支付的所得税	—	—	—	9 257 204	19 796 056
支付的其他税金	130 369	691 369	1 383 375	2 778 863	3 985 650
现金支出合计	8 983 494	20 183 469	31 322 689	59 786 954	102 042 987
现金多余(不足)	7 266 506	30 083 038	84 940 349	196 583 395	357 040 407
资金融通					
加：向银行借款					
长期借款	1 000 000	—	—	—	—
短期借款	—	—	—	—	—
减：还银行借款					
长期借款	—	—	1 000 000	—	—
短期借款	—	—	—	—	—
借款利息					
长期借款	—	70 000	70 000	—	—
短期借款	—	—	—	—	—
合计	1 000 000	−70 000	−1 070 000	—	—
期末现金余额	8 285 256	30 013 038	83 870 349	196 583 395	357 040 407

（四）预计财务报表

1. 财务预算报表

预算报表体系跨度为 5 个期间，包括第一年至第五年的年报表。财务预算报表包括预计销售量分析(详见表 3-7)、销售预算(详见表 3-8)、生产预算(详见表 3-9)、直接材料预算(详见表 3-10)、直接人工预算(详见表 3-11)、制造费用预算(详见表 3-13)、生产成本预算(详见表 3-14)、期间费用预算(详见表 3-15)及现金流量预算(详见表 3-16)等。为使报表简单清晰，在科目设置上并未完全按照会计准则要求。

2. 利润及利润分配表

根据估算，前 5 年间，每年实现的税后利润分别为 412 万元、2 786 万元、5 246 万元、11 218万元和 17 083 万元，共实现税后利润 35 846 万元，平均年增长率为 154%。具体利润及利润分配表见表 3-17。

表 3-17 利润及利润分配表

单位:元

项 目	第一年	第二年	第三年	第四年	第五年
一、主营业务销售收入	9 000 000	45 000 000	90 000 000	180 000 000	270 000 000
减:主营业务成本	1 302 000	5 662 871	10 434 932	19 065 432	26 647 647
主营业务税金及附加	130 369	691 369	1 383 375	2 778 863	3 985 650
二、主营业务利润	7 567 631	38 645 760	78 181 693	158 155 706	239 366 703
减:管理费用	2 932 000	8 469 500	11 967 000	17 182 000	24 890 750
销售费用	450 000	2 250 000	4 500 000	9 000 000	13 500 000
财务费用	70 000	70 000	—	—	—
三、营业利润	4 115 631	27 856 260	61 714 693	131 973 706	200 975 953
减:所得税	—	—	9 257 204	19 796 056	30 146 393
四、净利润	4 115 631	278 562 606	52 457 489	112 177 650	170 829 560
加:前期未分配利润	—	4 115 631	31 971 891	76 560 757	171 911 760
减:法定公积金	—	—	5 245 749	11 217 765	17 082 956
法定公益金	—	—	2 622 874	5 608 882	8 541 487
五、未分配利润	4 115 631	31 971 891	76 560 757	171 911 760	317 116 886

3. 预计资产负债表

预计资产负债表见表 3-18。通过对预计资产负债表的分析,公司总资产和净资产实现了快速增长,公司总资产中应收账款占了相当比重,这是由行业特点决定的;同时,货币资金的比重也较大,这主要是由于公司赢利性和成长性都较好,现金流入充裕,这部分资金需要股东会议决定其用途。因为公司的负债较小,所以净资产也相应以较大幅度增加。到第五年年底,公司预计将拥有资产总值 41 164 万元,净资产为 37 794 万元。

表 3-18 预计资产负债表

单位:元

项 目	第一年	第二年	第三年	第四年	第五年
资产					
流动资产					
现金及现金等价物	8 266 506	30 013 038	83 870 349	196 583 395	357 040 407
应收账款	750 000	3 750 000	7 500 000	15 000 000	22 500 000
减:坏账准备	7 500	37 500	75 000	150 000	225 000
应收账款净额	742 500	3 712 500	7 425 000	14 850 000	22 275 000
原材料存货	393 750	787 500	1 537 500	2 700 000	11 250 000
产成品存货	325 500	561 829	1 039 274	1 423 118	6 638 034
流动资产合计	9 728 256	35 074 866	93 872 123	215 556 513	397 203 441
固定资产					

项　　目	第一年	第二年	第三年	第四年	第五年
固定资产原值	3 700 000	6 700 000	9 700 000	12 700 000	15 700 000
减：累计折旧	389 500	1 294 850	2 618 039	4 279 676	6 215 458
固定资产净值	3 310 500	5 405 150	7 081 962	8 420 324	9 484 542
无形资产					
无形资产原值	3 000 000	4 150 000	5 300 000	6 450 000	7 600 000
减：累计无形资产摊销	300 000	715 000	1 245 000	1 890 000	2 650 000
无形资产净值	2 700 000	3 435 000	4 055 000	4 560 000	4 950 000
递延资产					
递延资产原值	100 000	100 000	100 000	100 000	100 000
减：累计递延资产摊销	20 000	40 000	60 000	80 000	100 000
递延资产净值	80 000	60 000	40 000	20 000	0
资产总计	15 818 756	43 975 016	105 049 085	228 556 836	411 637 984
负债					
流动负债					
应付账款	133 125	433 125	862 500	1 653 750	3 555 000
短期借款	—	—	—	—	—
应付利息	70 000	70 000	—	—	—
应交税金	—	—	9 257 204	19 796 056	30 146 393
流动负债合计	203 125	503 125	10 119 704	21 449 806	33 701 393
长期负债					
长期借款	1 000 000	1 000 000	—	—	—
长期负债合计	1 000 000	1 000 000	—	—	—
负债合计	1 203 125	1 503 125	10 119 704	21 449 806	33 701 393
所有者权益					
实收资本	10 500 000	10 500 000	10 500 000	10 500 000	10 500 000
法定公积金	—	—	5 245 749	16 463 514	33 546 470
法定公益金	—	—	2 622 874	8 231 757	16 773 235
未分配利润	4 130 631	31 971 891	76 560 757	171 911 760	317 116 886
所有者权益合计	14 615 631	42 471 891	94 929 380	207 107 030	377 936 591
负债与所有者权益合计	15 818 756	43 975 016	105 049 085	228 556 836	411 637 984

4. 预计现金流量表

我们采取了直接法对现金流量进行估算。由于第一年为产品试生产阶段，销售量较小，并且固定资产投入和研发经费投入相对较大，因此，第一年现金净流量为26.65万元。第二年，生产规模有所增大，销售数量也比同期有较大的增长，因此，现金净流量有所增加，为2 174.65万元。从第三年开始，生产进入稳定成熟期，销售数量达到市场规模的10%，直至第五年,市场占有率达到 30%。第五年的现金净流入为 16 045.7 万元。在稳健原则下,我们将配合公司的发展战略,在不同的发展阶段把盈余的资金投资于其他项目。关于这部分的投资决策分析将在投资时根据具体情况进行分析。在我们以下的分析中将不考虑这部分资金再投资产生的收益。预计现金流量表,如表 3-19 所示。

表 3-19 预计现金流量表

单位:元

年度 项目	第一年	第二年	第三年	第四年	第五年
一、经营活动					
销货现金收入	8 250 000	42 000 000	86 250 000	172 500 000	262 500 000
购货现金支出	1 198 125	4 031 250	8 195 625	15 746 250	33 648 750
工资支出	120 000	360 000	600 000	960 000	1 200 000
变动制造费用	285 000	800 850	1 218 689	1 557 138	1 831 282
管理费用	2 500 000	9 050 000	12 425 000	17 487 500	25 081 250
销售费用	450 000	2 250 000	4 500 000	9 000 000	13 500 000
支出税金	130 369	691 369	1 383 375	12 036 067	23 781 706
现金净流量	3 566 506	24 816 531	57 927 312	115 713 046	163 457 013
二、投资活动					
开办费	100 000	—	—	—	—
购入固定资产	3 700 000	3 000 000	3 000 000	3 000 000	3 000 000
购入无形资产	500 000	—	—	—	—
现金净流量	−4 300 000	−3 000 000	−3 000 000	−3 000 000	−3 000 000
三、筹资活动					
借入借款	1 000 000	—	—	—	—
偿还债务	—	—	1 000 000	—	—
财务费用	—	70 000	70 000	—	—
现金净流量	1 000 000	−70 000	−1 070 000	—	—
四、现金净增加额	266 506	21 746 531	53 857 312	112 713 046	160 457 013

(五) 赢利情况分析

1. 赢利能力分析

通过计算 5 年的财务指标,我们可以肯定公司具有很好的赢利性和成长性,具体数据计算如下。5 年间累计实现税后利润 35 846 万元,风险企业创立的前 5 年,无论是总资产报酬率、净资产收益率,还是营业利润率,都是非常高的,说明公司具有极高的投资价值。

(1) 总资产报酬率。总资产报酬率是指税后利润,即净利润与平均资产总额的比率,以反映运用全部经济资源的获利能力。其计算公式如下:

$$总资产报酬率 = \frac{净利润}{平均资产总额} \times 100\%$$

根据表 3-17,得到第二年至第五年的净利润分别为 27 856 260 元、52 457 489 元、

112 177 650 元和 170 829 560 元；根据表 3-18，得到第二年至第五年的平均资产总额分别为29 896 886 元、74 512 051 元、166 802 960 元和 320 097 410 元。用公式计算得出第二年至第五年的总资产报酬率分别为 93%、70%、67%和 53%。

该指标反映的是企业使用全部经济资源获取收益的能力，是反映盈利能力中综合性最强的财务比率。较高的总资产报酬率，表明投资盈利水平高，企业获利能力也强。

（2）净资产收益率。净资产收益率是净利润与平均净资产的比率，体现了投资者投入企业的资本及其积累获取净收益的能力。其计算公式如下：

$$净资产收益率=\frac{净利润}{平均净资产}\times100\%$$

根据表 3-17，得到第二年至第五年的净利润分别为 27 856 260 元、52 457 489 元、112 177 650 元和 170 829 560 元；根据表 3-18，得到第二年至第五年的平均净资产总额分别为28 543 761 元、68 700 636 元、151 018 205 元和 292 521 810 元。用公式计算得出第二年至第五年的净资产收益率分别为 98%、76%、74%和 58%。

该比率反映了企业资产运营的综合效率，企业净资产收益率高，说明企业自有资本获利能力强，运营效率好。

（3）营业利润率。营业利润率是指企业的营业利润与营业收入净额的比率。其计算公式为：

$$营业利润率=\frac{营业利润}{营业收入净额}\times100\%$$

根据表 3-17 估算的数据，得到第一年至第五年的营业利润分别为 4 115 631 元、27 856 260 元、61 714 693 元、131 973 706 元和 200 975 953 元，第一年至第五年的营业收入分别为9 000 000 元、45 000 000 元、90 000 000 元、180 000 000 元和 270 000 000 元，计算得出第一年至第五年的营业利润率分别为 46%、62%、69%、73%和 74%。

营业利润率是反映企业获利能力的一项重要指标，用来评价企业每单位营业收入能带来的利润额。该项指标高，说明企业从营业收入中获取利润的能力强。

2. 投资决策分析

公司每年现金净流量如表 3-20 所示。在现金流量层面，5 年间公司的内部收益率为284.99%，这远远高于目前一般项目的收益率，处于风险资本要求的收益率区间中。计算时没有考虑将盈余的现金进行其他项目投资的情况。

每年的净现金流入及净现值、内部收益率等分析见表 3-20（按 7%的贴现率进行计算）。

表 3-20 投资决策分析

年度 指标	第一年年初	第一年	第二年	第三年	第四年	第五年
现金净流量(元)	−4 300 000	4 566 506	21 746 531	53 857 312	112 713 046	160 457 013
贴现现金净流量(元)	−4 300 000	4 267 763	18 994 263	43 963 609	85 988 243	114 403 632
静态回收期(年)	0.94					
动态回收期(年)	1.002					
净现值(万元)	26 332					
内部收益率	284.99%					

静态投资回收期＝0.94(年)。

动态回收期＝1.002(年)。

投资回收期非常短。在不到 2 年间即可收回全部投资。

净现值＝26 332 万元(远大于 0)。

内部收益率＝284.99％。

以上分析均说明,由于本产品前期研发投入大,技术比较成熟,有较高的技术壁垒,需要的后期投资较少,利润相当高,存在着良好的赢利空间。

3. 赢利变化分析

(1)边际贡献率分析。

$$边际贡献率＝\frac{单价－单位变动成本}{单价}$$

表 3-21   边际贡献率分析

项目 \ 年度	第一年	第二年	第三年	第四年	第五年
单价(元/克)	600	600	600	600	600
直接材料(元)	937 500	3 937 500	7 875 000	15 375 000	27 000 000
直接人工(元)	120 000	360 000	600 000	960 000	1 200 000
变动制造成本(元)	285 000	800 850	1 218 689	1 557 138	1 831 282
小计(元)	1 342 500	5 098 350	9 693 689	17 892 138	30 031 282
生产量(克)	18 750	78 750	157 000	307 500	540 000
单位变动成本(元)	71.60	64.74	61.55	58.19	55.61
边际贡献率	88.07％	89.21％	89.74％	90.30％	90.73％

通过计算表明,产品的平均边际贡献率为 89.61％。这在同行业中是处于相当高的水平的。

(2)盈亏平衡点分析。本产品的生产特点和较高的科技含量决定了总成本中固定成本的比重不大,营业杠杆相对较小。5 年中的盈亏平衡点如表 3-22 所示。只要实现预计销售量的一个较小比例,就能获得利润,这进一步增强了项目的吸引力。

表 3-22   盈亏平衡点分析

项目 \ 年度	固定成本(元)		单价(元)	单位变动成本(元)	盈亏平衡销量(克)	预期销量(克)	安全边际率
	当期折旧	期间费用					
第一年	285 000	3 452 000	600	71.60	7 072	15 000	53％
第二年	800 850	10 789 500	600	64.74	21 654	75 000	71％
第三年	1 218 689	16 467 000	600	61.55	32 845	150 000	78％
第四年	1 557 138	26 182 000	600	58.19	51 197	300 000	83％
第五年	1 831 282	38 390 750	600	55.61	73 885	450 000	84％

从表 3-22 的数据中可以看出,该项目具有很高的安全边际率。

(3)灵敏度分析。在经营中,由于原材料来源相对稳定,生产厂家众多,没有重大的不可控制风险。因此,风险主要集中于售价和销量两个因素。

第一,售价变动。图 3-2 表明了售价变化对内部收益率的影响。

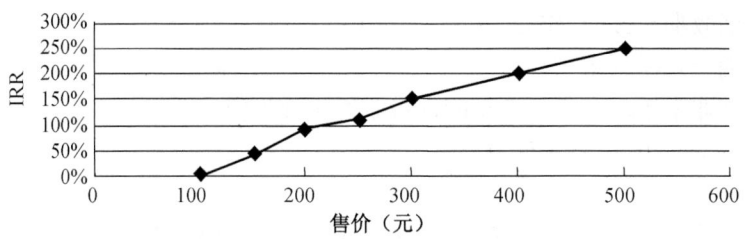

图 3-2　售价变化对内部收益率的影响

由图 3-2 可知,当售价为 100 元时,净现值小于 0;当售价为 150 元时,净现值为 1 089 万元,内部收益率为 36.12％。当售价为 250 元时,内部收益率已经超过 100％。并且,内部收益率和净现值均会随着售价的增加而增加。可见,即使售价产生较大的波动,内部收益率的期望值仍将保持在很高的水平。

第二,销量变动。我们目前预计的平均年销量为 198 千克,即能满足 39 600 例手术的需要。当销量向不利方向变动时,内部收益率的变化,如图 3-3 所示。

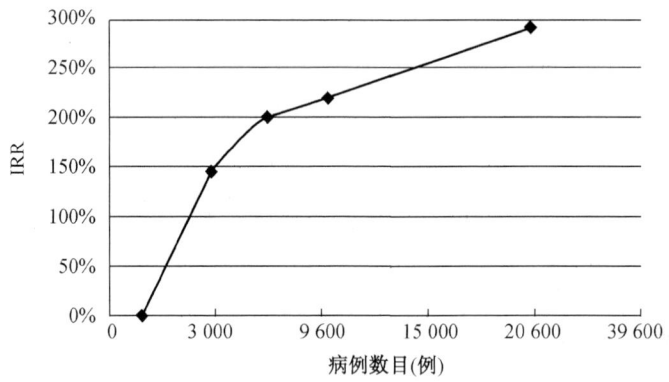

图 3-3　销量变化对内部收益率的影响

从图 3-3 中可以分析得知,当 5 年内的平均销量小于 3 000 例时,内部收益率降低到 0 以下。但当年平均销量能满足 9 600 例病例时,内部收益率达到 143％。而由于产品正处于新生时期,还没有建立起自身的品牌和知名度,这种可能性相比其他因素的变化是较大的。但是,由于产品的技术优势领先,只要加强市场营销力度,努力提高消费者的认知价值,就能规避和减少销量向不利方向变动的风险。

八、融资方案与风险投资退出

(一) 融资方案

计划引入风险投资资金 800 万元,并向银行借款 100 万元。

银行借款将于第三年年初偿还。所筹措的资金的具体用途详见上一部分投资预算的内容。

期初股本结构:期初公司注册资本 1 050 万元,其中投资方以现金 800 万元投资入股,拥有 76.19％的股权;清华大学(包括技术发明人)以技术专利权及无形资产作价 250 万元入股,拥有 23.81％的股权。

（二）风险投资的退出

尽管我们有能力、有信心把公司发展成为一个高成长、高赢利的科技发展公司。但考虑到风险资本的运作特性，还是认真安排了各期风险资本的退出计划，公司将充分发挥自身的技术及人员优势，保持在市场中的领先优势，从而为风险投资的顺利退出铺平道路。

风险投资的退出有三种最基本的形式，即公开上市（IPO）、收购和兼并、管理层回购。为了顾全风险投资商和公司双方的利益，我们把 IPO 作为优先考虑的退出方式。

第一个选择是 IPO，即第一次公开向公众发行公司股票。由于股票价格基于公众对公司经营业绩的评价，这种方式公司管理层容易接受。同时，公开发行股票也可以使风险投资者获得较高的收益，也受到投资者的欢迎。而且，公开发行之后，公司的经营仍然保持原有的独立性。此时，持有公司的股票仍是有利可图的。

为此，在签订风险投资协议时，公司允许投资商将公司的财务信息和注册登记权等内容写入协议条款。这样可以加大对公司的监管力度和范围，使公司一开始就朝着 IPO 上市标准发展，便于投资商的退出。在协议中单独就公开发行上市退出方式的投资工具所使用的证券类型和构成予以专门规定，以方便投资商的权利转让。

公司认为的比较合适的上市时机是生产运营启动大约 5 年后的时间。在这段时间内公司的营业收入增长最快，赢利能力也最强。此时，上市可以获得很高的市盈率，投资商转手容易、回报丰厚，公司也能进一步扩大融资能力和数量。

当公司的上市条件成熟后，风险投资商必须做好辅助工作，同时，考虑到公司股权的稳定性，我们需要投资商按注资时间顺序，有序退出。

第二个选择是收购和兼并。那些不愿意受到 IPO 种种约束的风险投资商可以选择以出售的方式获得现金或股票，从而实现投资退出。坦诚而言，通过这样的撤资方式意味着企业被大公司收购而失去独立性，与公司最初创立者和管理者的意愿相左。公司的管理层或者不支持其他公司对被投资企业的收购，或者很积极，而其目的也是想通过收购兼并来退出对被投资企业的管理。这显然是三方都不愿意看到的。但这并不表示我们不接受收购或兼并，当收购方的收购是防御性或经营性意图时，可以接受收购或兼并，同时要服从管理层的激励安排（如持股计划 SEPD）。具体的收购方我们考虑为：经营高科技生物制药的公司或集团。

在售出之前，我公司会对企业进行充分的价格评估，从而赢得最好的卖价，保证风险投资者的投资收益。

第三个选择是管理层回购，这是一种候补性质的退出方式，是考虑在公司经营不是很成功的情况下保证风险投资者仍能得到一定收益的一种方法。为了能够使投资商实现对风险企业的投资变现，我公司愿意与投资商签订回购条款和买卖契约或者将投资商的投资安排为可转换债，提高投资者变现能力；对风险企业来说，这是买回风险投资商所有权或控制权的一条相对无痛苦的途径，公司对此种退出方式也进行了制度安排。

由于瑞福公司是一家拥有自主知识产权的高科技公司，不仅技术在全球领先，而且产品市场潜力巨大，所以我们将优先考虑在纳斯达克上市。

九、风险分析（略）

第四章　创业项目融资

大学生白手创业很难,但是要等到自己有了足够多的钱去创业也不现实。一般而言,创业者除了自有一部分资金,还必须去筹集一部分资金。没有资金,世界上再好的创意和项目也难以实施。创业者要熟悉各种融资渠道和方式,通晓每种融资方式的特点、优缺点,以及工作流程,用最小的代价获得所需要的创业资金。

第一节　创业融资概述

创业者从自身创业项目的情况出发,根据未来经营发展的需要,通过一定的渠道或方式去筹集资金,以满足创业的需要。因此,投资者要通晓融资的渠道和方式,要注意创业融资过程中经常出现的问题,尽量规避融资风险。同时要看到创业融资并不容易,对融资过程中可能碰到的困难要有所准备。

一、创业融资的概念与特点

经营企业,一刻都离不开资金,特别是创建之初。没有启动资金,世界上再好的想法也不能发挥作用,再好的创意、好的项目也难以实施。创业融资是指创业者从自身生产经营及资金运用情况出发,根据未来经营发展的需要,通过一定的渠道或方式筹集资金,以满足企业经营需要的一种理财行为。一个成功的创业者,必须能够利用一切可以利用的渠道和方法,始终使企业保持供血充足,血脉畅通、运转自如。

创业之初,处于种子期的企业是脆弱的,是不容易让人看到发展前景的,企业不能盈利但是却需要不断有资金注入,这真是一对矛盾。正是这对矛盾,产生了创业融资的特点。

1. 融资市场化

企业在创业初期,自我积累的资金有限,不可能满足新创企业技术创新的高投入需求,从外部市场取得外源融资就成为必不可少的手段。

2. 融资多元化

为了满足多方面的融资需求,新创企业需要从多种渠道、以不同融资方式相结合筹集资金。

3. 融资组合化

首先,不同融资方式融资风险的大小不同;其次,新创企业在不同的发展阶段,面临的技术创新的风险不同,投资者承担的风险大小也不同。新创企业的初期和中前期的技术风险和投资风险最大,中后期的风险逐步减小。根据技术创新的风险和收益的阶段性特征,新创企业在融资过程中应当实施融资组合化,合理、有效的融资组合不但能够分散、转移风险,而且能够降低企业的融资成本和债务负担。

4．融资社会化

融资社会化是指新创企业的融资需要社会各方面力量的支持，特别是需要政府的引导和扶持。新创企业的发展不仅具有极高的成长性和效益性，而且对国家经济发展具有极为重要的战略意义，新创企业融资离不开国家、机构甚至个人。

二、创业融资的基本类型

创业融资可以从多个角度分类，我们一般把它分为内源融资和外源融资、直接融资和间接融资、债权融资和股权融资。

（一）内源融资和外源融资

1．内源融资

内源融资是指企业依靠其内部积累进行的融资。内源融资包括三种基本形式：资本金、折旧转化为重置投资和留存收益转化为新增投资。内源融资对企业资本的形成具有原始性、自主性、低成本性和抗风险性等特点，相对于外源融资，它可以减少因信息不对称问题及与此有关的激励问题所引起的交易费用，降低融资成本，增强企业剩余控制权。但是，内源融资的能力及其增长要受到企业的盈利能力、净资产规模和未来收益预期等方面的制约。

2．外源融资

外源融资是指企业通过一定方式从外部融入资金。外源融资是处于起步和成长阶段的企业获取资金的重要渠道，它包括银行借款、发行债券、融资租赁和商业信用等负债融资方式与吸收直接投资、发行股票等权益融资等形式，其对企业的资本形成具有高效性、灵活性、批量性和集中性等特点。

企业融资是一个随自身的发展由内部融资到外部融资的交替变换过程。创业之初，主要依靠内源融资来积累；随着企业逐步成长，抗风险能力增强，内源融资难以满足运作规模的要求，外源融资就成为企业扩张的主要手段。当企业具备相当规模后，自身有了较强积累能力，则又会逐步缩小外源融资总量，转而依靠自身雄厚的积累资金来发展。

辩证地讲，内源融资是外源融资的基本保障，外源融资的规模和风险必须以内源融资的能力来衡量。通常是在内源融资不能满足要求的时候，才考虑通过外部融资渠道来解决。

（二）直接融资和间接融资

1．直接融资

直接融资是指不经金融机构的媒介，由政府、企事业单位及个人直接借给企业或投入企业的融资活动，即资金供求双方之间直接融通资金的方式，其融通的资金直接用于生产、投资和消费。

直接融资具有直接性、长期性、不可逆性（股票无需还本）和流通性（股票与债券可在证券二级市场上流通），直接融资的工具包括商业期票、商业汇票、股票和债券等。直接融资的形式包括发行股票和债券、政府拨款、占用其他企业资金、民间借贷、内部集资、预收货款和延期付款等。

在直接融资活动中，企业处于主动的地位，对融资的时间、数量、成本等均可主动做出选择，在总量上不受资金来源的限制；但也存在局限性，主要表现为易受融资双方资信的限制,受融资的时间、地点、范围的限制,同时其成本要高于间接融资。

在直接融资中,由于信息不对称,一方面,投资者要求资金使用者的经营活动具有较高的透明度,而不管规模大小,企业为达到较高的透明度所需支付的信息披露、社会公证等费用差别不大,因此新创企业筹集单位资金的费用相对就很高;另一方面,信息不透明程度越高,资金提供者所要求的风险补偿就越高,往往只有能够实现高收益的高科技企业才有条件进行。

2. 间接融资

间接融资是指通过金融机构作为信用媒介,由最后借款人间接向最后贷款人进行的融资活动,如企业向银行、信托公司进行融资等。间接融资具有与直接融资截然相反的特性,即间接性、集中性、安全性、周转性。即资金的初始供应者和资金的需求者不直接发生借贷关系,而是由中介机构把众多供应者的资金集中起来贷给需求者,具体的交易媒介包括货币、存款、银行汇票等。另外,像"融资租赁""票据贴现"也都属于间接融资。由于银行或非银行金融机构资金实力雄厚,内部管理严格,使风险可以得到有效分散和管理,因此,融资风险较小,信誉度高,稳定性强。

在间接融资中,由于金融媒介能够以较低的成本,事先对资金的使用者进行甄别,并通过合同对资金使用者的行为进行约束,在事后亦继续对资金使用者进行监督,对资金使用者信息透明度的要求相对较低。因此,银行信贷方式就成为新创企业外部融资的常用方式。

(三)债权融资和股权融资

1. 债权融资

债权融资是指企业通过向个人或机构投资者出售债券、票据等筹集资金,借出方则成为公司的债权人,获得该融资企业还本付息的承诺。其主要的渠道有金融机构贷款、向亲朋好友借贷、民间借贷、租赁融资、企业债券(企业向社会公众发行债券)以及政府借贷等。向亲朋好友借钱是债权融资的最初阶段,发行债券则是最高阶段。债权融资的特征为:

(1)短期债权融资的操作比较简单,具有时间短、利率高、额度小的特点,不能为企业提供长期持久的资金支持。

(2)企业通过债权融资所引入的资金形成公司的负债,必须根据借款协议按期归还并支付利息,在形式上采取的是有借有还的方式。公司不仅要对债权人支付利息,即资金使用费,而且在债务到期时还要向债权人偿还本金,因而使企业在较短时期内承受很大的还款压力。即使在企业遇到困难,需要进行清算的过程中,债权融资相对权益性融资来说必须优先偿还。

(3)当创业项目的投资利润率高于借款的利息率时,债权融资能够提高公司所有权资金的回报率,因而具有财务杠杆的作用。

(4)债权融资的成本可计入公司财务成本,冲减应税所得额,因而具有税盾效应。

(5)债权融资形成债权人对公司的债权控制,不直接影响企业的股东及股权结构。

2. 股权融资

股权融资是指企业的股东愿意让出部分企业所有权,通过企业增资的方式引进新的股东的融资方式。股权融资所获得的资金,企业无须还本付息,但新股东将与老股东同样分享企业的赢利与增长。股权融资的主要渠道包括天使投资、风险投资、与其他企业合资、争取国家财政投资、公开向社会募集发行股票等。自己出资是股权融资的最初阶段,发行股票是最高阶段。出资者称为企业的投资者,投资者的目的不是获得短时间内的稳定收益,而是分享企业发展的潜在权益或净资产,将在该企业中享有所有者权益。股权融资的特征为:

(1)股权融资所引入的资金不需直接偿还,也不需支付利息或按期还本,但需要根据企业的经营状况向股东支付红利。

(2)股权融资筹集的资金形成公司的股本,股本是公司从事生产经营活动和承担法人责任的基础,也是股东对公司实施股本控制和取得收益分配权以及剩余财产索取权的基础。

(3)股权融资是决定公司对外举债的基础,即公司对外举债能力的大小取决于股权融资数额的大小,因而股权融资具有"财务的杠杆性"。

(4)股权融资稀释公司股权,随着新股东的引入,引起公司控制权、收益分配权和剩余财产分配权的相应改变。

股权与债权融资体现了不同的财产关系。股权融资体现的是所有权与控制权的关系,投资者是企业的股东,享有企业的剩余索取权和最终控制权;债权融资体现的是债权债务关系,金融机构作为信用中介,拥有对企业的相机控制权,即只有企业不能按合同履约时,其控制权才会转移到银行手中。股权与债权融资的选择主要涉及企业控制权的分散甚至转移。控制权的改变不仅直接影响企业生产经营的自主性、独立性,原有股东的利益分配,而且当失去控股权时,还可能会影响到企业的长远发展。因此,一般在条件允许的情况下,应尽量考虑采取债权融资。但在下述几种情形,企业采取股权融资也是一种明智的选择:一是企业难以满足债权融资的要求(包括信用、资产、抵押等条件);二是企业经营风险和预期收益均较高,原有股东希望分散风险、共享收益,而债权人要求的收益率超出企业当期的承受能力;三是引入股权投资者有利于提高企业的竞争能力。如与有良好声誉和实力的风险投资家合作,或者与拥有强大技术或市场资源的大企业合作,可使企业迅速做强做大。

对于高科技新创企业,寻找合适的权益性投资是十分必要的。吸收股权投资除了要求企业本身具备投资的吸引力以外,还需要投入专门的人力与时间精力设计好融资策略方案、撰写高质量的商业计划,并找到与投资方接洽的合适途径,以及在与投资方的接洽过程中,需要准备好关于公司的各种翔实资料接受投资方的严谨审查等。

三、创业融资应注意的几个问题

1. 融资总收益要与融资风险相匹配

首先,测算融资的最终收益有多大;然后,列举出企业可能遇到的风险因素,并用经验预测这些风险一旦转化为损失,损失到底有多大。如果融资的最终收益大于这些损失,并且企业能够接受这样的损失,也就是说,融资收益是与融资风险相匹配的,那么,企业融资行为是可行的。

2. 选择最佳融资机会

融资机会是指由有利于企业融资的一系列因素所构成的融资环境和有利时机。环境变化会增加成本和难度,融资过早会导致资金闲置,过晚则丧失机会。关于融资机会的把握,主要考虑的因素有国内外利率、汇率等金融市场的各种信息、国家的宏观经济形势、具体融资方式所具有的特点和企业自身的实际情况。

对前景看好的企业而言,融资渠道和方式可能有很多选择,要选择最佳融资机会,就必须结合分析内外环境的现状和未来发展趋势对融资渠道和方式的影响,从长远和全局的视角来选择融资渠道和方式。

3. 尽可能降低企业融资成本

融资成本是指企业实际承担的融资代价,包括融资费用和资金使用费用。融资费用是企业在资金筹集过程中发生的各种费用;资金使用费是指企业因使用资金而向其提供者支付的报酬,如股票融资向股东支付股息、红利,发行债券和借款支付的利息等。

融资成本由低到高的一般排序:财政融资、内部融资、银行融资、发行债券融资、发行股票融资。

4. 制定最佳融资期限

融资期限的长短主要由资金的用途和风险偏好决定的。风险偏好大体可分为三种类型:

(1)稳健型。对波动性资产采用短期融资,对永久性资产采用长期融资。

(2)激进型。用长期资金满足部分永久性资产的需求,其余全部用短期资金满足(风险大)。

(3)保守型。用长期资金满足部分甚至全部波动性资产(成本高)。

5. 寻求最佳资本结构

资本结构是指企业各种资本的价值构成及其比例关系,是企业一定时期筹资组合的结果。最佳资本结构便是使股东财富最大或股价最大的资本结构,亦即使公司资金成本最小的资本结构,包括股权融资和债权融资是否平衡的问题,以及如何决定最佳资本结构的问题。从企业的实践来看,股权和债权的结构主要受企业所处行业的影响,不同行业对最佳资本结构有不同的标准。

6. 保持合理的企业控制权

新创企业的成功,需要多方面力量的支持,而在获取这些支持时,很可能涉及控制权的让渡。原则上,只要有利于企业的发展,出让部分控制权是可以接受的。但在企业发展的初期,创业者保持对企业的实际控制权是很有意义的。

企业控制权主要体现在以下三个方面:

(1)控制者进入相关机构(董事会或监事会)的权利。

(2)能够参与企业决策,并对最终决策具有较大的影响力。

(3)在有要求时,利益能够得到体现,如改善工作条件,有权参与分享利润等。

第二节 创业融资方式

随着市场经济的发展以及政府对个人创业的重视,创业融资难的问题正在逐步化解,多种市场化和社会化的融资方式,基本可以解决个人创业的融资需求。处在创业周期不同的阶段,其可供选择的融资方式也不同。创业者要熟悉主要的融资方式,了解融资选择的主要影响因素,正确选择融资方式。

一、创业初期融资方式

当前,大学生想要自主创业的意识越来越明显,他们不再依赖家长、学校,而是主动发现、寻找机遇,走创业之路。但是作为创业,需要"兵马未动,粮草先行"。在创业前期,钱是创业的资本。怎样在创业前期搞好融资得到第一桶资金,对创业者来说是很重要的,也是对于每个创业初期企业的最大挑战,而大学生创业面临的是社会经验的不足,社会关系的缺乏,融资更是难上加难。

要突破资金障碍,首先要了解融资方式。融资即融通资金,是筹集资金的行为与过程,也就是创业者根据自身的生产经营状况、资金拥有的状况以及未来经营发展的需要,采用一定的方式,从一定的渠道去筹集资金,组织资金的供应的行为。

(一) 自有资金和向亲友借款

融资最直接的方式就是动用自己的储蓄,它是创业启动资金的重要来源。但对于大学生创业者而言,在校读书基本是一个纯消费过程,个人的储蓄非常有限。调查显示,基础服务业和个人消费服务业创业初期投资大部分在 5 万~10 万元之间,而工业加工业以及农产品加工业的资金进入门槛分别为 30 万元和 10 万元。能在毕业之际拿出这么大数额创业资金的大学生是少之又少。

当自有资金不足时,最容易想到的是向亲朋好友借钱。国内权威大学生就业调查机构、《大学生就业蓝皮书》主要撰写方——麦克思公司 2009 年 8 月 11 日发布的调查报告显示,2009 届大学本科毕业生的创业资金 82% 来自个人和家庭。

很多时候,创业者要借钱都会遇到或多或少的阻力,向亲人朋友借钱是大学生创业阶段最容易实现的融资方式。家庭成员的血缘关系和亲友的信任都是天然的资源。只要他们有一定的经济基础,并支持大学生创业,从他们那里筹到创业资金不是难事。此外,向家人和朋友借钱的传统也是一个"双赢"的模式,因为这样做的话,借款利息相比市场一般借款利率会低 2%~3%;对于出资人来说,获得的利息相比储蓄利息率会高 1%~2%。

不过,创业者若进入资金门槛比较高的行业,向亲朋好友所借得的钱也许只是杯水车薪,因此,大学生应努力多方寻求社会帮助,积极进行外源融资。

(二) 天使投资

在风险投资领域,"天使"这个词指的是企业家的第一批投资人,这些投资人在公司产品和业务成型之前就把资金投进来。天使投资人通常是新创企业家的朋友、亲戚或商业伙伴,由于他们对该企业家的能力和创意深信不疑,因而愿意在业务远未开展之前就向该企业家投入大笔资金。一笔典型的天使投资往往只是区区几十万元,是风险资本者随后可能投入资金的零头。

天使投资是自由投资者或非正式风险投资机构,对处于构思状态的原创项目或小型初创企业进行的一次性的前期投资。天使投资虽是风险投资的一种,但两者有着较大差别:天使投资是一种非组织化的创业投资形式,其资金来源大多是民间资本,而非专业的风险投资商;天使投资的门槛较低,有时即便是一个创业构思,只要有发展潜力,就能获得资金,而风险投资一般对这些尚未诞生或嗷嗷待哺的"婴儿"兴趣不大。

(三) 风险投资

广义的风险投资,泛指一切具有高风险、高潜在收益的投资;狭义的风险投资,是指以高新技术为基础,生产与经营技术密集型产品的投资。根据美国全美风险投资协会的定义,风险投资是由职业金融家投入到新兴的、迅速发展的、具有巨大竞争潜力的企业中的一种权益资本。

在许多人眼里,风险投资家手里都有一个神奇的"钱袋子",从那个"钱袋子"掉出来的钱能让创业者坐上阿拉丁的"神毯"一飞冲天。但风险投资是一种高风险、高回报的投资,风险投资家以参股的形式进入新创企业,投资期限至少在 3～5 年,投资方式一般为股权投资,通常占被投资企业股权的 15%～20%。风险投资者一般积极参与被投资企业的经营管理,提供增值服务。为降低风险,在实现增值目的后会退出投资,而不会永远与新创企业捆绑在一起。而且,风险投资比较青睐高科技新创企业。

（四）政府扶持资金

创业者还要善于利用政府扶持政策,从政府方面获得财政资金。近年来,各级政府为了增强本地区新创企业的竞争力,不断采取各种方式扶持科技含量高的产业或者优势产业,相继设立了一些基金和专项资金,如中小企业技术创新基金,国家科技部的 863 计划、火炬计划,各高校设立的大学生创业基金等。

此外,各地方政府还颁布了多种地方性优惠政策,如早在 1997 年杭州市创办高科技企业孵化基地时,就规定对通过资格审查进驻基地的企业将提供免 3 年租费的办公场所,并给予一定的创业扶持资金。全国其他地方,如上海的张江高科技园区、北京的中关村高科技园区等,都有类似的创业优惠和鼓励政策。巧妙地利用这些政策和政府扶持,可以达到事半功倍的效果。

政府扶持资金,堪称"免费皇粮"。但是政府扶持资金因为是面向特定行业和用途的,因此面太窄,并不是所有创业者都适合这一融资方式。

（五）银行贷款

银行贷款是指银行根据国家政策以一定的利率将资金贷放给资金需要者,并约定期限归还的一种经济行为。银行贷款的种类有很多,对于企业而言主要有经营性贷款和政策性贷款。新创企业由于刚刚起步,企业发展前景不够明朗,市场认可度有待验证,缺乏信用记录、稳定的现金流量和利润,没有满足银行要求的充足的抵押品,很难从银行获得常规的经营性贷款。

银行贷款的优点是利息支出可以在税前抵扣,融资成本低,运营良好的企业在债务到期时可以续贷;缺点是一般要提供抵押(担保)品,还要有不低于 30% 的自筹资金;由于要按期还本付息,如果企业经营状况不好,就有可能导致债务危机。

（六）民间借贷

由于向银行提供足够的资产担保并非易事,民间借贷是获得创业资金的另外一个重要渠道。民间借贷是一种民间调剂资金短缺,解决部分生产经营、生活中的特殊需求的信用补偿机制。它在银行和信用社力所不及的领域和范围内,起着拾遗补阙、取长补短的作用;从某种程度上,也体现了社会系统内部成员之间一种相互信赖、相互帮助的民间关系;尤其是在我国各种经济成分高速发展的今天,民间借贷的存在和发展对于经济的互动和发展有着重要的价值和实际意义。

（七）典当融资

在中国近代银行业诞生之前,典当便是民间融资的重要渠道,在调剂余缺、促进流通等方面起着相当大的作用。典当是以实物为抵押,以实物所有权转移的形式取得临时性贷款的一种融资方式。这种"以物换钱"的融资方式,只要顾客在约定时间内偿还本金并支付一定的综合服务费(包括当物的保管费、保险费、利息等),就可赎回当物。典当融资对借款人的资信条件要求低,手续简便灵活,可以满足急需,是新创企业、个体工商业主和居民个人的快捷融资渠道。

(八) 个人创业贷款

个人创业贷款,是一种专门针对创业或再创业而发放的贷款,由具有一定生产经营能力或已经从事生产经营活动的个人,向银行提出资金需求申请,经银行认可有效担保后发放。符合条件的借款人,根据个人的资源状况和偿还能力,最高可获得单笔50万元的贷款支持;对创业达到一定规模或成为再就业明星的人员,还可提出更高额度的贷款申请。个人创业贷款的期限一般为1年,最长不超过3年。为了支持下岗职工创业,创业贷款的利率还可以按中国人民银行规定的同档次利率下浮20%,许多地区推出的下岗失业人员创业贷款还可享受60%的政府贴息。

(九) 融资租赁

融资租赁是一种以融资为直接目的的信用方式,表面上看是借物,而实质上是借资,以租金的方式分期偿还。该融资方式具有以下优势:不占用新创企业的银行信用额度,创业者支付第一笔租金后即可使用设备,而不必在购买设备上大量投资,这样资金就可调往最急需用钱的地方。融资租赁这种筹资方式,比较适合需要购买大件设备的初创企业,但在选择时要挑那些实力强、资信度高的租赁公司,且租赁形式越灵活越好。

二、创业成长期融资方式

在成长期,企业销售迅速扩大,产品潜力逐渐显现,管理队伍已经成型,公司的生产、销售、服务已逐渐步入正轨。在这一阶段,对资金的需求主要体现在企业的营运资金、扩大固定资产的投资、扩大流动资金的保证、增大营销的投入等。由于资金需求特征发生了变化,融资方式也有了新的选择。

(一) 短期资金融通——商业信用

新创企业在短期内缺乏资金,可以选择商业信用。商业信用是指企业在正常的经营活动和商品交易中由于延期付款或预收账款所形成的企业常见的信贷关系。商业信用的基本形式主要有赊购和预收货款。

1. 赊购

赊购是指购买商品时不付现金,由买卖双方商定货款在未来指定期限内一次或者分为几次还款。对买方来说,获得延期付款的资金融通便利,要付出较高的货价,实际是短期融资的成本,这种成本,往往以现金折扣的形式存在。

现金折扣又称销售折扣,是指企业为了鼓励购买方在信用期内早日付款而给予一定折扣,它是一种催账手段。现金折扣的条件通常写成:"现金折扣/折扣期限,n/偿付期限",如"3/10, 2/20, n/30","3/10"是指在10天内付款,可享受3%的折扣;"2/20"是指11天以上20天以内付款,可享受2%的折扣;"n/30"是指允许赊账的最长时间为30天,且20天以上到30天以内付款,则不享受现金折扣优惠,按原价付款。现金折扣一般为发票金额的1%～5%。对于购买方来说,接受现金折扣无异于得到一笔理财收益;若放弃现金折扣,在信用期内,则可占用销售方的资金,相当于得到一笔贷款。

赊购是不出物、不出借据,只凭企业长期经营中建立的信誉和经济实力就从供应商方面获得了短期资金来源,满足短期资金的需要。因此,企业在作赊购决策时,要对供应商提供的现金折扣条件进行权衡,充分考虑其对利润和资金成本的影响。

2. 预收货款

预收货款是指销货方按照合同或协议规定,在发出商品之前向购货方预先收取部分或全部货款的信用行为,即卖方向买方先借一笔款项,然后用商品归还。对卖方来说,这也是一种短期融资方式。

预收货款通常是买方在购买紧缺商品时乐意采用的一种方式,以便取得对货物的要求权。而卖方对于生产周期长、售价高的商品,经常要向买方预收货款,以缓和公司资金占用过多的矛盾。

(二)创业投资接力基金

大学生新创企业起步后,如果想继续扩大规模,往往为融资犯愁。他们普遍反映,如果想继续扩大规模,后续资金问题较难解决,急需一种介于"种子基金"和大规模商业化风险投资之间的"接力基金"提供帮助。

2008年11月19日,由上海科技投资公司、上海杨浦创业投资有限公司、上海市大学生科技创业基金会三方发起,共同成立了"大学生创业投资接力基金",为大学生创业者提供了一条新的后续融资渠道。

接力基金的投资对象,比商业性风险投资关注的企业在发展程度和规模上略小,更适合起步不久、成长性好的大学生新创企业。同时,将按一定优惠政策和激励机制,联合创业投资机构和天使投资人对优秀大学生新创企业进行共同投资,并进一步推动优秀新创企业与风险投资基金的对接,进一步完善大学生新创企业的融资体系,帮助优秀新创企业快速成长。

接力基金委托上海新中欧创业投资管理有限公司进行管理。管理方云集多位毕业于中欧国际工商学院的成功创业家,他们同时还将担任"创业导师"的角色。接力基金对其投资的每家企业,都会有一位在相关行业有丰富经验的企业家作为项目负责人。通过为目标企业配备企业创业导师,为企业导入创业经验、行业资源、人脉关系以及各种人才和资源,帮助大学生新创企业成长。接力基金单个项目投资额原则上不超过人民币500万元。

(三)上市融资

上市融资是指公司可通过在证券市场,特别是创业板上市募集资金。上市融资募集的资金数额大,企业一次募股资金少则几千万元,多则达数亿元甚至10亿元以上。而且企业上市后,有助于提高知名度,又可进一步增发、配股、发行可转债,融资能力空前提高,市场竞争力也会很强。

不过,上市融资的门槛很高。此外,股市不好时,实际上是便宜卖公司股权。并且,上市公司始终有维持成长的压力,而一般股东与创业者对公司的关注角度是有差距的,二级市场的股东更注重短期回报,而短视不利于公司的长远发展,使公司容易被市场牵着鼻子走,因为流通股价最终影响到企业的发展。

(四)引入战略投资者

战略投资者是那些谋求战略发展利益,愿意长期持有某一企业较大股份,并积极参与企业公司治理的法人投资者。

战略投资人除了要求公司投资回报条款之外,通常另有其他特殊要求,诸如对公司技术、产品、市场、未来购买权等战略发展利益的要求。在与战略投资人谈判中,创业者应掌握的底线是,无论如何,你必须拥有一定的主动权和控制权。

引入战略投资者的主要程序如下所述。

1. 寻求战略投资者

在准备引入战略投资者之前,首先要对准备引入的战略投资者有整体性了解,包括资质情况、业绩情况、提供的增值服务情况等。

2. 与战略投资者谈判

企业自身应该准备好必要的文件资料,最重要的是企业的商业计划书,主要内容包括公司背景、所需金额及用途、公司组织机构、市场情况、生产状况、财务状况、前景预测和风险因素等。

3. 签订合作协议

双方必须明确两个问题:一是双方的出资数额与股份分配,其中包括对投资企业的技术开发设想和最初研究成果的股份评定;二是创建企业的领导层人员的构成和双方各自担任的职务。

三、影响创业融资方式选择的主要因素

1. 企业的经营时间和发展阶段

一般情况下,自主创业由于规模小、风险大、资产少,大多都通过私募的方式来获得创业的初始资本金。新创企业由于市场需求的不确定性和生产规模有限,难以承担高额负债成本,因而一定要高度重视企业的内部积累,避免过度地负债经营。当企业生产经营规模逐步扩大时,内源融资可能无法满足企业生产经营的需要,此时,外源融资将成为保障企业扩张的主要融资手段。如果企业的管理尚不够规范、透明度还不高,则间接融资将是新创企业主要的外源融资方式。

2. 企业所涉足的行业的情况与技术水平

由于不同行业的企业所面临的竞争环境、行业集中度及经营战略等不同,因此,不同行业的企业其最佳资本结构是不同的。科技产业、技术水平要求高的企业,经营风险较大,预期收益也较高,可考虑直接融资的方式;对于从事传统产业、技术水平要求相对较低的企业,经营风险较小,预期收益也较低,可考虑间接融资的方式。

3. 企业的潜在增长能力和发展前景

企业的潜在增长能力的高低和发展前景的好坏也会影响融资渠道的选择。对潜在增长能力高、发展前景好的高成长性企业来说,其对资金的需求也大,对外部资金的需求相当迫切,但短期内融资成本可能大于企业的收益,而从长期看,企业的利润会快速增长,企业会得到健康发展。因而,创业者在考虑融资时,不应仅仅考虑当年的盈利情况,而是要考虑长期的盈利可能,作出对企业生存和发展有利的选择。

4. 融资成本和风险

在债务融资中,投资者的债务在一定时期内收益是固定的;而在权益融资中,投资者的潜在收益是不受限制的。因此,在大多数情况下,权益融资的成本要比债务融资的成本高。

就内源融资和外源融资比较而言,内源融资的成本相对更低、风险相对更小,而外源融资的成本相对更高、风险相对更大。所以,创业者在融资时,应充分考虑到各种融资方式的成本和风险等特点,从中选择适合自身需求的融资渠道。

5. 融资环境的状况

融资环境是由影响融资的一系列因素构成的,包括市场利率及期限结构、股市的现状和走势、政府的财政政策和货币政策、各类金融机构的状况等。创业者对融资环境的状况和变化应保持足够的敏感度,要善于抓住其中的机遇和规避其中的风险,合理分析和预测企业融资的各种有利和不利条件,以便把握最佳的融资机会,从而选择出最有利的融资方式。

第三节　债权融资方式

债权融资方式是指企业通过借钱的方式进行融资,债权融资所获得的资金,企业首先要承担资金的利息,另外在借款到期后要向债权人偿还资金的本金。对于创业融资来说,常用的债权融资方式包括民间信用借款、银行贷款和融资租赁。

一、民间信用借款

民间信用借款是指借贷双方以信用为基础,通过签订书面借贷协议或达成口头协议形成特定的债权债务关系,从而产生相应的权利和义务。狭义的民间信用借款是指公民之间依照约定进行货币借贷的一种民事法律行为。广义的民间信用借款除上述内容外,还包括公民与法人之间以及公民与其他组织之间的货币的借贷。

(一) 民间信用借款的特征

当前,由于我国商业银行为了控制风险,贷款对象主要是一些信誉好的大中型企业,个人和中小企业很难通过正常渠道满足资金需求,在民营经济发达的沿海地区,民间信用借款这一金融行为便应运而生。一些民营的中小企业的资金来源仍然是以民间信用借款为主。尽管监管部门严格限制各种形式的民间融资活动,但民间信用这种民间金融活动不仅没有消亡,反而有了进一步的发展。事实上,与银行相比,民间信用还有着独特的优势。现阶段,民间信用借款主要具有以下一些特征。

1. 参与主体的广泛性

其参与主体包括城镇居民、个体工商户、民营企业主、农户甚至企事业单位工作人员。其中,借款者大多是个体工商户和私营企业主,放款者包括资金富裕的工商户和企业主。可以看出,当前我国民众和中小企业本身都积极参与了民间信用借款。

2. 资金来源的广泛性

由于民间借贷参与的主体广泛,其资金的来源也具有广泛性。不但包括农户、个体工商户和企业的自有资金,甚至私募基金、信贷资金、海外热钱等也出现在民间借贷领域。

3. 借贷方式的灵活性

为了缩短资金到位的时间,提高资金的使用效率,民间信用借款以现金交易为主,而且交易方式灵活,没有抵押物,有的是口头协定,有的是打借条。而从银行借款,都有严格的审批手续,需要较长的放款周期,并且很多还需要抵押品。与正规借贷相比,尽管近年来民间信用借款的手续日趋规范,但其手续仍较为简便。

4.借贷形式多样化

传统的民间借贷形式,主要有互助会、合会、民间放贷、银背、企业集资、私人钱庄等,而随着社会的不断发展,人们生活模式、消费方式的不断变化,民间借贷在形式上也"与时俱进",出现了一些具有时代特点的形式,如浙江一些以汽车俱乐部为代表的会所兼有民间借贷行为,又如有些民间借贷活动是在互联网上,通过聊天室完成的。

5.借贷金额扩大化

民间借贷金额从小额逐渐向大额转化,民营企业特别是规模小的企业由于达不到银行贷款条件,纷纷采取民间借贷以满足经营资金需要,致使借贷金额不断扩大。

6.借贷期限自由

在现有间接融资体系中,对民营企业的贷款期限通常在1年以内。由于投资项目审批制度改革尚未完全到位,加上银行担心长期贷款带来的风险,几乎没有一家银行向个体私营企业真正开放基建和技术改造贷款科目,中小民营企业很难从银行获得长期资金。为了满足长期资金周转的需要,一些企业不得不采取短期贷款、多次周转的办法,从而增加了企业的融资成本。更为值得关注的是,现有间接融资渠道根本无法满足个体私营企业二次创业和进行技术改造、开发高科技项目的资金需求。而通过民间信用融集的资金,在时间期限上则相对宽松,这对企业很有益。随着民间借贷用途的变化,即从保障性质的互济互助转向商业性质的资金融通,借贷期限也随之发生变化。

7.借贷利率市场化

在目前情况下,民间信用借款除了极少部分贷款不计算利息或者仅参照银行贷款利率之外,其利率都是随行就市,且一般高于银行的贷款利率,特别是为了投资而产生的民间借贷,比银行贷款利率要高出很多,更有一些民间借贷是属于非法的高利贷。如2005年银行、信用社的利率月息一般在5%～7%之间,而民间信用借款利率月息一般在8%～12%之间,最低6%,最高15%。

（二）民间信用借款的主要要素

民间信用借款会形成特定的债权债务关系。债权债务关系是我国民事法律关系的重要组成部分,这种关系一旦形成便受法律的保护。

（1）民间信用借款是出借人和借款人的合约行为。借贷双方是否形成借贷关系以及借贷数额、借贷标的、借贷期限等取决于借贷双方的书面或口头协议。只要协议内容合法,都是允许的,受法律的保护。

（2）民间信用借款成立的前提是货币的实际支付。借贷双方间是否形成借贷关系,除对借款标的、数额、偿还期限等内容意思表示一致外,还要求出借人将货币或其他有价证券交付给借款人,这样借贷关系才算正式成立。

（3）民间信用借款的款项必须是属于出借人个人所有或拥有支配权的财产。不属于出借人或出借人没有支配权的财产形成的借贷关系无效,不受法律保护。

（4）民间信用借款可以有偿,也可以无偿,是否有偿由借贷双方约定。只有事先在书面或口头协议中约定有偿的,出借人才能要求借款人在还本时支付利息。

（三）民间信用借款的主要形式

民间信用借款的形式很多样。随着社会的不断发展,人们生活模式、消费方式的不断变化,民间借贷在形式上也"与时俱进",出现了一些新的形式。当前主要的民间信用借款形式主要有以下几种。

1. 民间自由借贷

民间自由借贷是一种不经第三者中转,而由借贷双方直接进行的借贷活动,也是最原始意义上的金融形式。尽管难以进行考证,但可以肯定地说,民间自由借贷是我国最古老的一种民间金融活动。现代民间自由借贷是指在城乡居民之间或居民与企事业单位之间直接发生的借贷活动。这一形式的民间金融在我国广大的农村地区尤为盛行。按照有无借贷利息或借贷利息高低可分为无息借贷、低息借贷和高息借贷三种形式,其中以第二种形式居多;按借贷标的又可分为借货币还货币、借货币还实物、借实物还货币和借实物还实物四种形式,其中,以第一种形式居多。民间自由借贷具有很大的局限性:借贷金额小,借贷范围窄,不能适应不断扩大和日益活跃的商品生产和经营的需要;借贷行为不规范,容易引起债务纠纷。民间自由借贷主要活跃于经济欠发达的中西部地区,在众多的民间金融形式中,它处于最低级的一端。

2. 民间合会

民间合会很早就在我国民间流行,是一种小规模的群众融资形式,也称成会、聚会等。最初意义上的合会通常由一位需要资金的人主动邀请若干亲友组成一会(邀会之名由此得来)。主动邀会者称为会首,其他被邀者称为会脚。合会组成之后,约定每隔一定时间举会一次,每次聚集一定的款额(称为会金,通常为整数),轮流交给会员中的一人使用,借以互助。第一期会金归会首,其余各期会金按一定顺序归会脚获得,直到全体会员皆已获得,一会的生命就算结束。实际上,先得会金者相当于整借零还,后得会金者相当于零存整取。目前,我国现存的各类合会的运作方式与传统的合会基本上相同,但合会的规模(包括会员人数和会金)更大,种类更为丰富。不同种类的合会往往是以确定会脚、获得会金次序的不同方式区分,如轮会由会员预先确认获取会金的次序,摇会按摇骰子的方式确定会脚获得会金的次序,标会按利息投标方式确定会脚获得会金的次序。传统的合会一般限于亲友和邻里街坊之间,聚会的目的多为解决生活中的临时困难,其中包含更多的人情味和互助色彩,通过合会进行融资的利率很低甚至没有利息。而现在的合会更多地出于投资的目的,聚会的范围更广,融资的规模更大,融资的利率也更高。正因如此,现在的合会主要活跃于经济较为发达的沿海地区。

3. 银号和私人钱庄

钱庄又称银号,是我国古老的民间金融形式之一。北宋时的"钱铺",实际上就是早期的钱庄。明朝时期,钱庄已很普遍。到了清朝,钱庄与票号鼎足而成为我国当时最主要的民间金融机构,在解放初期钱庄已全部消失。现代钱庄的再度出现,是20世纪80代中期的事。此前,一种在浙江叫"银背"、福建称"钱中"的借贷中介人,其从事的借贷中介业务与钱庄相似。银背和钱庄在商品经济比较发达的浙江、福建等沿海地区很流行,这与合会的地区分布特征较为类似。这些地区的经济发展主要是由乡镇企业等非国有经济所带动,但当地的正规金融体系却不能提供相应的融资支持,民间自由借贷、合会等简单小规模的融资方式也不能满足其借贷需求,于是产生了以银背和钱中为借贷中介的间接融资方式。银背和钱中往往有一定的资金实力,在当地有较高的社会地位和良好的声誉。他们信息灵通,熟悉本地居民和企业的资金情况,通过撮合借贷双方的交易,从中收取手续费。有些通过吸收资金和放出贷款,从中收取利差,其特点与放高利贷者有些类似。银背和钱中的经营规模扩大后,有的还进一步制作单据,建立账册,规定存贷利率,发展为私人金融家(民间的一种俗称)和钱庄。他们一般在暗中经营,实行资金高进高出。在当时备受各方关注,但很快归于沉寂,原因是 1986 年 1 月国务院颁发了《银行管理暂行条例》,明确规定个人不得设立银行或其他金融机构,不得经营金融业务。其后,这些公开营业的钱庄都被摘牌。但事实上,私人钱庄的业务并未因此消失,而是重新转入地下,以银背或钱中的方式进行。私人钱庄是一种较为组织化、规范化的间接融资方式,其影响远远超过民间自由借贷、合会等直接的民间融资方式。

4. 农村内部(社区内)融资组织

如果说上述三种民间信用借款形式是我国传统民间金融组织的"复兴",那么,在我国农村地区广为存在的农村合作基金会、互助储金会和金融服务公司(或称金融服务社)等,以互助或融资为目的的所谓互助合作组织,则是适应改革开放后农村经济发展状况的民间金融组织的创新。尽管目前农村的各种互助合作融资组织的产生、发展和地区分布不尽相同,但其所从事的业务大同小异,即在农村地区开展借贷融资业务,服务于农村经济发展。农村各种内部融资组织中,尤以农村合作基金会最为普及,很多民间金融和农村金融的研究者往往不加区别地以农村合作基金会来概括。农村内部融资组织主要有农村合作基金会、互助储金会、金融服务公司三种形式,它们在起因、地区分布等方面是有所区别的。农村金融服务公司(金融服务社)其实是农村合作基金会的一种较为高级的形式,有人称之为专业性农村合作基金会。相对于普通的农村合作基金会而言,金融服务公司更多地倾向于为农村的非农经济实体提供融资服务。基金会在十余年的发展中,为我国农村经济的快速发展和乡镇企业的崛起作出了相当大的贡献。因此,农村合作基金会是比较适合我国农村和农业经济发展的一种内部融资组织,尤其在农业银行和农村信用社缺位的情况下,它发挥了补充和完善我国农村金融体系的积极作用。

二、银行贷款

银行贷款是指银行根据国家相关政策,以一定的利率将资金贷放给资金需求者,并约定期限还本付息的一种经济行为。

(一)银行贷款的类型

新创企业要获得银行贷款需具备良好的银企关系,在向银行申请贷款时,需要突出投资项目特点和盈利能力,选择合适的贷款时机,取得中小企业担保机构的支持。目前,我国中小企业贷款主要有以下几种形式。

1. 创业贷款

创业贷款是指具有一定生产经营能力或已经从事生产经营活动的个人,因创业或再创业提出资金需求申请,经银行认可进行有效担保后发放的一种专项贷款。根据个人资产状况和偿还能力,符合条件的借款人最高可获得单笔 50 万元的贷款支持,创业贷款的期限一般为 1 年,最长不超过 3 年。为支持下岗职工创业,创业贷款利率按照中国人民银行规定的同档次利率下浮,并可享受一定比例的政府贴息。

2. 抵押贷款

抵押贷款是创业者可选择的有效融资途径,创业者可灵活地将个人消费贷款用于创业,也可以不动产、动产和无形资产为抵押向银行申请贷款。抵押贷款金额一般不超过抵押物评估价的70%,贷款最高额度为30万元。如果创业者拟购商业房,可以商业房为抵押向银行申请贷款,贷款金额一般不超过拟购商业房评估价值的60%,贷款期限最长不超过10年。

3. 质押贷款

质押贷款的范围相对较广,涵盖了存款单、国库券、提货单、商标权、工业产权等,质押贷款手续相对简单便捷,以保险公司保单为质押,可贷到存单金额的80%左右;以国债为质押,可贷到国债面额的90%左右。

4. 保证贷款

创业者如果能够得到信用级别较高人员的担保,也可以在中国工商银行、中国建设银行等金融机构获得10万元左右的保证贷款。银行对担保人的职业有一定要求,主要包括律师、医生、公务员、事业单位员工以及金融行业人员等。

(二) 银行贷款应注意的问题

1. 多方比较慎选银行

目前,银行业竞争非常激烈,为了争夺市场份额,大多数银行会在国家规定贷款利率范围内进行贷款利率调整,因此,资金需求者在申请贷款时,要多作调查对比,尽量选择提供低利率的银行去贷款。

2. 合理规划贷款期限

根据投资项目的长短合理安排贷款期限。一般情况下,贷款期限越长,贷款利率就越高,即使是同一天偿还贷款,其支付的利息也越多;若所选贷款期限短而项目回收期长,则容易导致流动性不足,甚至引发破产风险。

3. 优选贷款方式

银行在贷款经营方式上主要有信用、担保、抵押和质押等,各种贷款方式支付的利率也有所不同。一般情况下,票据贴现和质押贷款的利率要低于信用贷款和担保贷款的利率。资金需求者在向银行贷款时,需要厘清不同贷款方式下的利率价差,选择适合的方式,以减少利息支出。

4. 慎签贷款协议

资金需求者在签订银行贷款协议时,应认真了解和明晰贷款协议中的各项内容,避免造成人为的"高息"。如有些银行存在留置存款余额贷款和预扣利息贷款,这些贷款方式无形中使资金需求者多掏利息,加大了资金需求者的融资成本。

三、融资租赁

(一) 融资租赁的概念

融资租赁又称金融租赁,是指需要筹措资金、添置设备的企业以付租金的形式向租赁公司借用设备,并且与设备所有权有关的全部风险和报酬转移到承租方的一种融资方式。它是目前国际上较为普遍的一种资本运作形式。符合以下情况之一者,即可判断为融资租赁:

第一,租赁期结束时,资产的所有权转让给承租人。

第二,承租人有购买资产的选择权,并且将来可能行使该权利。

第三,租赁期占资产使用寿命的大部分时间。

第四,在租赁开始日,租赁最低付款额的现值大于租赁资产的购置成本。

(二)融资租赁的特征

融资租赁作为一种将设备购置和融资相结合的资本运作模式,为承租方提供了便利,在现实中得到广泛应用。其主要具备以下基本特征:

第一,融资租赁一般涉及三方当事人(即出租人、承租人和供货商)和两个以上的合同(买卖合同和租赁合同),这三方当事人相互关联,两个合同相互制约。

第二,拟租赁的设备和供货人由承租人自行选定,出租人只负责按用户的要求给予融资便利,不负责设备缺陷、延迟交货等责任和设备维护的义务。

第三,出租人在基本租期内只将设备出租给一个特定的用户,从该用户收取的租金总额应等于该项租赁交易的全部投资及利润。

第四,设备所有权与使用权长期分离,所有权在法律上属于出租人,使用权属于承租人。

第五,设备的保险、保养、维护等费用及设备过时的风险均由承租人负担。

第六,基本租期结束时,承租人对设备拥有留购、续租或退租三种选择权。

(三)融资租赁的程序

办理融资租赁一般要经过以下九个步骤。这些步骤并非绝对循序渐进,可能互有交叉,步骤之间的繁简可能有较大差异。

1. 选定租赁物

承租人(新创企业)根据自己的需要,确定所需物品(设备)的名称、种类、规格、数量、性能、技术指标、售后服务及交货日期等,并与有关供货商洽谈商议。

2. 选择租赁公司

当企业决定采用租赁方式获取某项设备时,就应去了解各个租赁公司的经营范围、业务能力、与其他金融机构的关系及租赁合同的资信情况,取得租赁公司的融资条件和租赁费率等资料,并加以比较,从而择优选定。

3. 办理租赁申请

企业选定租赁公司以后,便可向其提出申请,办理委托。这时,融资企业需填写租赁申请书,说明所需设备的具体要求及使用承租设备的具体经济效益、承租期限、支付租金的来源、企业的财务状况文件(包括连续2年经会计师事务所审计的资产负债表)、利润表和现金流量表等、承租人营业执照复印件、公司章程复印件、公司验资报告复印件、法人代表身份证明、项目可行性研究报告等。

4. 租赁业务受理

租赁公司收到客户申请及提交的资料后,在规定时间内做出是否受理的选择,然后对项目、客户等进行调查与评估。

5. 签订租赁合同

签订租赁合同是租赁程序的中心环节。租赁合同由承租企业与租赁公司签订。它是租赁业务的重要文件,具有法律效力。租赁项目审批通过后,租赁公司将与承租人商谈有关融资租赁合同的具体细节,签订租赁合同,以出租人提供的合同文本为基础,确定租赁物、概算金额、租赁期限、偿还条件等。

我国《合同法》第238条规定,融资租赁合同的内容包括租赁物名称、数量、规格、技术性能、检验方法、租赁期限、租金构成及其支付期限和方式、币种、租赁期间届满租赁物的归属等条款。通常融资租赁合同的内容可分为一般条款和特殊条款两部分。

6. 签订购货合同

承租人与出租人订立委托协议,委托出租人按照自己确定的供货商、商定的条件和供货商签订购货合同。出租人以自己的名义与供货商签订购货合同,同时,承租人必须在购货合同上签名盖章。

租赁和购货合同并非完全独立的两个合同,而是相互影响的两个合同。例如,购货合同不成立、无效或解除,租赁合同也因而解除;租赁合同不成立、无效或解除,则购货合同可以解除,但解除购货合同须经三方当事人同意。

7. 办理验货

为减少租赁设备的往返运输,租赁设备一般由供应厂商直接向承租企业发货,但发票、运输单据等仍应送交出租人,出租人则按规定条件向厂商支付设备货款。承租企业按购货协议收到租赁设备时,要进行验收,验收合格后签发交货及验收证书,并提交租赁公司,租赁公司据此向供应厂商支付设备价款。

8. 办理设备保险

租赁设备保险有两种:一种是由承租人直接向保险公司办理并支付保险费;另一种是由出租人就其租赁设备向保险公司申请办理,出租人代垫保险费,日后计入租金之内并从承租人那里陆续收回,如发生保险范围内的事故损失,由出租方向保险公司索赔,保险理赔费归出租人所有,用以抵偿承租人尚未交付的租金。

9. 项目后期管理

执行融资租赁合同,承租企业落实资金计划,按期支付租金。租赁期结束后,双方办理租赁物所有权转移手续,结束租赁关系。

第四节 股权融资方式

股权融资方式是指企业的股东愿意让出部分企业所有权,通过企业增资的方式引进新的股东的融资方式,总股本同时增加。股权融资所获得的资金,企业无须还本付息,但新股东将与老股东同样分享企业的赢利与增长。对于创业融资来说,常用的股权融资方式包括天使投资、风险投资和私募股权投资。

一、天使投资

天使投资的家乡在美国,在那里,天使投资者们缔造了很多商业传奇。1874年,亚历山大·格拉罕·贝尔作为天使投资人投资并创建了世界闻名的贝尔公司;1903年,5个天使投资人给福特投资了4万美元,造就今天的汽车巨头;苹果电脑、宝帝商店、亚马逊网店这些国际知名公司最初的启动资金都来自天使投资者。据美国天使投资协会的统计,从1996年开始,由天使投资者投资的企业数量,每年以35%的速率增长。目前,全美国每年有400亿美元天使资本投入5万家初创公司,大约有300万人有天使投资经历,其中大约有40万人为稳定的天使投资者。欧洲潜在天使投资者也有近百万人。天使投资的飞速发展与其为新创企业提供融资的灵活性和亲和性有紧密的联系。

（一）天使投资的特点

这种民间自发的投资方式与其他投资方式相比，具有如下特点。

1. 鲜明的个人行为特征

天使投资是一种富有个人直接向企业进行的私人权益投资，不以经济目标为唯一目的，呈现出鲜明的个人行为特征。天使投资者通常是三类人群：一是传统意义上的有钱人，如医生或律师等高收入人群；二是从创业者转向投资者的人群；三是任职于高科技公司对技术等趋势非常了解的人。他们追求的不仅仅是投资带来的金钱回报，而是通过其准确的商业眼光，去判断和帮助一个企业的发展，这种成就感是无可比拟的。这一点明显区别于风险投资，风险投资是投资机构通过集合投资制度进行的间接投资，一般通过设立风险投资基金，以资本增值作为唯一目的进行专业化的资本运作。

2. 成为新创企业种子期的主要融资方式

创建企业的过程包括五个阶段：种子期、初创期、成长期、成熟前期和重建期。风险投资一般投资于后四个阶段，处于种子阶段的新创企业由于风险很大，一般情况下规模也比较小，因此风险资本极少涉足。即使是最激进的风险投资机构对种子期的投资也不会超过5％，形成创业投资领域的真空地带，而天使投资恰恰填补了这个空白。

3. 填补了原始资本市场的巨大空白

天使投资者乐于帮助资本需求在10万～200万元范围内的新创企业，远低于大多数专业风险投资者偏爱的300万～1 000万元的最低标准。因为风险投资者处理5万元的交易与500万元的交易所需要的时间相同，他们宁肯将注意力集中到大交易上。天使投资者容忍的高风险水平也让风险投资者望而却步，由天使投资者支持的公司中有90％失败了。Oracle公司的前任总经理是一位天使投资者，他说自己投资过10家公司，其中有7家夭折了，但获得成功的3家公司带来了50倍的回报！由于初创公司固有的高风险，许多风险投资者将投资目标锁定在已经成功的公司。这正是天使投资格外重要的原因：天使们常常关注风险投资者不加考虑的融资项目。

4. 为新创企业提供了丰富的附加资源

天使投资者提供的不仅是资金，大多数的天使投资者拥有丰富的经营和融资经验、专业特长、深厚的人脉关系等资源，这些是孵化一个新创企业成功的重要因素。典型天使投资者中的许多人就是企业家或曾是企业家，并乐意向处于启动或初创阶段的企业投资。

5. 投资程序简单、交易成本低和融资速度快

天使投资金额较小，从几万元到几百万元不等，方式很灵活。新创企业非常看好这些优点。正是由于天使投资的这些特点，使天使投资成为发育完善的资本市场中不可缺少的组成部分。

6. 发达国家的天使投资倾向于联合投资

在美国和欧洲，天使投资者一般以联盟的形式集合在一起。21世纪初，美国的天使网络联盟就已经有150多个。在英国、瑞典、丹麦、韩国等国家，国家政府有关部门纷纷通过税收优惠或其他措施营造良好投资环境促成创业者和投资人的资本联姻。

（二）吸引天使投资者需具备的条件

天使投资者由于能够在较低的回报率要求下提供长期资金并附加人际关系、财务管理

等方面的经验和资源,受到新创企业的青睐。但是天使投资者经常保持低调,所以很难找到他们。因此,对于急需资金的新创企业来说,充分了解天使投资者对新创企业的选择条件是非常重要的。

1. 注意天使投资者选择企业的标准

由于天使投资者一般在一家企业中投资 10 万~50 万元,因此,天使投资者尤其适合以下这些企业:资金要求在 5 万~50 万元的企业;在 5~10 年中,销售潜力可达到 200 万~2 000万元的企业;销售额增长率以及利润增长率在 10%~20%的已建小型私人所有企业,这个增长率不足以吸引专业投资者,如风险投资者;特殊情况,如还未开发出雏形产品的高技术发明者的最早期融资。

2. 保持新创企业创业项目资料完整

天使投资者在评价一个投资项目时,很看重管理团队的资历,天使投资者们常说"我们是对人的投资"。天使投资者还看重新创企业是否有明确细分市场的业务,以及是否有赢得市场的潜力以及竞争优势。他们还希望看到能够证明存在数量可观且有赢利性顾客基础的市场调研。

3. 建立广泛的人际关系网络

由于天使投资者不欢迎不相识的创业者贸然拜访,因此创业者要建立广泛的人际关系网络。向朋友、律师、银行家、股票经纪人、会计师、其他企业主以及咨询专家打听和征询建议是一种不错的起步方式。天使投资者几乎总是在当地投资,因此,创业者应在附近寻找他们,一般在方圆 50~100 公里的范围内。天使投资者也在寻找他们感兴趣的项目,并期望以自己的知识、经验、精力及金钱进行投资。事实上,私人投资者的建议与他的金钱一样有价值!

(三)吸收天使资本的步骤

有人说天使投资者基本都是富有的个人和成功创业者,是一个广为分散的群体,喜欢匿名。要识别他们并和他们建立联系需要创造性的技术。寻找这些天使投资者看来并非易事。

1. 与天使投资者沟通

创业者在自己的商业伙伴网和其他接触的人员中打听天使投资者。其他成功的创业者会认识他们,许多律师、会计师、银行家和其他专业人士也会认识他们。除了意外的发现之外,找到天使投资者的最好方法是寻求律师、会计师、商业伙伴、大学教师和与新企业打交道并可能认识这些人的创业者的推荐。因为这些投资者是从他们的商业伙伴、创业者同伴和朋友那里得知投资机会的,并且因为许多天使投资者都在一起投资,所以许多新企业成立时,创业者大致都是通过一个天使投资者来接触到其他天使投资者的。

2. 接受天使投资者的评估

一般而言,天使投资者会希望审阅商业计划,会见整个管理团队,查看任何可能被投入生产的产品原型或设计等,也会作企业团队及其产品潜力的背景调查,通常通过他认识并且也认识该创业者而又了解该产品的人了解信息。这个过程和专业投资者所应有的勤奋没有什么明显的不同。新创企业的创业者如果可以选择的话,其聪明之举是选择一名既可以提供有益的咨询,同时其目标又和创业者目标一致的天使投资者。

3. 天使投资者决策

如果天使投资者决定投资,他会要求签订某种由专业律师起草的投资协议。该协议可能比由专业投资者(如创业投资公司)出具的协议要简单些。很可能,与某天使投资者签订的投资协议会包括某种形式的"股票出售权",即投资者有权要求企业在指定的年限后按指定的价格重新买回他手中的股票。如果该企业没有收获,股票出售权将为投资者提供现金回报。

二、风险投资

风险投资是一种长期的(平均投资期为5～7年)、流动性差的权益资本,而不是借贷资本。一般情况下,风险投资家不会将风险资本一次全部投入新创企业,而是随着企业的成长不断地分期分批地注入资金。风险投资虽然投入的是权益资本,但他们的目的不是获得企业所有权,而是盈利,是得到丰厚利润和显赫功绩后再从风险企业退出。风险投资是传统中小企业生存发展的一条有效融资渠道,对传统中小企业完成向现代企业的转型具有重要作用。

(一) 风险投资的六个要素

一般来说,风险投资具备六个基本要素:风险资本、风险投资者、投资目的、投资期限、投资对象和投资方式。

1. 风险资本

风险资本是指由风险投资者提供给快速成长、具有高风险和很大升值潜力的新创企业的一种资本。风险资本的来源范围较广,主要有个人和家庭资金、保险公司资金、大公司资金、年金、捐赠、公共基金以及金融机构资金等。

2. 风险投资者

风险投资者主要包括风险资本者、风险投资者、产业附属公司和天使投资人四种类型。其中,风险资本者是指向其他企业投资的企业家,所投出的资本为其自身所有,而不是受托管理的资本;风险投资者是指以有限合伙制为组织形式的风险投资基金;产业附属投资公司是指一些非金融性实业公司下属的独立风险投资机构,这类投资人通常将资金投向一些与实业企业经营相关的特定行业。

3. 投资目的

风险投资的目的并不是为了获得企业的所有权,更不是为了经营和管理企业,而是通过投资和提供增值服务把所投企业迅速做大,然后通过公开上市(IPO)、兼并收购或其他方式退出,在产权流动中实现投资增值和高额投资回报。

4. 投资期限

风险投资的期限是指从投入被投资企业起至撤出投资为止所间隔的时间长短,风险投资的期限一般较长,在3年以上。

5. 投资对象

风险投资的产业领域主要集中于具有良好发展前景的高新技术产业。

6. 投资方式

风险投资的方式有三种:一是直接投资;二是提供贷款或贷款担保;三是两种方式相结合,即提供贷款或贷款担保的同时,投入一部分风险资本购买所投企业的股权。

(二)风险资本的特点

作为通过资本运作完成对新创企业投资的专业机构,风险资本有明显的追利特征。

1. 投资规模较大

风险投资者或合伙人有很好的资本基础和专业管理人员。他们的投资原则包括对投资规模、投资期限、地点以及企业所处的行业等一系列因素的偏好。这些投资资金可以由一个或几个富有家族、一个或几个金融机构(如保险公司或养老基金)和富有个人提供。多数以有限合伙制的组织形式出现。基金经理人是普通合伙人,投资者是有限责任合伙人。目前,这些基金多数倾向于投资 200 万~2 000 万元,或者更多。一些所谓的超级基金中,最高投资金额达到1亿元,他们对少于 100 万~200 万元的投资根本不考虑。由风险投资者和合伙公司进行的潜在投资调查及评估非常专业和细致。他们多数投资于高科技公司,但许多也会考虑其他投资领域。

2. 极度严格的审查过程

典型的风险投资者只从所有申请者中选取 1% 进行投资。比如,一家典型的风险投资公司每年要收到超过 1 200 项投资申请,由于不符合公司标准而被否决掉的申请者达 90% 以上,剩下的 10% 将接受更彻底的调整。每一项申请将花费 2 000~3 000 元的审查费用,10~15 项申请可以通过审查,接受更全面的复查。最终约 10 项保留下来的申请将获得风险投资。

3. 对所有权和控制权的较高要求

大多数风险资本者愿意通过购买小企业的普通股或可转换优先股获得所有权。风险投资者购买的股权份额可大可小,可能不足一个赢利企业的 5%,也可能是一个财务状况不稳定企业的 100%。尽管对风险资本公司可购买的股份大小没有限制,但一般的风险投资者只购买企业 20%~40% 的股权。购买更多的股份将引发创业者降低管理企业的热情和丧失奉献精神的风险。因此,创业者仍然必须在获取资金的优点与丧失企业控制权的缺点间再三权衡。

为获得风险资本者的融资,创业者必须放弃一部分企业所有权,有时甚至牺牲对企业的重要利益和经营控制权。风险资本者常常加入他们所投企业的董事会,或者任命新的经理或新的管理队伍来保护自己的投资。有时,风险资本者充当财务或管理顾问,但有些也在企业管理决策中担任具体角色,他们聘用职员、提供销售指导、选择代理商或广告机构,并做出日常决策。斯坦福商学院的一项研究发现,向风险资本融资的创业者被新 CEO 取代的几率是依赖其他途径融资的创业者的 2 倍。我们对一位寻求风险资金的创业者的忠告是:在交易达成前,应准确地了解投资者打算掌握多少控制权和承担多少日常管理。

4. 投资阶段后移

大多数风险资本公司要么向处于早期发展阶段的公司投资(被称为早期阶段投资),要么向快速增长的企业投资(被称为发展阶段投资),还有一些风险资本公司专门从事企业收购。根据有关资料分析,在美国虽然有些风险投资者由于可能的巨额回报而对初创企业更感兴趣,但是,平均而言,约 90% 的风险资本投向处于快速增长的企业。大多数风险资本公司在一家公司并非仅仅进行一次投资,相反,他们的长期投资往往跨越公司发展的几个阶段,累计投资额可达到 1 000 万~1 500 万美元。

5. 投资偏好的专业化

风险投资业在过去 10 年有了巨大变化。风险投资基金规模更庞大,数量更多,专业化更强。随着该行业的发展,更多风险投资基金注重于在适当的小范围内进行投资:从低热量糕点行业到互联网。有些风险资本公司对企业所处行业没有要求,但对企业所处的特定阶段有所选择,如对初创企业不感兴趣。但是,传统上,得到风险资本融资的企业只有大约 9% 处于组建公司或开发产品(服务)的初创(种子)阶段。能够吸收风险投资的初创企业大多数是科技公司。

(三) 风险资本投资考虑的因素

风险投资追求高回报及方便撤退,创业者在吸收风险投资时一定要意识到这一点。风险投资者根据自己所追求的目标来选择新创企业。一般认为,风险资本根据下列特征寻找或评估一项潜在投资。

1. 能胜任的管理层

大多数风险资本投资者认为,企业成功的关键是管理队伍的能力。在风险资本投资者看来,理想的管理团队具备经验、管理技能、激情和组建团队的能力。

2. 竞争力强

风险资本投资者寻求能将小企业自身有别于其竞争者的因素。这一特殊能力的范围可以从创新的产品或服务到特殊的市场营销或研发方法。其必须是能使企业成为该领域领导者的某种具有潜力的东西。

3. 成长行业

热门行业更容易吸引风险资金。大多数风险投资者只对处于快速发展领域的企业感兴趣,因为他们相信,处于高增长行业的公司更有可能产生高额利润。风险投资者对那些具有足够增长潜力、业绩在 3～5 年内至少达到 1 亿元的年轻企业最感兴趣。风险资本者知道自己投资的大部分企业会失败,所以成功的项目必须是高回报的。

4. 无形的因素

在审查过程中,考虑的另一些因素是不能轻易量化的,他们是风险资本者通过感官形成的直觉和无形因素。这种直觉可能来自小企业可靠的方向感召、战略规划过程、管理队伍的团结,以及其他因素。

(四) 风险投资的程序

1. 搜寻投资机会

风险投资者可以在熟悉领域内自己寻找投资机会,也可以接受企业家自荐,或委托专业第三方进行搜寻。

2. 初步筛选

根据产业者递交的"创业计划书"或"投资建议书",对项目进行初次审查,并选择可能有意向的项目,进行进一步考察。

3. 调查评估

风险投资者对通过初选的项目会对投资建议进行广泛、深入和细致的调查,检验创业者递交材料的可靠性和准确性,发掘可能遗漏的重要信息,从各个方面对投资项目进行了解,并根据所掌握的各种情报,对投资项目的管理、产品、技术、市场、财务等方面进行分析,以作出投资决定。

4. 寻求共同出资者

一般情况下,风险投资者会寻求其他投资者共同投资,从而增大投资总额、分担投资风险,达到互惠互利目的。

5. 协商谈判投资条件

一旦双方对风险项目的关键投资条件达成共识,作为牵头的风险投资者会起草一份"投资条款清单",向创业者作出初步投资承诺。

6. 最终交易

只要事实清楚,一致同意交易条件与细节,双方就可以签署最终交易文件,投资开始生效。

三、私募股权投资

私募股权融资是指企业向私募股权基金投资者申请,以募集资金用于企业发展的过程。我国股权分置改革为私募股权基金的发展提供了契机和条件,随着股权分置改革的深入推进,一方面,股票市场上流通股数量剧增,上市公司之间的收购行为更为便利,敌意收购带来的压力迫使公司管理层更紧密地与股东合作,以避免被收购的被动局面。另一方面,股票全流通后,为达到产业扩张和产业整合目的,上市公司之间的相互收购和持股也变得更为频繁,这些收购行为会影响企业财务结构,并导致股票价格发生较大变化,有些私募基金积极关注这些变化,并专业于与企业股权投资相关的业务。

目前,私募股权基金在全球已具备相当规模,并呈快速增长之势。根据欧洲私募股权与创业资本协会统计,2003年欧洲私募股权总投资额为291亿欧元,总融资量达到270亿欧元。普华永道世界投资报告指出,2004年在北美、欧洲和亚洲,私募股权投资额分别占GDP的0.97%、0.28%和0.23%。近5年来,美国私募股权基金总量增长了1倍以上,目前约为7 000亿美元。

由于私募股权投资流动性较差,一般只有兼并收购和IPO时才能退出,因此,投资人对企业的尽职调查比较详尽,申请过程比较复杂,从申请到获得投资需要1~6个月,具体完成以下三个阶段的工作:

第一阶段:初步洽谈,主要包括:融资企业与投资银行签订服务协议,投资银行与融资企业一起组建专职团队,准备私募股权融资所需材料;投资银行与企业共同设立一个目标估值;投资银行与相关私募股权投资人开电话会议沟通,介绍企业情况;与私募股权投资人进行密集沟通,确定哪家私募股权基金对企业兴趣最大,可能给出最高估值,并有相关行业投资经验,能够帮助公司成功上市;过滤、筛选出几家最合适的投资者。

第二阶段:签订投资意向,主要包括:安排私募股权基金合伙人与创业者面对面会谈,给创业者介绍私募股权背景,并对所有会议进行总结;安排私募股权投资基金进行实地调研;获得2~3家私募股权投资基金的投资意向书,以期为企业获得较好的价格;与私募股权投资基金谈判,确定价格和条款;确定私募股权投资基金,并签订投资意向书。

第三阶段:获得融资,主要包括:展开尽职调查,详细了解企业历史财务数据、法律文件、注册文件、许可证、营业执照、企业经营、战略和未来商业计划等;认真检查尽职调查资料,确认资料的准确性,并向私募股权投资基金、他们聘请的法律顾问、财务顾问发出调查资料;签订最终合同,获得融资资金。

第五节　政府的创业扶持资金

创业的高风险使人们对新创企业投资缺乏信心，民间资本也不愿参与，导致创业资金匮乏，阻碍了创业的发展。为了增加创业资本，提高人们参与创业投资的积极性，各国政府纷纷采取措施，在资金、管理、信息和服务上想尽办法，扶持这一有着极强创新能力与倾向但却属于天然市场弱势的群体。我们大学生创业，要利用好政府的创业扶持资金。

一、政府对创业的资金支持

政府对创业的资金支持可能是全额的无偿拨款，也可能是提供贷款贴息，或者是给予贷款担保等，大大降低了处于创业期的新创企业的融资成本。无论采用哪种方式，政府提供的资金支持，不仅能帮助接受资助且处于创业早期的新创企业摆脱困境，顺利进入创业的成熟阶段；而且通过政府资金的带动，数倍的社会资金也会积极跟进，有利于动员范围更广、数额更大的资金进入创业投资领域，为新创企业提供充足的资金来源。国外实施创业投资较早国家的政府都对创业投资进行过扶持，并且至今仍在使用，它们的成功经验向我们传递这样的信息：要妥善处理创业投资的发展问题，解决中小新创企业融资难问题，政府在资金、政策等方面的支持是至关重要的。

据统计，新创企业在种子期的失败率超过70%，高风险使大部分投资者望而却步。特别是在创业投资早期，人们普遍对这种新型的投资方式认识不足，缺乏信心。民间资本很难有效参与。这些因素直接导致资金的匮乏，阻碍了创业投资的发展。为此，各国政府纷纷制定创业扶持政策，鼓励和帮助创业。

二、外国政府对创业提供资金支持的方式

国外各国政府对创业提供资金支持计划大体可以分为直接拨款和提供担保两类。

1. 直接拨款

直接拨款，即政府为鼓励创业和新创企业的发展，向新创企业的投资者和新创企业提供无偿的补助。这种补助实质上是政府部门共同出资筹集创业资本，分担投资者的投资风险，鼓励民间创业投资。典型的有以下几种：①加拿大安大略省对向高技术创业企业投资的个人入股者给予其投资总额30%的补助金。②美国1982年通过的《小企业发展法》规定，年度R&D经费超过1亿美元的联邦政府部门必须依法实施"小企业创新研究计划"，每年拨出法定比例的R&D经费支持小企业开发技术创新活动。③英国贸易和工业部门将政府支付的高技术发展专款的20%作为支持高技术产业的开发费用。1981年，英国政府成立了专门投资于高技术企业的英国技术集团(BTG)，该集团到1994年先后向430家高技术企业提供了3.26亿英镑的资助。④新加坡政府规定，凡投资于高技术的企业如果连续亏损3年，则可获得50%的投资补贴。⑤澳大利亚规定企业科技开发的60%由政府通过免税方式提供。

从各国情况来看，政府可以提供的创业资本是相当有限的，它的作用主要是带动民间资本进入创业投资领域，起到政策示范和引导作用。并且，通过拨款方式提供的资金也不宜多，否则会造成政府机构过多涉入，甚至直接作为投资主体，易引起投资效果的不明显或

负面影响过大。

2. 政府担保

创业者或新创企业具有可担保的资产少,很难从常规信贷和传统融资渠道筹集创业资本,因此,许多国家制定了政府担保的措施。通过政府担保,政府可以以少量的资金带动大量民间资本向创业领域投资。根据国外的实践,政府提供 1 元资金用于创业投资担保,就可带动 10~15 元的资金流向创业投资业,转化为创业资本。比较成功的经验有:

(1) 英国从 1981 年开始实施信贷担保计划,支持银行向小企业提供中长期贷款,最高限额 10 万英镑,偿还期为 2~7 年。贸工部为借款人担保,若借款人不能如期偿还债务,贸工部负责按 2.5% 的年息偿还债务款的 70%。

(2) 美国于 1955 年成立了中小企业管理局,承担对高技术中小企业的银行贷款担保,贷款在 15.5 万美元以下的提供 90% 的担保;贷款在 15.5 万~25 万美元的提供 85% 的担保。1993 年美国国会又通过了一项法案,规定银行向创业投资企业贷款可占项目总投资的 90%,如果创业投资企业破产,政府负责偿还债务的 90%,并拍卖创业投资企业的资产。

(3) 日本通产省于 1975 年设立了"研究开发企业培植中心",其主要业务是对新创企业向金融机构借款提供债务担保,担保比例为 80%。日本科学技术厅下设新技术开发事业团,对拥有新技术、风险较大、商品化困难的项目提供 5 年期无息贷款,成功者偿还,失败者可不偿还。

(4) 1989~1994 年,德国政府借助德国国有银行德国复兴信贷银行的一项计划,一直为创业投资者提供无息贷款。

(5) 法国的一项由政府出资的基金,为中小高技术企业的银行贷款提供的担保可达贷款总额的 50%。

三、中国政府对创业投资的资金支持

对中小企业技术创新关注与支持的世界性潮流很快传递到中国。我国政府从 20 世纪 80 年代创业投资起步之初就提供了比较强有力的支持,甚至可以说我国的创业投资是在政府的直接推动下才逐步发展起来的。在此过程中,各级政府也进行了大胆的尝试,典型的例子就是成立于 1985 年的中国新技术创业投资公司(简称中创公司)。该公司虽然由于偏离创业投资的既定方向,于 1998 年 6 月 22 日,被中国人民银行发布通告宣告关闭,但其发展过程中的经历还是为政府支持创业投资提供了可资借鉴的经验教训。从中创公司的失败中吸取经验教训,中央政府又分别于 1999 年和 2007 年建立了"科技型中小企业技术创新基金"和"科技型中小企业创业投资引导基金"。这两个基金为全国性的支持创新、创业的基金。

(一) 科技型中小企业技术创新基金

结合我国科技型中小企业发展的特点和资本市场的现状,经国务院批准于 1999 年 5 月设立了以政府支持为主的科技型中小企业技术创新基金(简称"创新基金")。科技部科技型中小企业技术创新基金管理中心负责创新基金的日常管理工作。创新基金是用于支持科技型中小企业技术创新的政府专项基金,资金来源于中央财政拨款及其银行存款利息。通过拨款资助、贷款贴息和资本金投入等方式扶持和引导科技型中小企业的技术创新活动,促进科技成果的转化,培育一批具有中国特色的科技型中小企业,加快高新技术产业化进程。

创新基金的宗旨是支持技术创新,鼓励技术创业、培养技术新创企业家,引导社会资金加速科技成果转化。秉承这一宗旨,创新基金建立了较为完善的管理运行机制。创新基金的管理采取政府部门决策和监督、专家咨询和指导、基金管理机构组织和实施的"三位一体"的管理模式。创新基金项目评审内容既包括对项目技术水平的审查,也包括对企业综合能力的审查。评审专家按照企业发展能力、项目技术创新性、项目产品市场、商业模式、企业财务状况和项目经济评价六个方面的评价指标,审阅企业的申报材料;重点项目还将审查项目产品的影响力。

经过 10 多年的运行,科技型中小企业技术创新基金为我国许多科技型中小企业提供了资助,在社会资金不愿进入的种子期和初创期解决了中小企业的融资难题,并以此带动了大量社会资金的注入,产生了显著的乘数效应。创新基金也由于其重点支持技术创新水平高、风险大,尚处于种子期,商业性资本不愿意或不敢进入的项目,较好地解决了新创企业种子期的资金需要。

为加大对初创期科技型企业的支持,科技部科技型中小企业技术创新基金管理中心于2003 年起开展了创新基金创业项目(原称"小额资助",以下称"创业项目")试点工作。2006年为加大对初创期科技型企业的支持,管理中心从当时国家高新技术创业服务中心、国家留学人员创业园示范建设试点、国家大学科技园、国家火炬软件产业基地及其他特色产业基地、火炬创业园中的孵化器等机构中确定部分单位作为创业项目服务机构。在创新基金无偿资助支持方式下,通过创业项目支持服务机构孵化场地内注册并经营的初创期科技型企业。科技型中小企业技术创新基金创业项目分为研发资助和投资补贴两种支持方式,推荐单位结合本地实际情况选择。

1. 研发资助

推荐单位根据专家评审意见,对本地区创业项目以无偿资助方式予以先期立项支持,单项资助额不低于 20 万元;国家创新基金在地方立项的基础上,对于地方所推荐的创业项目,经组织专家评审后予以资助,国家资助额度不超过地方资助额度,并且单项资助额最高不超过 30 万元。为了鼓励初创期科技型企业的创新、创业,对西部和东北地区,主要采用研发资助类政策。对其中经济较发达地区,尊重当地政府意愿,鼓励采取投资补贴方式;申请研发资助类创业项目,其地方立项是指项目申请当年推荐单位对于该项目所给予的立项支持。

2. 投资补贴

推荐单位根据专家评审意见,对本地区创业项目以投资方式予以先期立项支持,单项投资额不低于 20 万元;国家创新基金在地方立项的基础上,对于地方所推荐的创业项目,经组织专家核审后予以资助,国家资助额度不超过地方投资额度,并且单项资助额最高不超过 40 万元。为了加强服务机构的抚育能力、推动对初创期科技型企业的股权投资,对科技、经济发达地区,实施投资补贴类政策。投资主体可以是创业项目服务机构、推荐单位(或服务机构)委托的投资机构及其他商业投资机构。

(二)创业投资引导基金

从国际上看,政府直接从事中小企业投资的效果总体不佳,因而,各国在实践中慢慢总结出采用政府与民营创业投资机构的合作方式,政府资金委托或参股专门化的投资机构或团队负责运作,也就是采用引导基金的方式。因而,这也使我国科技型中小企业基金资本金投入方式运用间接机制的想法慢慢形成。但较早的考虑仅是委托创业投资机构投资或跟随其投资。随着国际上扶持创业投资产业最为成功的以色列 YOZMA 经验介绍到中国,参股创业投资机构也成为方式之一。

我国创业投资引导基金的尝试是从地方政府开始的,如上海市政府 1999 年设立政策性创投基金——上海创业投资基金,主要通过上海创业投资基金委托管理或参股方式,选择了 7 家创业投资顾问公司作为投资代理人,并与民间或外资机构合资设立了 11 家创业投资基金,以 6 亿元政府财政资金带动了 18 亿元民间资金和 5 000 万美元外资。深圳市政府以 5 亿元的财政出资,吸引企业资金参股成立了 7 亿元规模的深圳创新投资公司,再以其为母体,通过增资扩股,不断吸引民间资金与外资参与,形成 30 多亿元的投资能力。

全国性的创业投资引导基金是在地方试验的基础上,并充分考虑了地区差异后才设立的。2005 年年末,国家发改委、科技部、财政部等十个部委联合发布了《创业投资基金管理暂行办法》(39 号令),提出了若干适合创业投资机制的规定,使得创业投资有了全国性的行业法规依据。文件同时表明政府鼓励创业投资的主导思想即"国家与地方政府可以设立创业投资引导基金,通过参股和提供融资担保等方式扶持创业投资基金的设立与发展",以及"国家运用税收优惠政策扶持创业投资基金发展并引导其增加对中小企业特别是中小高新技术企业的投资"。在这一主导思想的指导下,国家级"科技型中小企业创业投资引导基金"(以下简称"引导基金")于 2007 年 7 月正式亮相,有关方面明确当年的预算为 1 亿元。在与之配套的财政部与科技部联合发布的《科技型中小企业创业投资引导基金管理暂行办法》(财企[2007]128 号)中,对申请引导基金支持的创业投资机构、资助方式等做出了比较详细的规定。这确保了引导基金在具体操作上有政策依据,更加具有可操作性,使其他社会资金参与"共同基金"的信心得到了进一步增强。

引导基金的资金来源有两个:中央财政科技型中小企业技术创新基金;从所支持的创业投资机构回收的资金和社会捐赠的资金。引导基金的支持对象为:在中华人民共和国境内从事创业投资的创业投资企业、创业投资管理企业、具有投资功能的中小企业服务机构(以下统称创业投资机构),及初创期科技型中小企业。引导基金的引导方式为阶段参股、跟进投资、风险补助和投资保障。

阶段参股是指引导基金向创业投资企业进行股权投资,并在约定的期限内退出,主要支持发起设立新的创业投资企业。符合上述办法规定条件的创业投资机构作为发起人发起设立新的创业投资企业时,可以申请阶段参股。

跟进投资是指对创业投资机构选定投资的初创期科技型中小企业,引导基金与创业投资机构共同投资。

风险补助是指引导基金对已投资于初创期科技型中小企业的创业投资机构予以一定的补助。

投资保障是指创业投资机构将正在进行高新技术研发、有投资潜力的初创期科技型中小企业确定为"辅导企业"后,引导基金对"辅导企业"给予资助。投资保障分两个阶段进行。在创业投资机构与"辅导企业"签订"投资意向书"后,引导基金对"辅导企业"给予投资前资助;在创业投资机构完成投资后,引导基金对"辅导企业"给予投资后资助。

从四种引导方式的定义可以看出,阶段参股和风险补助是直接对创业投资机构进行资助,通过对创业投资机构的引导而间接增加对新创企业的投资;而跟进投资和投资保障是直接对新创企业提供资助的。

(三) 政府对创业的其他资助方式

除了全国性的创新基金、创业投资引导基金和各地的创业投资引导基金外,中国政府对创业的支持从资本来源上还包括其他几种类型。

1. 各级地方政府为促进本地区域经济的发展设立的基金

自从 1985 年国务院正式批准成立的我国"第一家风险投资者"——中国新技术创业投资公司以来,各地政府纷纷仿效用政府资金成立创业投资公司。这类投资公司一般有较强的政策导向,多为本地政策的主导和扶持产业服务。比如,上海市于 2006 年 8 月成立大学生科技创业基金会,由上海市科委和教委牵头组建,上海市政府全额拨款资助大学生科技创业,是全国首家从事推动大学生进行科技创业活动的非营利性公募基金会。其理事单位除去科委和教委之外,还包括工商局、财政局、市团委。秉承"鼓励创新创业,完善创新环境;推动成果转化,促进教育改革;激发创新潜能,造就创新人才"的宗旨,基金会致力于开展创业项目资助、创业文化传播、创业教育及创业研究等相关工作。

2. 科技园区为孵化园区企业设立的基金

1991 年,国务院在《国家高新技术产业开发区若干政策的暂行规定》中指出,"条件成熟的高新技术开发区可创办风险投资者"。在这一规定的指导下,为了促进本园区高新技术企业的成果转化,许多科技园区尤其是高新技术开发区都成立创业投资公司,为本园区企业进行包括投融资、管理在内的服务,以孵化企业,促进企业快速成长。这类基金有好多类型:各园区管理委员会直接设立,园区管理委员控股设立,园区内各孵化中心或支撑体系设立。例如,生产力促进中心、创业中心、留学生创业园、软件园、生物医药园等。这类创业投资公司由于地理位置非常靠近新创企业,对企业的发展状况比较熟悉。

3. 产业创业投资公司

为本产业的发展而设立的基金,如电力投资公司、生物制药、生物技术投资公司、软件投资公司等。本类投资公司一般为政府某个行业部门设立,其投资具有较强的行业针对性,只为本行业以内的产业链服务的企业投资。

4. 国有企业创办的投资公司

一些资金雄厚、发展稳定但增长速度较慢的传统国有企业为寻求新的利润增长点和新的投资机会而设立的基金。这类基金相对其他政策性创业资本有较大的灵活性。

四、政府创业投资扶持资金的获取

取得政府的创业投资资金支持,特别是直接提供给创业者的政府资金,更是在帮助新创企业获得充足早期资金的同时,尽可能地降低创业者的成本,因此,受到新创企业和创业者的青睐。但由于两个基金的资金主要来源于财政预算,数量有限,在有限的规模下,各基金都制定了申请基金支持的方法和途径。

(一) 科技型中小企业技术创新基金的获取

申请创新基金创业项目的新创企业每年应该根据创新基金提供的年度支持方向及重

点,若能确定企业申报的项目符合国家产业、技术政策,坚持市场导向,有较强的创新性,有较高附加值,市场竞争力强,经济效益或社会效益显著,就可以按照相关程序经推荐单位评审、立项、推荐,有望获得创新基金的资助。

2006年,《科技型中小企业技术创新基金创业项目申请须知》明确了申请创业项目支持的初创期科技型企业应具备以下条件:

(1) 具备独立企业法人资格,在服务机构的抚育基地内注册并经营,注册资金不超过300万元。

(2) 企业注册成立时间不超过18个月。

(3) 企业领导班子有较强的市场开拓能力、较高的经营管理水平和创新意识。

(4) 申请企业没有承担过创新基金项目。

对于股权投资立项的企业,条件可以适当放宽。

申请创业项目需具备下列条件:

(1) 申请的项目符合《2006年度科技型中小企业技术创新基金项目指南》要求(不包括高技术服务业类项目),技术含量高,创新性较强,项目知识产权为企业自主拥有。

(2) 申请项目处于研究开发或中试阶段。

(3) 申请的项目其产品有明确的市场需求和较强的市场竞争力,可以产生较好的经济效益和社会效益。

(4) 申请项目的基金支持执行期为24个月,执行期结束后项目至少要进入中试阶段。

(5) 申请项目必须得到推荐单位的立项支持。

(6) 申请项目必须由服务机构和相应的推荐单位推荐。

具体申报项目时,新创企业应按照企业注册、企业申报、提交申报材料等环节提出申请。推荐单位地方评审与推荐;地方立项与推荐;项目筛选等环节。

(二) 创业投资引导基金的获取

创业投资机构在选定投资项目后或实际完成投资1年内,可以向引导基金申请跟进投资。引导基金按照创业投资机构实际投资额50%以下的比例跟进投资,每个项目不超过300万元人民币。引导基金投资形成的股权一般在5年内退出。股权退出由共同投资的创业投资机构负责实施。共同投资的创业投资机构不得先于引导基金退出其在被投资企业的股权。

投资保障分为"投资前资助"和"投资后资助"两个阶段。创业投资机构可以与"辅导企业"共同提出投资前资助申请。申请投资前资助的,创业投资机构应当与"辅导企业"签订投资意向书,并出具辅导承诺书,对相关内容予以约定。完成上述工作后,引导基金可以给予"辅导企业"投资前资助,资助金额最高不超过100万元人民币。资助资金主要用于补助"辅导企业"高新技术研发的费用支出。经过创业辅导,创业投资机构实施投资后,创业投资机构与"辅导企业"可以共同申请投资后资助。引导基金可以根据情况,给予"辅导企业"最高不超过200万元人民币的投资后资助。资助资金主要用于补助"辅导企业"高新技术产品产业化的费用支出。对辅导期结束未实施投资的,创业投资机构和"辅导企业"应分别提交专项报告,说明原因。对不属于不可抗力而未按投资意向书和辅导承诺书履约的,由创新基金管理中心依法收回投资前资助资金,并在有关媒体上公布违约的创业投资机构和"辅导企业"名单。

第五章　项目经济评价

逐利是资本的天性。创业需要投入资本,所以创业项目的经济性既是衡量创业项目的重要标准,也是创业者追求的主要目标。一般而言,可以用静态的和动态的分析方法,通过投资回收期、净现值和内部收益率等指标来评价创业项目的经济性。

第一节　资金时间价值

资金存在着时间价值,资金时间价值也是动态评价投资项目经济性的基础。投资项目的经济评价中,现值、终值、年金是几个主要的指标,现金流量图是一个最常用的工具。

一、资金时间价值及其重要意义

(一)资金时间价值的定义

资金在周转使用中由于时间因素而形成的差额价值,即资金在生产经营中带来的增值额,称为资金时间价值。

资金时间价值可从三个方面理解:

第一,资金时间价值是资源稀缺性的体现。经济和社会的发展要消耗社会资源,现有的社会资源构成现存社会财富,利用这些社会资源创造出来的将来物质和文化产品构成了将来的社会财富,由于社会资源具有稀缺性特征,又能够带来更多社会产品,所以,现在物品的效用要高于未来物品的效用。在货币经济条件下,货币是商品的价值体现,现在的货币用于支配现在的商品,将来的货币用于支配将来的商品,所以现在货币的价值自然高于未来货币的价值。市场利息率是对平均经济增长和社会资源稀缺性的反映,也是衡量资金时间价值的标准。

第二,资金时间价值是信用货币制度下,流通中货币的固有特征。在目前的信用货币制度下,流通中的货币是由中央银行基础货币和商业银行体系派生存款共同构成的,由于信用货币有增加的趋势,所以货币贬值、通货膨胀成为一种普遍现象,现有货币也总是在价值上高于未来货币。市场利息率是可贷资金状况和通货膨胀水平的反映,反映了货币价值随时间的推移而不断降低的程度。

第三,资金时间价值是人们认知心理的反映。由于人在认识上的局限性,人们总是对现存事物的感知能力较强,而对未来事物的认识较模糊,结果人们存在一种普遍的心理就是比较重视现在而忽视未来,现在的货币能够支配现在商品满足人们的现实需要,而将来货币只能支配将来商品满足人们将来的不确定需要,所以现在单位货币价值要高于未来单位货币的价值,为使人们放弃现在货币及其价值,必须付出一定代价,利息率便是这一代价。

（二）资金时间价值的基本要素

在计算资金时间价值时涉及五个基本要素，只要已知三个基本要素，就能运用各种换算因子转换，求得任意另一个未知要素，这就是资金时间价值分析的转换原理。这五个要素分别如下所述。

1. 终值

发生在（或折算为）某一特定时间序列终点的效益或费用的价值，称为终值或将来值、未来值，有时也称本利和，通常用 F 表示。

2. 现值

发生在（或折算为）某一特定时间序列起点的效益或费用的价值，称为现值，通常用 P 表示，折算过程称为"折现"或"贴现"，换算方法是求终值的逆运算。

3. 等额年金

发生在（或折算为）某一特定时间序列各计算期末（不包括零期）的等额序列的资金称为等额年金，通常用 A 表示。

4. 折现率

折现率，即把终值折算为现值或把现值折算为终值所采用的利率，一般用 i 表示。

5. 年限或计息期数

年限或计息期一般用 n 表示，当采用复利计息，并且一年 m 次计息时，如按季度计息（$m = 4$）或者按月计息（$m = 12$），则计息周期数为 $m \times n$。

（三）运用资金时间价值的必要性

资金时间价值是衡量企业经济效益、考核经营成果的重要依据，是进行投资、筹资、收益分配决策的重要条件。资金的时间价值是一个客观存在的经济范畴，是投资项目管理中必须考虑的重要因素。

把资金时间价值引入投资管理，在资金筹集、运用和分配等各方面考虑这一因素，是提高投资经济效益、搞好企业管理的重要方面。

二、资金时间价值产生的条件

资金由资金使用者从资金所有者处筹集来进行周转使用以后，资金所有者要分享一部分资金的增值额。

（一）资金时间价值的实质

资金时间价值的实质，是资金周转使用后的增值额。西方经济学认为，时间价值主要取决于流动偏好、消费倾向、边际效用等心理因素。流动偏好论者认为，时间价值是放弃流动偏好的报酬；节欲论者则认为，时间价值是货币所有者不将货币用于生活消费所得的报酬，资金时间价值就是对货币所有者推迟消费的报酬；时间利息论者认为，时间价值产生于人们对现有货币的评价高于对未来货币的评价，它是价值时差的贴水。

（二）正确理解资金时间价值的实质

1. 正确理解资金时间价值的产生原因

货币只有当作资本投入生产和流通后才能增值。时间价值是在生产经营活动中产生的，不作为资金投入生产经营过程的货币，是没有时间价值可言的。

2. 正确认识资金时间价值的真正来源

时间价值不可能由"时间"创造,也不可能由"耐心"创造,而只能由工人的劳动创造,时间价值的真正来源是工人创造的剩余价值。

3. 合理解决资金时间价值的计量原则

确定资金时间价值应以社会平均的资金利润率为基础。考虑到投资风险和通货膨胀的客观存在,资金利润率除包含时间价值以外,还包括风险报酬和通货膨胀贴水,在计算时间价值时,后两部分应予扣除。资金时间价值的相对数(时间价值率)是扣除风险报酬和通货膨胀贴水后的社会平均资金利润率;其绝对数(时间价值额)是资金在生产经营中带来的增值额,即一定数额的资金与时间价值率的乘积。计算资本的积累有必要用复利方法。

三、资金时间价值的衡量

(一) 利率与利息

1. 利率

利率是指单位本金在单位时间内获得的利息,单位时间称为计息周期。

2. 计息方式

计息方式分为单利和复利两种。

在单利方式下,本金能带来利息,利息必须在提出以后再以本金形式投入才能生利,否则不能生利。

在复利方式下,本金生利,利息在下期则转列为本金与原来的本金一起计息,即"利滚利"。

在我国银行系统,居民在银行的定期存款都是按照单利计息的;而居民向银行的借款,如居民购房贷款,则是按照复利计息的。

3. 利息

利息是指占用资金所付的代价,或放弃使用资金所得到的补偿,是占用资金者支付给放弃使用资金者的超过本金的部分。利息的多少由本金、计算期数、利率以及计息的方式(单利还是复利)决定。

(二) 单利终值和现值的计算

1. 单利终值

单利的终值就是本利和,是指若干期以后包括本金和利息在内的未来价值。单利终值的一般计算公式为:

$$F = P(1 + i \times n)$$

式中:F 为终值,即第 n 期后的价值;P 为现值,即初始投资的价值;i 为年利率;n 为计算期数。

2. 单利现值

现值就是以后年份收到或付出资金的现在价值,可用倒求本金的方法计算。由终值求现值,叫作折现。因此,单利现值的一般计算公式为:

$$P = \frac{F}{1 + i \times n}$$

（三）复利终值和现值的计算

1. 复利终值

复利终值是若干期后本利和的未来值。其一般计算公式为：

$$F = P(1+i)^n$$

式中：F 为终值，即第 n 期后的价值；P 为现值，即初始投资的价值；i 为年利率；n 为计算期数。

其中，$(1+i)^n$ 称复利终值系数，又称 1 元钱的复利终值，用符号 $(F/P, i, n)$ 来表示，因此复利终值的公式也可写为：

$$F = P(F/P, i, n)$$

【例 5-1】 某人购入面值 10 000 元复利债券一张，年利息率 8%，期限为 5 年，问 5 年后到期可以承兑多少钱？

解：

$$\begin{aligned}
F &= P(F/P, i, n) \\
&= 10\ 000(F/P, 8\%, 5) \\
&= 10\ 000 \times 1.469 \\
&= 14\ 690 \text{（元）}
\end{aligned}$$

2. 复利现值

复利现值就是以后年份收到或付出资金的现在价值。复利现值计算是复利终值计算的逆运算。其一般计算公式为：

$$P = F \frac{1}{(1+i)^n}$$

其中，$\dfrac{1}{(1+i)^n}$ 称复利现值系数，又称 1 元钱的复利现值，用符号 $(P/F, i, n)$ 来表示，因此复利现值的公式也可写为：

$$P = F(P/F, i, n)$$

【例 5-2】 某人计划 5 年后需要 30 000 元钱，年利率 8%，按复利计算，问他现在应存入多少钱？

解：

$$\begin{aligned}
P &= F(P/F, 8\%, 5) \\
&= 30\ 000 \times 0.681 \\
&= 20\ 430 \text{（元）}
\end{aligned}$$

（四）年金与终值和现值的换算

年金是指一定期间内每期相等金额的收付款项，折旧、租金、利息、保险金、养老金等通常都是采取年金的形式。

年金的每次收付发生的时间各有不同，每期期末收款、付款的年金，称为后付年金，即普通年金；每期期初收款、付款的年金，称为先付年金；距今若干期以后发生的每期期末收款、付款的年金,称为递延年金;无限期连续收款、付款的年金,称为永续年金。

1. 普通年金的计算

(1)普通年金终值。普通年金终值是指一定时期每期期末等额的收付款项。后付年金终值犹如零存整取的本利和,它是一定时期内每期期末收付款项的复利终值之和。

$$F = A(1+i)^0 + A(1+i)^1 + \cdots + A(1+i)^{n-1}$$
$$= A \frac{(1+i)^n - 1}{i}$$

式中:F 为 n 期年金终值;A 为每次收付款项的金额;i 为利率;n 为全部年金的计息期数。

其中,$\dfrac{(1+i)^n - 1}{i}$ 称为年金终值系数,用符号 $(F/A, i, n)$ 来表示,因此普通年金终值的公式也可写为:

$$F = A(F/A, i, n)$$

【例5-3】 如果某人在将来的15年中每年年底存入1 000元,年利率为12%,那么在第15年的年底存入最后一笔钱后他能够取出多少钱?

解:

$$F = A(F/A, 12\%, 15)$$
$$= 1\ 000 \times 37.280$$
$$= 37\ 280\ (元)$$

(2)偿债基金。偿债基金是为了应付若干年后所需要的一笔资金,在一段时期内,按照一定的利率计算,每期应该提的等额款项。偿债基金系数是年金终值系数的倒数,其计算公式可由年金终值公式推出:

$$A = F \frac{i}{(1+i)^n - 1}$$

其中,$\dfrac{i}{(1+i)^n - 1}$ 称为偿债基金系数,用符号 $(A/F, i, n)$ 来表示,因此,偿债基金的公式也可写为:

$$A = F(A/F, i, n)$$

【例5-4】 如果要在8年后得到包括利息在内的150 000元,年利率为12%,问每年投入的资金是多少?

解:

$$A = F(A/F, 12\%, 8)$$
$$= 150\ 000 \times 0.081\ 30$$
$$= 12\ 195(元)$$

(3)普通年金现值。普通年金现值是指一定时期每期期末等额的收付款的现值之和。

$$P = \frac{A}{(1+i)^1} + \frac{A}{(1+i)^2} + \cdots + \frac{A}{(1+i)^n}$$
$$= A \frac{1-(1+i)^{-n}}{i}$$

式中：P 为 n 期年金现值；A 为每次收付款项的金额；i 为利率；n 为全部年金的计息期数。

其中，$\dfrac{1-(1+i)^{-n}}{i}$ 称为年金现值系数，用符号 $(P/A, i, n)$ 来表示，因此普通年金现值的公式也可写为：

$$P = A(P/A, i, n)$$

【例 5-5】 某人出国 3 年，请你代付房租，每年租金 50 000 元，设银行存款利率为 5%，问他应当现在给你在银行存入多少钱？

解：

$$P = A(P/A, i, n)$$
$$= 50\,000 \times 2.723$$
$$= 136\,150(元)$$

（4）资本回收值。资本回收值是为了回收现在投入的一笔资金，按照一定的利率计算，在一段时期内每隔相等的时间应该提取的等额款项。资本回收值系数是年金现值系数的倒数，则资本回收值的计算公式为：

$$A = P \frac{i}{1-(1+i)^{-n}}$$
$$= P \frac{i(1+i)^n}{(1+i)^n - 1}$$

其中，$\dfrac{i(1+i)^n}{(1+i)^n - 1}$ 称为资本回收值系数，用符号 $(A/P, i, n)$ 来表示，因此资本回收值的公式也可写为：

$$A = P(A/P, i, n)$$

【例 5-6】 某投资项目投资总额为 50 万元，计划在 6 年内用企业的利润收回，企业的投资利润率预测为 15%，那么企业每年的利润最少为多少？

解：

$$A = P(A/P, i, n)$$
$$= 50 \times 0.264\,24$$
$$= 13.212(万元)$$

2. 先付年金的计算

先付年金是指一定时期内每期期初等额的系列收付款项。先付年金与后付年金的差别，仅在于收付款的时间不同。由于年金终值系数表和年金现值系数表是按常见的后付年金编制的，在利用这种后付年金系数表计算先付年金的终值和现值时，可在计算后付年金的基础上加以适当调整。

（1）先付年金终值。n 期先付年金与 n 期后付年金比较，两者付款次数相同，但先付年金终值比后付年金终值要多一个计息期。为求得 n 期先付年金的终值，可在求出 n 期后付年金终值后，再乘以 $(1+i)$。其计算公式如下：

$$F = A(1+i)(F/A, i, n)$$

【例 5-7】 每年年初存入银行 10 000 元，银行存款利率为 5%，问第 10 年年末的本利和是多少钱？

解：

$$
\begin{aligned}
F &= A(1+i)(F/A, i, n)\\
&= 10\,000 \times (1+5\%) \times (F/A, 5\%, 10)\\
&= 10\,000 \times 1.05 \times 12.578\\
&= 132\,069(\text{元})
\end{aligned}
$$

（2）先付年金现值。n 期先付年金现值和 n 期后付年金现值比较，两者付款次数相同，但先付年金现值比后付年金现值少折现一期。为求得 n 期先付年金的现值，可在求出 n 期后付年金现值后，再乘以 $(1+i)$。其计算公式如下：

$$P = A(1+i)(P/A, i, n)$$

【例 5-8】 某企业需要今后 10 年中每年年初能支取 1 000 元，利息 12%，问企业现在应存入多少钱？

解：

$$
\begin{aligned}
P &= A(1+i)(P/A, i, n)\\
&= 1\,000 \times (1+12\%) \times (P/A, 12\%, 10)\\
&= 1\,000 \times 1.12 \times 5.65\\
&= 6\,328(\text{元})
\end{aligned}
$$

3. 递延年金现值的计算

递延年金是指在最初若干期没有收付款项的情况下，随后若干期等额的系列收付款项。设 m 为递延期，$m+n$ 为总期数，递延 m 期后的 n 期年金与 n 期年金相比，两者付款次数相同，但这项递延年金现值是 m 期后的 n 期年金现值，还需再折现 m 期。因此，为计算 m 期后 n 期年金现值，要先计算出该项年金在 n 期期初（m 期期末）的现值，再将它作为 m 期的终值折现至 m 期期初的现值。其计算公式如下：

$$P = A(P/F, i, m)(P/A, i, n)$$

【例 5-9】 某企业准备研制一种新产品，预计前 5 年没有发生收益，但从第 6 年到第 10 年，每年年末产生净收益 2 000 元，若市场平均收益率为 10%。这项投资收益流的现值是多少？

解：

$$
\begin{aligned}
P &= A(P/F, i, m)(P/A, i, n)\\
&= 2\,000 \times (P/F, 10, 5) \times (P/A, 10, 5)\\
&= 2\,000 \times 0.621 \times 3.791\\
&= 4\,708.4(\text{元})
\end{aligned}
$$

4. 永续年金现值的计算

永续年金是指无期限支付的年金。优先股因为有固定的股利而又无到期日,其股利可视为永续年金。有些债券未规定偿还期限,其利息也可视为永续年金。在资产评估中,某些可永久发挥作用的无形资产(如商誉),其超额收益亦可按永续年金计算其现值。其计算公式如下:

$$P = A \lim_{n \to \infty} \frac{1 - (1+i)^{-n}}{i} = \frac{A}{i}$$

【例 5-10】 拟建立一项永久性的奖学金,每年计划发 100 000 元奖金,若利率为 10%,现在应当存入多少钱?

解:

$$P = \frac{A}{i} = \frac{100\ 000}{10\%}$$
$$= 1\ 000\ 000(元)$$

(五)名义利率与实际利率

通常,利息都是以年作为计息周期的,但在实际工作中,有的计息周期短于 1 年,如按月或季等周期计算。此时,对于利息期短于 1 年的利率,一般在计算时要将其转化为年利率。

1. 名义利率

每个计息周期的利率与年计息周期数的乘积为名义利率,用 r 表示。比如月利率 1%,则年利率为 12%,这个"12%"就是名义利率。在现实经济生活中,我们谈论的利率都是年利率。比如在银行,不论是长期储蓄还是短期储蓄,或者长期贷款与短期贷款,合同上签订的利率都是年利率。目前,5 年以上购房公积金贷款利率为 4.59%,购房商业贷款利率最低为 5.48%,这都是指年利率。但是,银行计息周期并不是按年,更多的是按月或者按季度,如购房按揭贷款就是按月计息的,这么一来,贷款的月利率就是年利率的 1/12,或者说年利率就是月利率的 12 倍。

2. 实际利率

实际利率是与计息期实际利率等效的年利率,是按计息期实际计息时所得的利率,常记为 i。若名义利率为 r,1 年内计息次数为 m,则计息期实际利率为 r/m。

3. 复利条件下年名义利率与实际利率的关系

$$i = \left(1 + \frac{r}{m}\right)^m - 1$$

【例 5-11】 如本金 1 000 元,年利率 12%,若每年计息一次,求 1 年后本利和。

解:

$$F = P(F/P, 12\%, 1)$$
$$= 1\ 000 \times 1.12$$
$$= 1\ 120\ (元)$$

如果,每月计息一次,1 年后本利和为:

$$F = P(F/P, 1\%, 12)$$
$$= 1\ 000 \times 1.01^{12}$$
$$= 1\ 126.83\ (元)$$

实际年利率 i 为：

$$i = \frac{1\,126.83 - 1\,000}{1\,000} \times 100\%$$
$$= 12.683\%$$

我们发现，实际利率（$i=12.683\%$）比名义利率（$r=12\%$）大。

四、现金流量

（一）现金流量及其构成

1. 现金流量概念

项目在某一时期内支出的费用称为现金流出，取得的收入称为现金流入，现金的流出量和现金的流入量统称为现金流量。现金流量抽象为在时点发生，现金流出发生在期初、现金流入发生在期末。正确确定项目在寿命周期内各个时期（各个时间点）的现金流量，是项目评价的基础。

应当指出，技术经济学与会计学研究的现金流量还是有一定的区别的。

（1）技术经济学研究的是拟创业项目未来将发生的现金流量，是预测系统的现金流出量或现金流入量，因此，预测的精确性非常重要。而会计学研究的则是已经发生了的财务收支的实际数据。因此，会计记录的完整性和真实性非常重要。

（2）技术经济学中的现金流量计算是以特定的经济系统为研究对象的。凡是已流入或已流出系统的资金，都视为现金流量而计入发生的时点，如固定资产投资以在建设期发生的时点，作为一次性支出而计入了现金流出。因此，其就不能在生产经营期以产品成本费用中的折旧、摊销费的形式再计入现金流出，以免重复计算。但是在会计核算中，却以产品成本费用要素的形式逐期计提和摊销。

（3）在技术经济学研究中，出于考察的角度和范围不同，现金流量包括的内容不同。例如，企业上缴给国家的税金，从企业角度看是现金流出量，但从整个国民经济角度看则既不是现金流出，也不是现金流入，因为，社会资源总量未变化，国民收入也未变化，只是在国家范围内资金分配权与使用权的转移。而在会计学中，税金则视为企业财务支出。

（4）在技术经济学研究中的现金流量的现金，不仅指现钞，而且还包括转账支票等结算凭证。而会计学中的现金，则仅指现钞，即货币现金。

2. 净现金流量

在技术经济分析中，要把评价的项目视为一个独立的经济系统，这个系统可以是一个企业，也可以是一个地区、一个部门或者是一个国家。系统的资金运动有现金流入与现金流出之差别，现金流入与现金流出之差称为净现金流量。

通常定义现金流入为正值，现金流出为负值，因此，净现金流量可能为正值、负值或为零。如果净现金流量是正值，则为正净现金流量，是现金流入；如果净现金流量是负值，则为负净现金流量，是净现金流出。也就是说，如果现金流入与现金流出的代数和为正值，则净现金流量就是正净现金流量，是净收入；如果现金流入与现金流出的代数和为负值，则净现金流量就是负净现金流量，是净支出；如果现金流入与现金流出的代数和为零，则净现金流量就是零，是收支相抵。

3. 现金流量的构成

在项目技术经济分析与评价中,构成系统现金流量的要素主要包括:固定资产投资及其借款利息、流动资金投资、经营成本、销售收入、税金、补贴、回收固定资产残值等。

(二) 现金流量图

1. 现金流量图的概念

一个投资方案的实施,往往要延续一段时间。在方案使用年限内,各种现金的流入与流出的数额和发生的时间都不尽相同,为了便于分析不同时点上的现金流入与流出的情况,直观地计算其现金流量,常常借助于现金流量图。

现金流量图是根据现金流量绘制的,反映资金运动状态。它将日常投资方案在使用年限内所发生的现金收入与现金支出,按其所发生的时间顺序及一定的规则,用图的形式表达出来。

2. 现金流量图的编制

(1) 时间轴。横轴为时间轴,向右表示时间的延续,将横轴分成相等的时间间隔,表示计息周期,通常以年为单位。

(2) 时点。时间轴上的点称为时点,是现金流量发生的时间点。时点通常表示该年年末和下一年年初。

(3) 箭头。整个横轴可以看成是所考察的系统,流入该系统的现金称为现金流入,也称为正现金流量,用向上的箭头表示;流出该系统的现金称为现金流出,也称为负现金流量,用向下的箭头表示;箭杆的长度与现金流量成比例画出。

【例 5-12】 王先生购买了 10 000 元的企业债券,期限 5 年,利率 10％,每年的利息在年底支付,第 5 年年末领取当年利息的同时按照面值承兑,请做出该项目的现金流量图。

解:该题目可以画两张现金流量图,一张是站在王先生的角度,如图 5-1(a)所示;另一张是站在企业的角度,如图 5-1(b)所示。

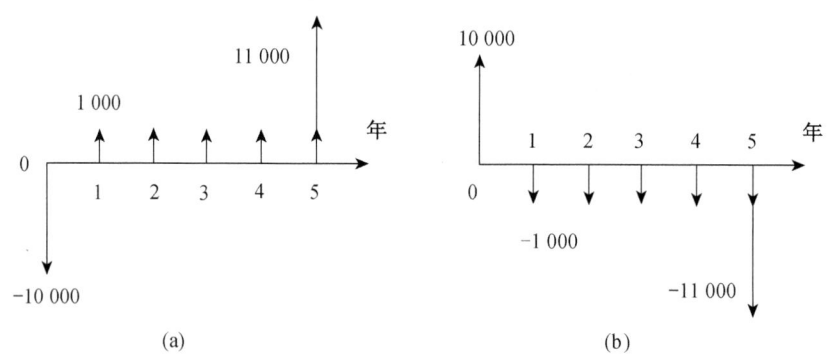

图 5-1　现金流量图

第二节　投资、收入、费用与利润

对投资项目进行经济评价,必须先计算出项目的现金流量。一个项目在寿命周期内每年的现金流量就是根据项目的投资、营业收入、成本费用和利润计算出来的。

一、投资

大学生创业,就少不了资金投入。创业融资就是为了满足创业投资的需要。当然,创业项目不同,所需要的投资是不一样的。在网上开店,只需要购置几台电脑,申请网速 20G 的宽带,租一间简易的仓库,准备一些包装工具和包装材料等,所需要的投资不多。如果要开一家实体连锁商店,投资就多了,这里牵涉加盟费(二手的店要支付转让费)、门店装修费、购买货架,还要投入相应的流动资金。如果是实业,则牵涉土地、厂房、设备、材料、技术等方面的投资,需要的资金就更多。投资实业又称直接投资。本书主要是从实业投资角度分析创业投资的。

(一) 投资概述

1. 投资的概念

投资是将一定的资金或资源投入某项事业,以便未来能获得所期望的收益或效益的经济活动。例如基本建设投资,把资金用在建厂、筑路、架桥等城市基础设施建设项目上,以便生产产品和提供交通运输服务,并获得相应的经济效益和社会效益;研究与开发(R&D)投资,把资金用在办学、科研上,以提高文化素质和获取科研成果;健康投资,把资金用在营养、体育锻炼上,以增加和提高身体素质等。

投资是一种"现在投入"和"将来收益"之间的交换。现在投入实际上是牺牲了一定的现在消费,将来收益则是获取更大量的将来消费。经济学家威廉·夏普在其所著《投资学》一书中,将"投资"概念明确表述为:投资就是为了获得可能的不确定的未来值而所做出的确定的现值牺牲。

2. 投资的分类

投资可分为直接投资和间接投资。

(1) 直接投资。在宏观经济学中,投资指的是一定时期资本存量的增加,其中包括新建建筑物、新增机器设备和存货的变动。前两项是对固定资产的投资,后一项是对实物流动资产的投资,两者之和便是社会在一定时期的投资总额。通常,人们把用于生产产品或提高服务而进行的建设工厂或建筑物、购买机器设备、购买库存品的投资经济活动称为直接投资。

(2) 间接投资。人们常把购买某种资产的经济活动(主要是有价证券,如股票、债券、公债)称为间接投资。这种投资的目的仅在于获取证券所带来的股息或红利。在这种投资中,投资者既不参与生产经营管理工作,社会也不因此种活动而增加财富,这种投资实质上只是一种单纯的金融活动。因此,人们把在证券市场购买债券、公债、股票的活动称为金融投资,即间接投资。

项目总投资是指投资项目从建设前期准备工作开始到项目全部建成投产为止所发生的全部投资费用。它反映的是项目建设期末的投资总额。为满足投资项目顺利实施和正常生产运营的要求,应本着投资打足的原则估算项目总投资。

3. 总投资的构成

按照我国现行的资金管理体制和项目概预算编制办法,项目总投资包括建设投资、建设期借款利息和流动资金,如图 5-2 所示。

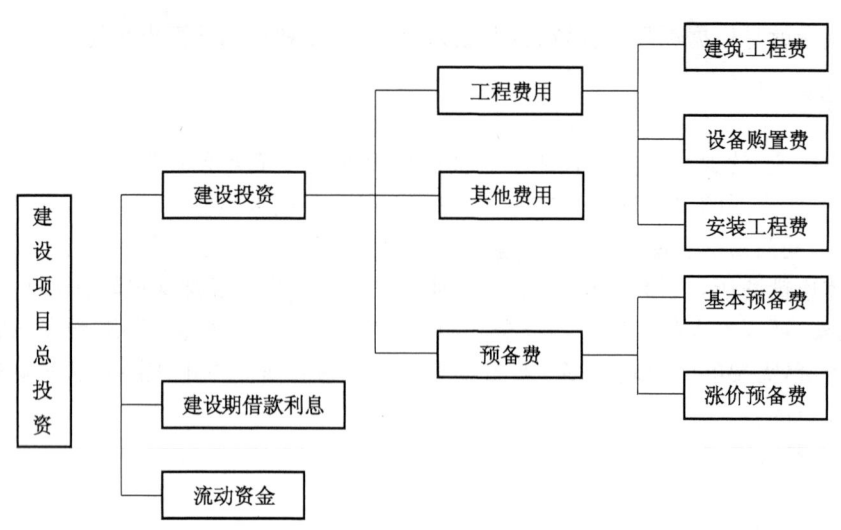

图 5-2　建设项目总投资构成

（二）建设投资

1. 建设投资的构成

建设投资的构成可按概算法分类或按形成资产法分类。

（1）按概算法分类的建设投资的构成。建设投资由工程费用、工程建设其他费用和预备费三部分构成。其中,工程费用又由建筑工程费、设备购置费(含工器具及生产家具购置费)和安装工程费构成;工程建设其他费用的内容较多,且随行业和项目的不同而有所区别;预备费包括基本预备费和涨价预备费。建设投资构成,如图 5-3 所示。

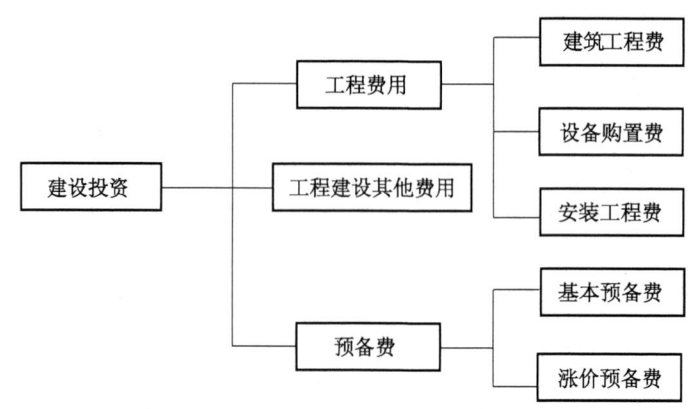

图 5-3　建设投资构成(概算法)

（2）按形成资产法分类的建设投资的构成。建设投资由形成固定资产的费用、形成无形资产的费用,形成其他资产的费用和预备费四部分组成。固定资产费用是指项目投产时直接形成固定资产的建设投资,包括工程费用和工程建设其他费用中按规定形成固定资产的费用,后者被称为固定资产其他费用,主要包括建设单位管理费、可行性研究费、研究实验费、勘察设计费、环境影响评价费、场地准备及临时设施费、引进技术和引进设备其他费、工程保险费、联合试运转费、特殊设备安全监督检验费和市政公用设施建设及绿化费等;无形资产费用是指将直接形成无形资产的建设投资,主要是专利权、非专利技术、商标权、土地使用权和商誉等;其他资产费用是指建设投资中除形成固定资产和无形资产以外的部分,如生产准备及开办费等。建设投资构成,如图 5-4 所示。

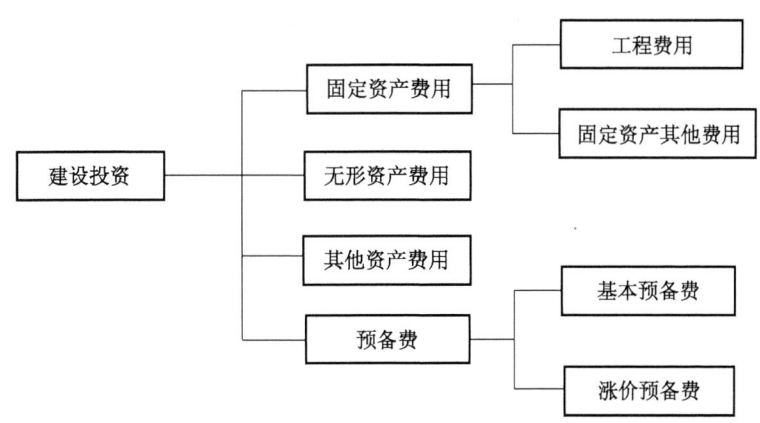

图 5-4　建设投资构成(资产形成法)

2. 建设投资的估算

根据概算法,建设投资由工程费用、工程建设其他费用和预备费构成。

1) 工程费用的估算

工程费用由建筑工程费用、设备及工器具购置费和安装工程费用构成。

(1) 建筑工程费用估算。建筑工程费用是指建造永久性建筑物和构筑物所需要的费用,如厂房、仓库、场地平整、变配电站、管线敷设等项工程的费用。一般可以采用三种方法,即单位建筑工程投资估算法、单位实物工程量投资估算法和概算定额指标估算法进行估算。单位建筑工程投资估算法,就是以单位建筑工程量投资乘以建筑工程总量计算建筑工程费。一般工业与民用建筑以单位建筑面积(平方米)的投资乘以建筑工程总量;工业窑炉砌筑以单位容积(立方米)的投资乘以建筑工程总量;水库以水坝单位长度(米)的投资乘以建筑工程总量;铁路路基以单位长度(千米)的投资乘以建筑工程总量;矿山掘进以单位长度(米)的投资乘以建筑工程总量。单位实物工程量投资估算法,就是以单位实物工程量的投资乘以实物工程总量计算建筑工程费。例如,土石方工程按每立方米投资乘以实物工程总量;矿井巷道衬砌工程按每千米投资乘以实物工程总量;路面铺设工程按每平方米投资乘以实物工程总量。概算定额指标估算法,就是对于没有上述估算指标且建筑工程费占总投资比例较大的项目,可采用概算指标估算法计算建筑工程费。采用这种估算法,应掌握较为详细的工程资料、建筑材料价格和工程费用等指标,投入的时间和工作量均较大。

(2) 设备及工器具购置费估算。设备购置费估算应根据项目主要设备表及价格、费用资料编制。工器具购置费一般按占设备费的一定比例计取。设备及工器具购置费,包括设备的购置费、工器具购置费、现场制作非标准设备费、生产用家具购置费和相应的运杂费。对于价位高的设备应按单台(套)估算购置费;价位较小的设备可按类估算。国内设备和进口设备的设备购置费应分别估算。国内设备购置费为设备出厂价加运杂费。设备运杂费主要包括运输费、装卸费和仓库保管费等,运杂费可按设备出厂价的一定百分比计算。进口设备购置费由进口设备货价、进口从属费用及国内运杂费组成。进口设备货价按交货地点和方式的不同,分为离岸价(FOB)与到岸价(CIF)两种价格。进口从属费用包括国外运费、国外运输保险费、进口关税、进口环节增值税、外贸手续费、银行财务费和海关监管手续费。国内运杂费包括运输费、装卸费、运输保险费等。现场制作非标准设备,由材料费、人工费和管理费组成,按其占设备总费用的一定比例估算。

(3)安装工程费用估算。对需要安装的设备应估算安装工程费,包括各种机电设备状况和安装工程费用,与设备相连的工作台、梯子及其装设工程费用,附属于被安装设备的敷设工程费用;安装设备的绝缘、保温、防腐等工程费用;单体试运转和联动无负荷试运转费用等。安装工程费通常按行业或专门机构发布的安装工程定额、取费标准和指标估算投资。具体计算可按安装费率、每吨设备安装费或者每单位安装实物工程量的费用估算。工程费用直接形成固定资产。

2)工程建设其他费用的估算

工程建设其他费用包括建设单位管理费、可行性研究费、研究试验费、勘查设计费、环境影响评价费、场地准备及临时设施费、引进技术和引进设备其他费、工程保险费、联合试运转费、特殊设备安全监督检验费和市政公用设施建设及绿化费等按规定也可以形成固定资产,称为固定资产其他费用。工程建设其他费用按各项费用科目的费率或者取费标准估算。

3)预备费的估算

(1)基本预备费估算。基本预备费是指在项目建设中可能发生难以预料的支出,需要事先预留的费用,又称工程建设不可预见费,主要指设计变更及施工过程中可能增加工程量的费用。基本预备费以工程费用及工程建设其他费用之和为计算基数,乘以基本预备费率计算。其计算公式为:

$$基本预备费 = (工程费用 + 工程建设其他费用) \times 基本预备费率$$

(2)涨价预备费估算。涨价预备费是指对建设工期较长的项目,由于在建设期内可能发生材料、设备、人工等价格上涨引起投资增加,需要事先预留的费用,亦称价格变动不可预见费。涨价预备费以工程费用为计算基数。其计算公式为:

$$涨价预备费 = 工程费用 \times 涨价预备费率$$

对于建设期价格上涨指数,政府部门有规定的按规定执行,没有规定的由可行性研究人员预测。

(三)建设期借款利息的估算

建设期借款利息是指建设项目在建设期间固定资产投资总额借款的应计利息。按照规定,它作为资本化利息应计入项目总投资(或总概算),列入投资计划,并形成固定资产原值,计提折旧。建设期利息应按照项目可行性研究报告中的项目建设资金筹措方案确定的初步贷款意向规定的利率、偿还方式和偿还期限计算。如没有规定,则按项目适用的现行一般贷款利率、期限和偿还方式计算。

建设期利息的计算可按当年借款在年中支用考虑,即当年借款按半年计算,上年贷款按全年计算。其计算公式为:

$$本年应计利息 = (年初借款累计金额 + 本年借款额 /2) \times 年利率$$

按现行规定,国内银行贷款建设在建设期内支付利息的项目,则银行采用复利计算建设期利息,直至项目投产期初。这部分建设期累计的贷款利息称为"资本化利息",计入项目总投资额内。

在国外借款利息的计算中,还应包括国外贷款银行根据贷款协议向借款方以年利率的方式收取的手续费、管理费、承诺费以及国内代理机构经国家主管部门批准的以年利率的方式向贷款单位收取的转贷费、担保费、管理费等资金成本费用。

(四)流动资金投资

1. 流动资金的含义

企业为了维持正常生产经营活动,提高承担风险和处理意外损失的能力,除了拥有必需的固定资产的投资外,尚需具备一定数量的可以自由支配的周转资金,这就是用以购置企业生产经营过程中所需的原材料、燃料、动力等劳动对象和支付职工工资的,生产中以周转资金形式被占用于在制品、半成品、产成品上的,在项目投产前预先垫支的流动资金。它属于企业在生产经营中长期占用和用于周转的永久性流动资金。

企业必须掌握足够的流动资金以从事原料购买、产品生产及销售等日常活动。如果对流动资金需要量的最初估计不足,企业必须采取应急措施,否则将因周转资金不足而面临倒闭。所以,流动资金是保证企业组织和维持正常生产经营的重要前提。

在建设项目经济评估中所考虑的流动资金,是伴随固定资产投资而发生的永久性流动资产投资,它等于项目投产运营后所需全部流动资产扣除流动负债后的余额(即净流动资金),这部分资金一般通过长期负债和权益投资等长期性资金来源来解决。

对流动资金需要量的估算与决策将直接影响到企业的赢利能力与清偿能力。因为衡量清偿能力的常用标准是流动比率,即流动资金与流动负债的比率;同时,流动资金通过影响企业流动负债成本,最终也会影响到资金结构和资金预算。流动资金投资与固定资产投资之间也有一个稳定的比例,在经济发达和管理水平高的国家,流动资金投资率(即流动资金投资所占比率)通常较小。

2. 流动资金的构成

项目流动资金是流动资产的货币表现,从流动资产的内容来看,具体包括货币资金、应收账款和存货等。按照新的财务制度,对流动资金构成及用途的划分突出了流动资产核算的重要性,强化了对流通领域中流动资金的核算,因此,流动资金结构按变现速度快慢顺序划分为货币资金、应收及预付款项和存货三大块。

3. 流动资金的估算

流动资金需用量可根据各类项目特点和评估要求,并按照现有同类生产企业的定额指标和掌握资料的详细程度,分别采用扩大指标估算法和分项详细估算法进行估算。

1)扩大指标估算法

该方法根据现有实际资料确定出该类项目扩大指标定额,推算出拟创业项目所需的流动资金数量。其计算方法有以下几种:

(1)流动资金占总产值比率估算法。在实际中都用百元产值流动资金占用额表示,其计算公式为:

$$流动资金额 = 产值 × 产值资金比率$$

(2)成本资金占用率估算法。可按部门同类企业的总成本资金占用比率,或者按经营成本流动资金占用比率来进行预算。

$$流动资金额＝年总成本×成本资金比率$$

（3）固定资产资金占用率估算法。按同类企业标准方案流动资金占固定资产值的比率进行估算。其计算方法是：

$$流动资金额＝固定资产总价值×固定资产资金占用率$$

（4）产量资金占用率估算法。按同类企业标准方案的单位产量占用流动资金的比率进行预算。其计算方法是：

$$流动资金额＝年总产量×单位产量占用流动资金的比率资金率$$

2）分项详细估算法

该方法按占用周转资金的类别分别进行估算，然后将各类周转资金数量加总，即为项目所需的流动资金总额。生产所占用的周转资金可分为储备资金、生产资金和产成品资金等。在分项详细估算法中，一般将它具体划分为应收账款、存货和现金等项。这种方法首先计算各类流动资产的年周转次数或天数，然后再根据拟创办的企业经营规模，并利用应收账款、存货和现金等项与企业经营规模的关系来分别计算其数额，最后将它们汇总起来就得到流动资金数额。

二、收入

投资项目实施后所获得的收入，主要来源渠道有销售产品（或劳务）、对外进行投资、一些营业外活动和补贴收入，其中营业收入是主要来源。在创业初期，除营业收入之外的其他收入也难以预计，故在这里用营业收入代替收入。

（一）产量与销售量的估算

1. 产量估算

拟创业项目的产量估算应根据以销定产的原则，在充分进行需方市场调查（包括市场开发程度和需求量的增减变化等）的基础上，结合技术成熟度、产品寿命期、工艺流程，逐期确定最佳生产规模，然后根据各年生产负荷估计不同年份的产量。产量估算一般在投资项目可行性研究报告的生产方案部分完成。

2. 销售量估算

一般情况下，假定产品没有滞销和积压现象，产品销售量就等于生产量。生产量是根据拟创业项目的生产规模，结合生产负荷水平确定的。因此，一般正常年份的产品销售量，可以按设计生产能力全负荷计算，投产期按具体设计负荷产量，即生产能力的一定比例计算。

在估算销售量时，应注意以下问题：

（1）正确估算项目达到设计能力的时间以及达到设计能力之前试投产阶段的年产量。

（2）做好产品市场需求预测工作，根据谨慎的原则，判断达到设计能力生产年份销量与产量之间是否有较大出入，不能一味地认为产量即等于销量，应根据实际情况加以调整。

（3）对于某些项目而言，在估算主产品销售量的同时估算副产品的销售量。还应注意，由于市场竞争的复杂性和市场需求的多变性，项目投产后不同年份的单位产出可能会有所不同。

（二）销售价格的估算

价格的估计是项目财务评价的关键，直接影响项目评价的质量。因此，确定销售价格应当以现行市场价格为基础，采用科学的预测方法，审慎地确定价格，从而使价格比较符合市场发展变化规律。

通常情况下，拟创业项目的销售价格一般采用大门交付价格，即第一次在最近销售地点的销售项目产品的价格。

对外销或替代进口的产品，可以以外贸部门掌握的国际到岸价格或离岸价格为基础推算项目财务评价。

对于参照现行市场价格来确定产品的销售价格，应注意以下问题：

（1）市场差价的影响。由于产品销售的地区、季节、环节和条件不同，形成了同一种产品的价格差异，包括地区差价、购销差价、季节差价和批零差价等，这是预定价格时应注意的问题。

（2）产品市场需求的影响。对于长期供不应求的产品，定价可适当高些；对于正处畅销的产品，可采用市场平均价格，并应注意产品的成熟期和衰退期价格的变化，在收入预测中要留有余地。还应注意同时考虑项目产品的市场竞争状况以及项目产品替代物的市场状况。

（3）价格弹性的影响。价格弹性是指价格变动与销售量变动的比例关系。应根据不同产品价格弹性的特点采取不同的价格策略，价格弹性较大的产品可以采取降价策略以扩大销售量；反之，则不宜采取降价促销的策略。

（4）目标市场细分的影响。不同的消费群体价格弹性不同，可以针对细分的产品市场确定不同的价格，然后加权平均算出平均销售价格。

在测算计算期内各年收入时，为简化计算，一般不考虑产品价格涨跌情况。因为生产成本（原辅材料等）也会相应涨跌，彼此间能基本抵销涨跌因素对项目效益的影响。

对于建设期长的项目，如果建设期各年采用时价，生产期产品价格将采用建设期末价格，但生产期内不考虑通货膨胀因素。如果拟创业项目的产品属于新产品，则可根据以下公式计算其出厂价格：

$$出厂价格 = 产品计划成本 + 产品计划利润 + 产品计划税费$$

产品计划成本可根据预计的产品成本加以估算；产品计划利润为产品计划成本与产品成本利润率的乘积，其中，产品成本利润率是根据项目所在行业的平均成本利润率加以确定的；产品计划税费的计算公式如下：

$$产品计划税费 = \frac{产品计划成本 + 产品计划利润}{1 - 税率} \times 税率$$

此外，需要注意以下问题：①收入估算所选取的价格应与费用估算所选取的价格体系一致；②对于适用增值税的项目，运营期内收入估算的价格可采用不含增值税价格，若采用含增值税价格，应予以说明，并对相关表格进行调整，如利润与利润分配表、财务计划现金流量表、项目投资现金流量表与项目资本金现金流量表等；③在计算期内同一年份，无论是有项目还是无项目的情况，原则上同种（质量、功能无差异）产出的价格应取得一致。

（三）营业收入的估算

营业收入是企业在某一期间通过销售产品或提供劳务所形成的货币收入，是拟创业项目的主要收入来源,对项目的经济效益好坏起关键作用,因此,对销售收入的估算是项目财务分析中非常重要的内容。营业收入计算公式如下:

$$营业收入 = 产品销售量 \times 产品销售价格$$

在估算销售量、销售价格的基础上,将产品方案中多种产品和副产品的营业收入进行累加,就可以求出总的年营业收入。对于中外合资或其他涉外项目,应注意结算货币的选定及外汇汇率风险。

(四) 营业税金及附加

1. 营业税金及附加的内容

营业税金是根据商品买卖或劳务的流转额征收的税金,属于流转税的范畴。营业税金包括增值税(价外税)、消费税、营业税、资源税和城市维护建设税。在投资项目评价中,营业税金及附加的内容,除包括营业税金外,还包括教育费附加。由于这些税金的存在,直接影响企业商品或劳务的价格,也就影响企业的收入。这一点,在创业初期的收入估算中一定要重视。

2. 营业税金及附加的计算

(1) 增值税。增值税是对销售货物或者提供加工、修理修配劳务以及进口货物的单位和个人就其实现的增值额征收的一种流转税。增值税的纳税义务人是指在中华人民共和国境内销售货物或者提供加工、修理修配劳务以及进口货物的单位和个人。

增值税的税率分三种情况:①对大多数商品和劳务而言,适用17%的标准税率;②对粮食、食用植物油、自来水、暖气、冷气、热水、煤气、石油液化气、天然气、沼气、居民用煤炭制品、图书、报纸、杂志、饲料、化肥、农药、农机、农膜、农业产品、金属矿采选产品以及非金属矿采选产品等,适用13%的低税率;③对报关出口的货物适用零税率,但是国务院另有规定的除外;④此外,对于小规模纳税人实行4%的征收率。

增值税应纳税额的计算可按下列公式:

$$应纳税额 = 当期销项税额 - 当期进项税额$$

其中,销项税额为当期销售额与税率的乘积;进项税额为纳税人购进货物或者接受应税劳务当期允许抵扣税款的增值税专用发票上注明的增值税额。

对于小规模纳税人,不论是销售13%税率的货物还是销售17%税率的货物或应税劳务,一律按4%的征收率计算应纳税额。

小规模纳税人应纳税额的计算公式为:

$$应纳税额 = 不含税销售额 \times 征收率$$

(2) 消费税。消费税是对特定的消费品和消费行为征收的一种税。应税消费品包括14类产品,即烟、酒及酒精、化妆品、护肤护发品、贵重首饰及珠宝玉石、鞭炮及焰火、汽油、柴油、汽车轮胎、摩托车、小汽车、高尔夫球及球具、高档手表等。

消费税的税率有比例税率,共13个档次,最低1%,最高56%;也有定额税率。

消费税的计算公式有两个:

$$从价计税时:应纳税额 = 销售额 \times 适用税率$$
$$从量计税时:应纳税额 = 应税消费品销售数量 \times 适用税额标准$$

（3）资源税。资源税是对在我国境内开采应税矿产品和生产盐的单位和个人,就其应税数量征收的一种税。资源税是对自然资源征税的税种的总称。目前,我国的资源税征税范围较窄,仅选择了部分级差收入差异较大、资源较为普遍、易于征收管理的矿产品和盐列为征税范围,具体包括原油、天然气、煤炭、其他非金属矿原矿、黑色金属矿原矿、有色金属矿原矿以及盐 7 类。

资源税应纳税额计算公式为:

$$应纳税额 = 课税数量 \times 单位税额$$

（4）城市维护建设税。城市维护建设税是国家为了加强城市的维护和建设,扩大和稳定城市维护建设资金的来源,而对从事工商经营、缴纳增值税等的单位和个人征收的专用于城市维护建设的一种税。

城市维护建设税以纳税人实际缴纳的增值税额和消费税额为计税依据,纳税人所在地在市区的,税率为 7%;纳税人所在地在县城、镇的,税率为 5%;纳税人所在地为其他地区的,税率为 1%。应纳税额的计算公式为:

$$应纳税额 = 实际缴纳的增值税和消费税总额 \times 适用税率$$

（5）教育费附加。教育费附加是为了加快地方教育事业的发展、扩大地方教育经费的资金来源而开征的。教育费附加收入纳入预算管理,作为教育专项基金,主要用于各地改善教学设施和办学条件。凡缴纳增值税、消费税的单位和个人,都是教育费附加的缴纳人。教育费附加随增值税、消费税同时缴纳,由税务机关负责征收。

教育费附加的计征依据是各缴纳人实际缴纳的增值税、消费税的税额,征收率为 3%。其计算公式如下:

$$应纳税额 = 实际缴纳的增值税和消费税税额 \times 3\%$$

三、总成本费用

（一）总成本费用的概念

1. 费用与成本

费用是与收入相对应的概念,是指企业在日常活动中发生的、会导致所有者权益减少的、与向所有者分配利润无关的经济利益的总流出。企业生产经营过程是资金的耗费过程。在生产经营过程中,企业为了生产商品、完成劳务,必然要耗费各种人力、物力和财力。

成本是指在发生的费用中最终要计入一定的成本计算对象的那部分费用。企业发生的费用尽管多种多样,但在发生以后,有些费用按照规定应计入一定的核算对象,构成一定资产的成本。在发生的所有费用中,只有那些能够按照规定计入一定成本核算对象的部分,才称为成本。如果不能计入一定的成本核算对象,则只能作为费用来处理。

简而言之,生产费用与一定的时期相联系,而与生产的产品无关;产品成本与一定品种和数量的产品相联系,而不论发生在哪一期间。

2. 总成本费用的概念

总成本费用是指在一定时期(如 1 年)因生产和销售产品发生的全部费用,即在营运期内各年为生产产品或提供服务所发生的全部费用。

（二）总成本费用的构成

总成本费用的构成及估算通常采用以下方法。

1. 按经济用途分析

根据经济用途分析，总成本费用由生产成本和期间费用构成。总成本费用的计算公式为：

$$总成本费用 = 生产成本 + 期间费用$$

（1）期间费用。期间费用是指本期发生的、不能直接或间接归入某种产品成本的、直接计入损益的各种费用，包括管理费用、销售费用和财务费用。

管理费用是指企业行政管理部门为组织和管理生产经营活动而发生的各种费用；销售费用是指企业在销售产品、提供劳务等日常经营过程中发生的各项费用以及专设销售机构相关的固定资产维修等费用；财务费用是指企业筹集生产经营所需资金而发生的费用。

（2）生产成本。生产成本是指与一定品种和数量的产品相联系的费用，可以进一步划分为直接材料、直接人工和制造费用。

直接材料是指企业在生产产品和提供劳务过程中，所耗费的直接用于产品生产并构成实体的原料、主要材料、外购半成品、修理用备件、包装物、有助于产品形成的辅助材料以及其他直接材料；直接人工是指企业在生产产品和提供劳务过程中，直接参加产品生产和直接提供劳务的工人工资以及按生产工人工资总额和规定比例计算提取的职工福利费；制造费用是指企业各生产单位（如生产车间）为组织和管理生产而发生的各项费用，包括工资和福利费、折旧费、修理费、办公费、水电费、机物料消耗费、劳动保护费以及其他制造费用等。

2. 按生产要素分析

根据生产要素分析，总成本费用由外购原材料、外购燃料和动力、人员工资及福利、外部提供的劳务或者服务、当期应计提的折旧和摊销，以及应付的财务费用构成。总成本费用的计算公式为：

$$总成本费用 = 外购原材料 + 外购燃料和动力 + 工资及福利 + 折旧费$$
$$+ 摊销费 + 修理费 + 利息支出 + 其他费用$$

在投资项目分析评价时，通常采用这种方法估算总成本费用。总成本费用的行业性很强，不同的行业在成本构成的科目和名称上有较大的差异，估算时，应按行业特点和相关规定划分成本费用要素，便于将总成本费用分解为固定成本和可变成本。

3. 按成本习性分析

根据成本习性分析，总成本费用由固定成本和变动成本构成。总成本费用的计算公式为：

$$总成本费用 = 固定成本 + 变动成本$$

固定成本是指所有成本费用中，在一定时期和一定产销量范围内，不受产销量增减变动影响而固定不变的那部分成本费用，主要包括非生产人员工资、折旧费、无形资产及递延资产摊销费、修理费、办公费、管理费等。

变动成本是指所有成本费用中，随产销量的增减成正比例增减变动的各项费用，通常包括原材料、燃料、动力消耗，包装费和生产人员工资等。

有些成本费用属于半固定半可变成本，必要时可以进一步分解为固定成本和变动成本。进行投资项目分析时,可以根据行业特点进行简化处理。

在投资项目分析时,为便于分解变动成本和固定成本,按生产要素法估算总成本费用时,变动成本通常包括外购原材料、外购燃料和动力;固定成本通常包括工资和福利、折旧费、摊销费、修理费、利息支出以及其他费用等。其计算公式如下:

$$变动成本 = 外购原材料 + 外购燃料和动力费$$
$$固定成本 = 工资及福利费 + 折旧费 + 摊销费 + 修理费 + 利息支出 + 其他费用$$

如果工资和福利包含计件工资则属于半可变成本,应将计件工资部分划归变动成本,将固定工资部分划归固定成本。长期借款利息应视为固定成本,短期借款如果用于购置流动资产,可能部分与产品产量、销售量相关,其利息可视为半可变半固定成本,为简化计算,也可视为固定成本。

(三)总成本费用的估算

根据生产要素法计算总成本费用的公式,总成本费用由外购原材料、外购燃料和动力、工资及福利、折旧费、摊销费、修理费、利息支出和其他费用构成。因此,只要把这些单项的成本费用估算出来,然后进行简单的加总,就可以得到总成本费用。

1. 外购原材料、外购燃料和动力费估算

原材料、燃料和动力是按生产要素法估算总成本费用的重要组成部分,是指外购部分而不含自行生产的原材料、燃料和动力。其计算公式如下:

$$外购原材料 = 年产量 \times 单位产品耗用量 \times 原材料单价$$
$$外购燃料和动力 = 年产量 \times 单位产品耗用量 \times 燃料和动力的单价$$

估算原材料、燃料和动力费时,需要根据项目产品设计方案中原材料、燃料和动力的品种和单位耗用量,并根据市场调查结果,在选定价格体系下确定原材料、燃料和动力的预测价格。预测价格应按入库价计算,即包括运输费用和在途损耗。同时,采用的预测价格的时点和价格体系要与估算营业收入时一致。在投资项目分析评价中,外购数量通常应与分年生产(销售)计划中的产出数量一致,而不需要考虑为了保证正常生产而制定的储备量问题。

工业项目生产所需原材料、燃料和动力种类繁多,很难详尽地罗列和估算。在投资项目分析中,可以根据产品的具体情况,选择主要的、耗用量较大的原材料、燃料和动力品种作为估算对象,以简化计算。

2. 工资及福利费估算

工资及福利费是指支付给职工的报酬,包括工资、奖金、津贴和福利费,而养老保险、医疗保险等社会保险费和住房公积金应计入其他管理费。工资及福利费用分别包含在制造费用、管理费用和销售费用中,为便于计算,一般按生产要素法将工资及福利费单独估算。

按生产要素法,工资及福利费按项目全部人员数量估算。根据不同项目的需要可以按全部人员年工资福利的平均值计算,也可按人员类型和层次分别设定不同档次的工资额估算。其计算公式为:

$$年工资及福利费 = 人员数量 \times 人均年工资额$$

3. 折旧费估算

折旧是固定资产在使用过程中,通过逐渐损耗而转移到产品成本中的价值。通过计提折旧,企业可以逐步收回用于固定资产的投资。因此,固定资产折旧可以直接计入成本费用。

我国现行的计提折旧方法主要有年限平均法、工作量法、双倍余额递减法和年数总和法四种,企业可以自行选择适合的折旧方法。

(1)年限平均法。年限平均法亦称直线折旧法,即将固定资产的原值减去预计残值后,平均分摊到各年提取折旧。其计算公式为:

$$年折旧率 = \frac{1-预计净残值率}{折旧年限}$$

$$年折旧额 = 固定资产原值 \times 年折旧率$$

固定资产原值是指项目投产时按规定由投资形成的固定资产部分,包括固定资产投资额、预备费和建设期利息。预计净残值率是预计的固定资产净残值与固定资产原值的比率。

会计制度规定,不同的行业净残值率并不相同。在进行投资项目分析时,由于折旧年限不是按照固定资产的使用年限确定的,而是根据项目生命期确定的,残余价值可能高于会计制度规定的比率。因此,预计净残值率可以根据具体情况来估算,一般可选择10%,个别行业如港口等可高于此数。年限平均法是国内外普遍采用的折旧计提方法。

(2)工作量法。对于一些特殊的设备,由于使用寿命不能简单地以年数来规定,如客运或货运汽车、必备而使用较少的专用设备,可以采用工作量法计提折旧。在项目寿命周期内,固定资产的使用量越大,提取的折旧就越多,这样提取折旧比较符合企业运营的实际情况,在项目建成并投产后使用这种方法较好。但是在项目投产之前,特别是在可行性研究阶段,使用这种方法就显得繁琐,因此投资评估中一般不采用这种方法。

(3)双倍余额递减法。双倍余额递减法是以年限平均法确定的折旧率的双倍乘以固定资产在每一会计期间的期初账面净值,从而确定当期应提折旧的方法。其计算公式如下:

$$年折旧率 = \frac{2}{折旧年限}$$

$$年折旧额 = 固定资产净值 \times 年折旧率$$

实行双倍余额递减法时,应在折旧年限到期前2年内,将固定资产净值扣除净残值后平均摊销。

双倍余额递减法是一种加速折旧的方法,是在固定资产使用前期提取较多的折旧,在使用后期提取较少的折旧,使固定资产尽早得到补偿的计提方法。现代生产技术发展较快,为了能适应资产更新和资本回收的需要,加快技术进步,世界各国普遍在国民经济中具有重要地位的电子、机械、化工、医药、船舶、飞机、汽车制造业实行加速折旧,以提高资产更新速度。

(4)年数总和法。年数总和法也是一种加速折旧的方法。年数总和法是以固定资产原值扣除预计净残值后的余额作为计提折旧的基础,按照逐年递减的折旧率计提折旧的方法。其计算公式为:

$$年折旧率 = \frac{折旧年限-已使用年数}{折旧年限(折旧年限+1)/2}$$

$$年折旧额 = 固定资产净值 \times 年折旧率$$

折旧年限是固定资产的使用年限,国家对各类固定资产的使用年限有专门的规定。但在投资项目分析中,使用年限少于项目生产期的以规定折旧年限计算,使用年限高于项目生产期的一般以项目的生产期为折旧年限。

固定资产折旧费除了存在于生产环节外,在管理和销售环节也同样存在,但主要的、资产额较大的固定资产大都集中在生产环节。因此,在投资项目分析时,如果项目拥有多项固定资产,一般不需要逐项估算折旧费,而是只对主要的、资产额较大的固定资产进行逐项估算,对次要的、资产额较少的固定资产采用综合折旧费率进行估算。

4. 摊销费估算

摊销费是无形资产和递延资产在一定期限内摊销形成的费用。无形资产是指企业长期使用但没有实物形态的资产,如专利权、商标权、著作权、土地使用权、商誉等。递延资产主要是指项目筹建和建设期间发生的费用,如筹建和建设期间发生的办公费用、人员工资等。无形资产和递延资产以摊销费的形式进行补偿和回收。

无形资产和递延资产摊销一般采用年限平均法估算,不计残值,从使用之日起,在其有效期内平均分摊计入成本。

$$年摊销额 = \frac{无形资产和递延资产原值}{摊销年限}$$

如有法律或合同规定了无形资产的使用期限,应按相关规定或合同计算无形资产摊销年限;如果没有使用期限规定,应按不少于 10 年的期限平均分摊。递延资产从项目投产之日起,在不少于 5 年的期限内平均分摊计入成本。

摊销费与固定资产折旧费性质一样,须计入产品成本,并从销售收入中提取,都不属于真正的现金流出,所以在投资项目分析时要从总成本中剔除。

5. 修理费估算

修理费是为保持固定资产正常运转和使用,进行必要修理所发生的费用。按修理范围的大小和时间间隔长短可以分为大修理和中小修理。修理费允许直接在成本中列支,如果发生的修理费数额较大,可以采用预提或摊销的办法处理。

在现行财会制度中,修理费是按实际发生额计入成本的,但是在项目分析时无法预测其发生的时间和金额,因此,一般按照固定资产原值的一定比例估算,该比例可以参照同类设备的经验数据确定。确定提取比率时,一般采用固定值。也可以根据项目特点采用不同的提取比率,开始运营时提取值较低,以后逐步增加。

6. 利息支出估算

企业为筹集资金而发生的利息支出、汇兑损失、手续费等统称财务费用。在投资项目分析中通常只考虑利息支出。利息支出的估算包括长期借款利息、流动资金借款利息和短期借款利息三部分。

长期借款利息是指项目建设期间发生的用于固定资产投资的长期借款余额(包括未支付的建设期利息)应在营运期支付的利息。投资项目分析时一般选择等额还本付息方式来计算长期借款利息,其计算公式如下:

$$年长期借款利息 = 长期借款余额 \times \frac{年利率 \times (1+年利率)^{预定还款期}}{(1+年利率)^{预定还款期} - 1}$$

这里的流动资金借款,是指项目总投资中用于铺底流动资金中的借款部分,而不是营运期间由于资金临时需求而发生的短期流动资金借款。国家主管部门规定,经营性项目所需铺底流动资金中的资本金比例不少于30%,其余70%可以通过借贷解决。因此,用于铺底流动资金的借款是长期的资金占用(对于银行),从本质上来说,应归为长期借款。但是在实际运作中,企业通常与银行达成按期末偿还、期初再借的协议,并按1年期利率计息的方式处理。所以,在进行投资项目分析时,流动资金借款可以按每年支付息,营运期最后一年偿还本金的方式进行安排。流动资金借款年利息可以按以下方式计算:

年流动资金借款利息 = 年初流动资金借款余额×流动资金借款年利率

短期借款是指营运期间由于资金临时需求而发生的短期借款。短期借款按随借随还的原则处理,即当年借款次年归还。短期借款利息计算如下:

年短期借款利息 = 年初短期借款余额×短期借款年利率

7. 其他费用估算

其他费用是指制造费用、管理费用和销售费用中分别扣除了工资和福利费、折旧费、摊销费、修理费以后的其他制造费用、其他管理费用和其他销售费用。产品出口退税和减免税项目按规定不能抵扣的进项税额也可以包括在内。由于这三项费用包括项目较繁复,一般很少进行分项详细估算,而采用经验比例进行简化计算。

四、利润总额

利润总额是企业在一定时期内实现盈亏的总额,集中反映企业生产经营活动各方面的效益,是企业最终的财务成果,也是衡量其生产经营管理水平的重要综合指标和财务分析的重要内容。利润总额为正,表示企业盈利;利润总额为负,表示企业亏损。根据会计制度的规定,企业利润总额包括营业利润、投资净收益及营业外净收入。其计算公式为:

利润总额 = 营业利润＋投资净收益＋营业外净收入

如果投资项目是新建项目,一般很少发生营业外收入(或支出)、投资收益(或损失),因此,新建项目的利润总额就是营业利润。此类营业利润的计算公式如下:

营业利润 = 营业收入－销售税金及附加－总成本费用

第三节　项目经济评价方法

投资项目经济评价的方法,一类是不考虑资金时间价值的静态评价方法,另一类是考虑资金时间价值的动态评价方法。静态评价方法因为计算方法简单常用于投资项目初始阶段的粗略评价;动态评价方法主要有净现值法和内部收益率法,用于项目的可行性研究阶段,为投资决策做准备。

一、静态评价方法

静态评价方法是指在评价工程项目的经济效果时,不考虑资金的时间因素。静态评价的计算方法比较简单,常用于投资方案的初选阶段。

根据评价指标不同,技术经济的静态评价方法主要包括投资回收期法、追加投资回收期法和投资效果系数法。

(一)投资回收期法

投资回收期是指项目投产以后获得的净收益抵偿全部投资所需要的时间。投资回收期是反映所投资金回收速度的重要指标,一般以年为单位,计算从投资开始之年算起。

静态回收期在计算中不考虑资金的时间价值,计算公式如下:

$$\sum_{t=1}^{P_t}(S_t-C_t-T_t)=I$$

式中:P_t 为静态投资回收期;S_t 为第 t 年销售收入;C_t 为第 t 年经营成本;T_t 为第 t 年销售税金;I 为项目总投资。

如果 CI_t 为第 t 年的现金流入,CO_t 为第 t 年的现金流出,则有:

$$\sum_{t=1}^{P_t}(CI_t-CO_t)=0$$

1. 公式法求解投资回收期

如果方案中各年净收益 $(S_t-C_t-T_t)$ 为等额数列,则静态回收期可通过公式直接求得:

$$P_t=\frac{I}{S_t-C_t-T_t}$$

2. 列表法求解投资回收期

对于各年净收入不同的项目,投资回收期通常用列表法求解,静态投资回收期的近似公式为:

$$P_t=T-1+\frac{第(T-1)年的累计现金流量的绝对值}{第\ T\ 年的净现金流量}$$

式中:T 为项目各年累计净现金流量首次出现正值或零的年份。

【例5-13】 用表5-1所示的数据计算投资回收期。

表 5-1　　　　　　　　　　某项目的投资及各年净收入的现金流量

单位:万元

	年份	0	1	2	3	4	5	6	7	8	9
现金流量情况	1. 固定资产投资	200	180	120							
	2. 流动资金投资			150							
	3. 总投资(1+2)	200	180	270							
	4. 收入				300	450	500	550	550	550	550
	5. 支出(不含投资)				250	300	350	350	350	350	350
	6. 净收入				50	150	150	200	200	200	200
净现金流量 NCF(6-3)		-200	-180	-270	50	150	150	200	200	200	200
累计净现金流量 $\sum NCF_t$		-200	-380	-650	-600	-450	-300	-100	100	300	500

解：从表 5-1 中可以看出，该项目的累计净现金流量是从第 7 年开始出现正值的，当年的净现金流量为 200 万元，上年(第 6 年)的累计净现金流量为－100 万元，所以投资回收期为：

$$P_t = T - 1 + \frac{100}{200} = 6.5(年)$$

运用静态投资回收期指标评价技术方案时，需要与基准投资回收期 P_0 相比较：

若 $P_t \leqslant P_0$，则接受方案；

若 $P_t > P_0$，则拒绝方案。

3. 静态投资回收期法的评价

(1) 静态投资回收期的特点。技术方案的评价面临着各种各样的不确定因素，而且这种不确定因素所带来的风险会随着时间的延长而增加，因为未来的时间越远，人们所确知的东西就越少，风险就越大。为了尽可能地减少风险，投资者必然希望投资回收期越短越好。

(2) 静态投资回收期的优点。概念清晰，直观，易于理解；不仅在一定程度上反映了技术方案的经济性，而且反映了技术方案的风险大小和投资的补偿速度；该方法既可判定单个方案的可行性(与 P_0 比较)，也可用于多个方案之间的比较(判定优劣)。

(3) 静态投资回收期指标的缺点。没有反映资金的时间价值，不符合资金运作的实际情况，尤其是在银行贷款利率较高或投资额较高时，计算结果的偏差会很大；由于它舍弃了方案在回收期以后的收入和支出情况，故难以全面反映方案在整个寿命期内的真实效益，因此，静态投资回收期只能作为对技术方案优劣进行判断的辅助性指标。

(二) 追加投资回收期法

追加投资回收期是一个相对的回收期指标，可直接用于两个方案的比较评价。其基本思想是：在比较评价两个方案时，用投资较大的方案的年经营费用的节约额去偿还多花费投资所需的年限，以此来考查超额投资的经济性。一般情况下，在经济活动实践中，投资较少的项目，生产成本相对要高；投资较多的项目，生产成本相对要低。追加投资是指进行比较的两个方案所需投资的差额。追加投资回收期的实质是对于投资较大的方案，用每年生产成本支出的节约资金，补偿追加投资的期限。这种方法的主要目的是判断追加投资的经济合理性，计算结果一般用年来表示。

追加投资回收期的计算方法，根据两比较方案年产量是否相同，可分为以下两种：

(1) 两比较方案年产量相同，投资额和生产成本不同。其计算公式为：

$$P_s = \frac{\Delta I}{\Delta C} = \frac{I_a - I_b}{C_b - C_a}$$

式中：P_s 为追加投资回收期；I_a、I_b 分别为两方案的投资额，且 I_a 大于 I_b；C_a、C_b 分别为两方案的年生产成本，且 C_a 小于 C_b；ΔI 为追加投资；ΔC 为 A 方案比 B 方案年生产成本的节约值。

在用此方法计算的过程中，应注意两点：一是计算结果只有追加投资回收期 P_s 小于基准投资回收期 P_0 时，投资额较大的方案较优，否则，投资额较小的方案较优；二是在计算公式中两个方案的生产成本每年数值都必须相等，如不相等，需要用累计法进行计算。

【例 5-14】 某项目有两个投资方案可供选择。A 方案预计总投资额 100 万元,年生产成本 10 万元;B 方案预计总投资额 92 万元,年生产成本 12.5 万元,如果基准投资回收期 P_0 为 5 年,试比较两方案优劣。

解:

$$P_s = \frac{I_a - I_b}{C_b - C_a} = \frac{8}{2.5} = 3.2(年)$$

因为 $P_s \leqslant P_0 = 5$ 年,所以,通过追加投资回收期的计算,A 方案优于 B 方案。

(2) 两个方案年产量不同,投资额和生产成本也不相同。其计算公式为:

$$P_s = \frac{I_a/Q_a - I_b/Q_b}{C_b/Q_b - C_a/Q_a}$$

式中:Q_a、Q_b 分别为两方案的年产量。

由于两个投资方案的年产量不同,直接进行计算结果已无可比性。因此,必须将产量等同化处理,利用单位产品的投资额和成本加以计算比较,得出新的意义下的追加投资回收期。

应当注意:投资回收期 P_t 与追加投资回收期 P_s 是两个不同的概念。前者是绝对的回收期,它表明靠盈利额回收基本投资所需要的年限;后者是相对回收期,其数据表明了两个相比方案经济效果差异的大小,表明了一个方案对另一个方案的优化程度。追加投资回收期越长,说明投资大的方案的经济效果越差;反之,追加投资回收期越短,说明投资大的方案的经济效果越好。

(三) 投资效果系数法

1. 投资效果系数的计算

投资效果系数又称投资收益率,是指在项目投产以后,每年获得的纯收入与总投资额之比。其计算公式为:

$$E = \frac{NB}{I}$$

式中:E 为投资效果系数;NB 为项目年纯收入;I 为项目总投资。

用投资效果系数法对项目方案进行评价,一般在财务平衡分析中使用。

在实际项目论证中,常用的投资效果系数有如下两种形式:

(1) 投资利润率法。如果纯收入 NB 用销售利润表示,则投资效果系数为投资利润率,是指项目达到设计生产能力后,正常生产年份的年利润总额与项目总投资的比率。其计算公式为:

$$\begin{aligned} 投资利润率 &= \frac{年利润总额}{总投资额} \times 100\% \\ &= \frac{生产期内年平均利润}{总投资额} \times 100\% \end{aligned}$$

(2) 投资利税率法。如果纯收入 NB 用销售利润与销售税金之和表示,则投资效果系数为投资利税率,是指项目达到设计生产能力后,正常生产年份的年利税总额与项目总投资的比率。其计算公式为:

$$投资利税率 = \frac{年利税总额}{总投资额} \times 100\%$$

$$= \frac{生产期内年平均利税}{总投资额} \times 100\%$$

用静态投资效果系数评价投资方案的经济效果,需要与基准投资效果系数作比较。设基准投资效果系数为 E_0,判别准则为:

若 $E \geqslant E_0$,则接受项目;

若 $E < E_0$,则拒绝项目。

根据统计部门提供的资料表明,我国投资利润率平均在 9% 左右,投资利税率在 15% 左右。各行业由于自身的性质和特点,所制定的基准值也不尽相同。

【例 5-15】 某项目其投资总额、年收入及年经营费用分别为 100 万元、38 万元和 15 万元,若基准投资效果系数为 15%,试以静态投资效果系数判断该项目的经济性。

解:

$$投资效果系数 = \frac{38 - 15}{100} \times 100\% = 23\%$$

由于 $E > E_0$,故该项目可以考虑接受。

2. 投资效果系数法的评价

(1) 投资效果系数法的优点。利用投资效果系数法评价投资方案的经济效果,具有计算快捷、表达清晰等优点,是在静态评价中经常使用的一种方法。

(2) 投资效果系数法的缺点。没有考虑资金的时间价值,由此可能引发计算结果与经济运行实践有较大误差;在生产期内,如果收益状况不稳定,很难找出具有代表意义的年份;如果使用平均值,敏感性低,也会影响对方案的正确判断。

二、动态评价方法

动态评价方法是指以资金时间价值为基础的评价方法。其实质就是考虑时间因素,利用复利计算,进行价值判断。同一时间点的价值,它不仅为不同方案和不同项目的经济比较提供了同等的时间基础,而且还能反映未来时期的发展变化情况。因此,考虑资金随时间的变化,比较符合资金的运动规律,使评价更加符合实际。这样做对投资者树立资金周转观念、利息观念、投入产出观念,合理利用资金,提高技术经济效果都具有十分重要的意义。

根据评价指标不同,动态评价方法主要包括现值法、年值法和收益法。动态经济评价指标不仅考虑了资金的时间价值,而且以项目在整个寿命期内收入与支出的全部经济数据为分析对象。因此,动态经济评价指标比静态评价指标更全面、更科学。

(一) 现值法

现值法是指将技术方案各年的净现金流量,按照基准收益率或所设定的折现率折算到期初的现值,并根据现值之和来进行评价的方法。现值法依据不同情况可分为费用现值、净现值和净现值率。

1. 费用现值

当多个投资方案的产出相同或都满足同样的需要,但产出无法用货币计量时,只需比较投资方案的费用,这时可用费用现值法评价投资方案。

费用现值法是指将技术方案逐年的投资与寿命期内各年的经营费用,按照基准收益率折算成项目开始的时点上的现值,然后对各方案的费用现值总和进行比较选择的方法。其计算公式为:

$$PC = \sum_{t=0}^{n} \frac{CO_t}{(1+i)^t}$$

式中:PC 为费用现值;CO_t 为第 t 年的现金流出;n 为项目寿命期;i 为基准折现率。

费用现值法用于多个方案的比较,其判别准则:若比较方案的寿命期相同,费用现值最小的方案为优;若寿命期不同,可以利用最小公倍数处理后再选取费用现值最小的方案作为最优方案。

【例 5-16】 某企业有三个项目方案 A、B、C,均能满足同样的需要,但各方案的投资及年运营费用不同,如表 5-2 所示。设基准折现率为 12%,试采用费用现值法对这三个项目方案进行评价。

表 5-2　　　　　　　　　　　　　三个项目方案的费用

单位:万元

方案	期初投资	1~4 年运营费用	5~8 年运营费用
A	50	9	9
B	60	10	10
C	70	6	7

解:各方案的费用现值计算如下:

$$PC_A = 50 + 9(P/A, 12\%, 8) = 50 + 9 \times 4.968 = 94.712(万元)$$
$$PC_B = 60 + 10(P/A, 12\%, 8) = 60 + 10 \times 4.968 = 109.680(万元)$$
$$PC_C = 70 + 6(P/A, 12\%, 4) + 7(P/A, 12\%, 4)(P/F, 12\%, 4) = 101.721(万元)$$

由于 $PC_A < PC_C < PC_B$,故方案 A 最优,方案 C 次之,方案 B 最差。

2. 净现值

净现值(NPV)是指各投资项目按行业的基准收益率或所设定的折现率,将寿命周期内各年净现金流量折现到项目开始的时点上的现金之和。由于净现值能客观、明确地反映项目计算期内的盈亏状况,是对项目方案分析的最重要的动态评价指标之一。其计算公式为:

$$NPV = \sum_{t=0}^{n} \frac{NCF_t}{(1+i)^t} = \sum_{t=0}^{n} NCF_t(P/F, i, t)$$

式中:NPV 为净现值;NCF_t 为第 t 年发生的净现金流量;n 为项目寿命期;i 为基准折现率。

用净现值法判别方案优劣的准则是:对单一项目而言,若 $NPV \geqslant 0$,则项目可以考虑接受;若 $NPV < 0$,则项目应予以拒绝。对多项目方案而言,净现值越大的方案相对优越。

【例 5-17】 某投资者 4 年前以 140 万元的价格买入一房产,过去 4 年内每年净现金收益 20 万元,现在该房以 190 万元出售。若投资者要求的年收益率为 20%,问此投资能否可行?

解:

$$NPV = \sum_{t=0}^{n} NCF_t(P/F, i, t)$$
$$= -140 + 20(P/A, 20\%, 4) + 190(P/F, 20\%, 4)$$
$$= -140 + 20 \times 2.589 + 190 \times 0.482$$
$$= 3.36(万元)$$

因为 $NPV > 0$,所以该方案可行。

在净现值的计算公式中,同一净现金流量的净现值随折现率 i 的增大而减小。故基准折现率 i 定得越高,方案能被接受的可能性越小。对于不同的方案,由于其现金流量的结构不同,当 i 的取值从某一值变为另一值时,NPV 的变动幅度是不同的。可以发现,当技术方案的后期净现金流量较大时,其 NPV 受 i 的影响更大,敏感性更高。

关于净现值法的几点说明:

(1)净现值法将方案计算期内每年的净现金流量折现在初期同一时点上,因而,能全面、客观、准确地反映方案的经济效果。该指标在投资评价中得到了广泛的应用。在一定条件下,净现值法对独立项目能够提供明确的决策建议;在对互斥项目进行决策时,净现值法能够给出项目的排序建议。

(2)不足之处为净现值法只能反映经济效果的绝对数值,而不能说明资金利用的相对经济效果。此外,基准折现率的确定带有主观因素,而且基准折现率对净现值的计算结果影响较大,若折现率定得略高,可行项目就可能被否定;反之,折现率定得过低,不合理的项目就可能被选中,因此,如果选择不当则影响决策的正确性。为保证决策的正确性,净现值法常与其他指标配合使用。

3. 净现值率

为弥补净现值法的不足,把净现值法与总投资额联系起来,以更好地反映资金利用的效率,在此引入净现值指数(净现值率)指标,记作 $NPVR$,它是净现值与总投资现值之比,用公式表示为:

$$NPVR = \frac{NPV}{IP}$$

式中:$NPVR$ 为净现值率;IP 为总投资现值。

净现值率指标实质是单位投资将获得的收益,因此,数值越大越好。在实际经济评价中,应根据项目投资额的大小,将净现值与净现值率两个指标结合使用。

(二) 年值法

年值法是通过资金等值计算,将方案的现金流量折算成寿命期内各年的等额年值,用以评价技术方案的经济评价方法。与现值法类似,年值法依据不同情况可分为费用年值、净年值和净年值率。

1. 费用年值

当多个技术方案的产出相同或技术方案都满足同样的需要,但产出无法用货币计量时,只需比较技术方案费用,可用费用年值法来评价。

费用年值是将投资方案逐年的投资与寿命期内各年的费用按基准收益率折算成年值，然后对各方案的费用年值进行比较，以选出最优方案。费用年值的计算公式为：

$$AC = \sum_{t=0}^{n} CO_t(P/F, i, t)(A/P, i, n)$$

式中：AC 为费用年值。

费用年值的判别准则是：费用年值最小的方案为最优方案。

【例 5-18】 某企业有三个项目方案 A、B、C，均能满足同样的需要，但各方案的投资及年运营费用不同，如表 5-3 所示。设基准收益率为 12%，试采用费用年值法评价。

表 5-3
三个项目方案的费用

单位：万元

方案	期初投资	1～4 年运营费用	5～8 年运营费用
A	50	9	9
B	60	10	10
C	70	6	7

解：各方案的费用年值计算如下：

$$AC_a = 50(A/P, 12\%, 8) + 9 = 50 \times 0.201\ 3 + 9 = 19.065(万元)$$
$$AC_b = 60(A/P, 12\%, 8) + 10 = 60 \times 0.201\ 3 + 10 = 22.078(万元)$$
$$AC_c = 70(A/P, 12\%, 8) + 6 + (F/A, 12\%, 4)(A/F, 12\%, 8) = 20.482(万元)$$

由于 $AC_a < AC_c < AC_b$，故方案 A 最优，方案 C 次之，方案 B 最差。结论与［例 5-16］相同。

由费用现值法与费用年值法的含义可知：费用现值最小的方案即为费用年值最小的方案，两者是等效评价指标。

2. 净年值

净年值（NAV）是指通过资金等值换算，将项目净现值分摊到寿命周期每一年（从第 1 年到第 n 年）的等额年值。其表达式由净现值 NPV 按一定折现率等值换算而成，即：

$$NAV = NPV(A/P, i, n)$$

式中：NAV 为净年值；n 为项目寿命期；i 为基准折现率。

用净年值法判别方案优劣的准则是：若 $NAV \geqslant 0$，则接受项目；若 $NAV < 0$，则拒绝项目。

对多项目方案而言，净年值最大的方案最优。

【例 5-19】 投资方案 A 的初始投资额、年收入、年费用和寿命期，如表 5-4 所示，如果设定基准折现率为 8%，试评价该项目的经济效果。

表 5-4
投资方案 A

单位：万元

方案	初始投资	年收入	年费用	寿命期
A	145	110	68	10

解：

$$NAV = NPV(A/P, i, n)$$
$$= 110 - 68 - 145(A/P, 8\%, 10)$$
$$= 20.39(万元)$$

由于 $NAV > 0$，故方案 A 在经济上可行。

净年值与净现值一样，都是投资方案技术经济效果评价的重要指标。不过两者也有明显的区别：净现值是整个寿命周期内全部收益的期初现值；净年值是寿命期内每年净收益年值。在时间范围内，资金的时点和收益的含义等方面都不同，净年值表现出更大的灵活性。如对寿命期不同的多个方案选优，采用净年值比净现值更为简单、合理，因此，在经济评价中被经常使用。

3. 净年值率

与净现值率（$NPVR$）相类似，在净年值法的计算中也有净年值率（$NAVR$），计算式也与净现值指数相似，即

$$NAVR = \frac{NAV}{IP}$$

（三）内部收益率法

内部收益率（IRR）是指使项目方案在计算期内各年净现金流量的现值累计等于零时的折现率。内部收益率法是评价比较投资方案经济效果的另一种重要的动态评价方法。在实际经济活动中，经常采用这一方法。

如果某一投资项目，每年净现金流量和寿命期都确定，由净现值法可知，项目所选定的折现率 i 与净现值 NPV 之间一定存在着一定的函数关系：i 越小，NPV 越大；i 越大，NPV 越小。因此，当 i 由小变大的过程中，必定存在着一个使 NPV 等于零的点，此时的折现率 i 即为内部收益率 IRR。内部收益率表明项目本身对贷款利率的最大承受能力，这种能力来自项目内部。内部收益率指标在经济评价中具有极其重要的作用。

内部收益率的表达式如下：

$$NPV = \sum_{t=0}^{n} \frac{NCF_t}{(1 + IRR)^t} = 0$$

式中：NCF_t 为该项目第 t 年发生的净现金流量。

上面的公式是一个高次方程，不能直接解出，通常使用内插法求其近似解。求解过程为三步：

（1）给出一个折现率 i，计算相应的 $NPV(i_1)$，如果 $NPV(i_1) > 0$，说明要求的 $IRR > i_1$；如果 $NPV(i_1) < 0$，说明要求的 $IRR < i_1$。

（2）根据第一步的结果，将折现率修正为 i_2，求 $NPV(i_2)$ 的值，反复计算，逐步逼近。最终得到两个比较接近的折现率 i_m 与 i_n（$i_m < i_n$），使得 $NPV(i_m) > 0$，$NPV(i_n) < 0$。

（3）用插值法确定 IRR 的近似值。其计算公式为：

$$IRR = i_m + \frac{|NPV(i_m)|}{|NPV(i_m)| + |NPV(i_n)|} \times (i_n - i_m)$$

在计算中，所设结果接近于零的正、负净现值的两个折现率，差距不应大于 5%，最好在

2%左右,否则会影响结果的准确性。

用内部收益率法评价技术方案时,需要与基准投资收益率作比较。设基准投资收益率为i_0,则:若$IRR \geqslant i_0$,则项目在经济效果上可以接受;若$IRR < i_0$,则项目在经济效果上不可接受。

【例5-20】　某工程项目初始投资为2 000万元,分2年平均投入,第二年年末开始获利,每年利润为500万元,项目寿命为6年,期末残值为1 000万元,求此方案的内部收益率。若设基准投资收益率为$i_0 = 12\%$,试评价该方案的可行性。

解:先设$i = 12\%$,计算净现值:

$$NPV = -1\,000 - 1\,000(P/F, 12\%, 1) + 500(P/F, 12\%, 1)(P/A, 12\%, 5)$$
$$+ 1\,000(P/F, 12\%, 6)$$
$$= -1\,000 - 1\,000 \times 0.892 + 500 \times 0.892 \times 3.604 + 1\,000 \times 0.506$$
$$= 221.38(万元)$$

由于所得$NPV = 221.38 > 0$,因此提高i的取值,取$i = 14\%$再进行试算:

$$NPV = -1\,000 - 1\,000(P/F, 14\%, 1) + 500(P/F, 14\%, 1)(P/A, 16\%, 5)$$
$$+ 1\,000(P/F, 14\%, 6)$$
$$= -1\,000 - 1\,000 \times 0.877 + 500 \times 0.877 \times 3.433 + 1\,000 \times 0.455$$
$$= 83.37(万元)$$

由于所得$NPV = 83.37 > 0$,因此提高i的取值,取$i = 16\%$再进行试算:

$$NPV = -1\,000 - 1\,000(P/F, 16\%, 1) + 500(P/F, 16\%, 1)(P/A, 16\%, 5)$$
$$+ 1\,000(P/F, 16\%, 6)$$
$$= -1\,000 - 1\,000 \times 0.862 + 500 \times 0.862 \times 3.274 + 1\,000 \times 0.410$$
$$= -55.56(万元)$$

由于所得$NPV = -55.56 < 0$,因此降低i的取值,取$i = 15\%$再进行试算:

$$NPV = -1\,000 - 1\,000(P/F, 15\%, 1) + 500(P/F, 15\%, 1)(P/A, 15\%, 5)$$
$$+ 1\,000(P/F, 15\%, 6)$$
$$= -1\,000 - 1\,000 \times 0.869 + 500 \times 0.869 \times 3.352 + 1\,000 \times 0.432$$
$$= 5.54(万元)$$

通过四次试算,得出下列数值:$i_m = 15\%$,$i_n = 16\%$,$NPV(i_m) = 5.54$,$NPV(i_n) = -55.56$。利用插值法求出内部收益率IRR:

$$IRR = i_m + \frac{|NPV(i_m)|}{|NPV(i_m)| + |NPV(i_n)|} \times (i_n - i_m)$$
$$IRR = 15\% + \frac{5.54}{5.54 + 55.56} \times (16\% - 15\%) = 15.05\%$$

由于$IRR \geqslant i_0$,所该方案可行。

关于内部收益率法的几点说明:

(1)内部收益率指标优点。内部收益率法用百分数表示,直观明确,并可直接表明项目投资的盈利能力和反映投资使用效率的水平,因此,在经济评价中被广泛使用。内部收益率是内生决定的,即由项目本身的现金流量系统特征决定的,不是事先外生给定的。相对于净现值法和净年值法等都需要事先设定一个基准折现率才能进行计算来说,操作起来困难小,容易决策。但基准收益率的确定则是十分困难的。虽然目前国家已编制和确定了一些行业的基准收益率可参照使用外,但还有大量的行业和部门至今未制订出可以参照的基准收益率。

(2)内部收益率指标缺点。内部收益率指标计算繁琐,对于非常规项目,如多次投资等情况会出现多解或无解,分析、检验和判别比较复杂。内部收益率指标虽然能明确地表示出项目投资的盈利能力,但实际上当项目的内部收益率过高或过低时,往往会失去实际意义。内部收益率法适用于独立方案的经济评价和可行性判断。对于多方案的分析,一般不能直接用于比较和选优。

第六章　财务报表分析

财务报表分析是创业管理中一项重要的管理工作。创业者大多属于非财会专业人员，但是为了能更好地管理新创企业，就必须了解财务会计的基础知识，读懂主要的财务报表，并能根据报表中提供的数据分析新创企业的财务状况。

第一节　财务报表基础

一、会计基础

（一）会计要素

会计与其他工作不同，会计的对象是资金运动。凡是涉及资金运动的经济活动，都是会计核算和监督的内容。会计要素就是对这些内容所做的基本分类。在我国，会计要素被分为资产、负债、所有者权益、收入、费用和利润六大要素。

1. 资产

资产是指过去的交易、事项形成并由企业拥有或控制的资源，该资源预期会给企业带来经济利益。企业的资产必须为企业所拥有或控制，如租入的设备不属于企业的资产，而租出设备则属于企业的资产。资产包括货币资金（现金和银行存款）、实物财产（原材料、低值易耗品、库存商品等存货；机器设备、房屋及建筑物等固定资产）、对外投资（分为短期投资和长期投资）、应收债权（应收款项、应收票据、预付款项）、待摊费用和无形资产（专利权和土地使用权）等。资产能够给企业带来未来的经济效益，否则应将其转作当期费用处理。

2. 负债

负债是指过去的交易、事项形成的现时义务，履行该义务会导致经济利益流出企业。按照偿还期限的长短，分为流动负债和非流动负债。流动负债是指将在1年（含1年）或者超过1年的一个营业周期内偿还的债务，包括短期借款、应付账款、应付票据、应交税费、应付职工薪酬、应付股利、预提费用等；非流动负债是指偿还期在1年或者超过一个经营周期以上的债务，包括长期借款、应付债券、长期应付款等。

3. 所有者权益

所有者权益是指所有者在企业资产中享有的经济利益，其金额为资产减去负债后的余额。与负债不同的是，所有者权益不必偿付。例如，所有者投资所形成的注册资本（实收资本）可供企业长期使用，其出资依法登记后，不得抽回。接受捐赠、资本溢价等原因形成的资本公积、从企业净利润中提取的盈余公积，以及未分配利润，都归企业所有者享有，属于所有者权益。

4. 收入

收入是指企业由于销售商品、提供劳务和让渡资产使用权等日常活动中所形成的经济利益的总流入,包括主营业务收入、其他业务收入、投资收益(对外投资分红等所得)和营业外收入(与经营无直接关系的收入,如无法支付的所欠款等)。不同企业主营业务收入和其他业务收入的划分有所不同。一般情况下,根据企业营业执照上规定的业务范围和业务金额的大小确定。例如,一般工业企业的运费收入可能属于其他业务收入,而对于专门的物流公司来说,则属于主营业务收入。

5. 费用

费用是指为销售商品、提供劳务等日常活动发生的经济利益的流出。费用包括两大块,一是已销产品成本、销售(或营业)税金及附加,其多寡与销售量成正比;二是直接从当期扣除的期间费用,包括管理费用、财务费用和销售(营业)费用。已销产品成本在产品销售之前是企业的资产——存货。

6. 利润

利润是指企业在一定会计期间内的经营成果,是企业的收入扣除成本和费用后的余额。一般把缴纳所得税之前的利润称为利润总额或税前利润,缴纳所得税之后的利润称为净利润或税后利润。

(二) 会计处理原则

在会计主体的经济活动中,经济业务的发生和货币的收支不是完全一致的,即存在着现金流动与经济活动的分离。由此而产生两个确认和记录会计要素的标准,一个标准是根据货币收支来作为收入确认和费用确认和记录的依据,称为收付实现制;另一个标准是以取得收款权利和付款责任作为记录收入或费用的依据,称为权责发生制。

权责发生制又称应收应付制原则,是指以应收应付作为确定本期收入和费用的标准,而不问货币资金是否在本期收到或付出。也就是说,一切要素的时间确认,特别是收入和费用的时间确认,均以权利已经形成或义务(责任)已经发生为标准。

权责发生制是依据持续经营和会计分期两个基本前提来正确划分不同会计期间资产、负债、收入、费用等会计要素的归属。并运用一些诸如应收、应付、预提、待摊等项目来记录由此形成的资产和负债等会计要素。企业经营不是一次而是多次,而其损益的记录又要分期进行,每期的损益计算理应反映所有属于本期的真实经营业绩,收付实现制显然不能完全做到这一点。因此,权责发生制能更加准确地反映特定会计期间实际的财务状况和经营业绩。

权责发生制在反映企业的经营业绩时有其合理性,几乎完全取代了收付实现制;但在反映企业的财务状况时却有其局限性:一个在利润表上看来经营很好、效率很高的企业,在资产负债表上却可能没有相应的变现资金而陷入财务困境。这是由于权责发生制把应计的收入和费用都反映在利润表上,而其在资产负债表上则部分反映为现金收支,部分反映为债权债务。为提示这种情况,应编制以收付实现制为基础的现金流量表或财务状况变动表,来弥补权责发生制的不足。

(三) 会计恒等式

会计恒等式是指各个会计要素在总额上必须相等的一种关系式。

会计等式一:资产=负债+所有者权益,即:资金运用=资金来源。该等式是会计记账、核算的基础,也是编制资产负债表的基础,它表明了股东与债权人两者在企业的资产中到底占了多大份额。在负债不变时,资产与所有者权益同方向变化。如果所有者权益不变,资产就与负债同方向变化,而当所有者权益与负债都变化的时候,其资产的变化则等于两者之和。

会计等式二:收入－费用＝利润(或亏损),即:得到的－付出的＝赚的(或亏的)。企业的目标就是赚钱,只有取得的收入抵销为这笔收入所花的费用还有剩余,企业才算是盈利了。

会计等式三:资产＝负债＋所有者权益＋收入－费用。企业在经营中,"收入－费用＝利润"中的利润就表明现金流入大于现金流出,也就是企业资产增多,从另一个方面说,这一时刻负债不变,无论赚钱还是赔本都是股东的。新的所有者权益＝旧的所有者权益＋利润＝旧的所有者权益＋收入－费用;新资产＝负债＋新所有者权益＝负债＋旧的所有者权益＋收入－费用。

(四) 会计循环

会计循环是指在每一个会计年度内,周而复始地进行会计工作的顺序。构成会计循环的会计处理程序,具体表现为以下步骤。

1. 编制会计分录

分析经济业务,根据原始凭证填制记账凭证,确定应借、应贷会计科目和金额。

2. 登记账簿

根据序时日记账或汇总记账凭证、记账凭证汇总表,登记总分类账。凡涉及明细科目的记账凭证,应同时记入明细分类。设置了日记账的,还要登记日记账。

3. 账项调整

根据权责发生制的要求,划清应归属和不应归属本期的收入和费用,进行账项调整,编制调整分录,过入分类账。

4. 结账

在有关经济业务全部登记入账的基础上,按照权责发生制要求结转有关账项,并结计有关账户的本期发生额合计数和期末余额。

5. 试算平衡

根据各账户的发生额和余额,编制试算平衡表,用以检查分录和过账中有无错误。

6. 编制会计报表

根据账户记录,编制财务报表。

上述会计分录,记账是日常的会计工作;试算、调整、结账和编表,每逢期末进行,其中结账一般只在年终时进行;年中编制月份、季度会计报表,只需做试算和调整分录,不进行结账。

二、财务报表概述

(一) 财务报表的概念

财务报告是综合反映企业一定时期财务状况、经营业绩和现金流量的总结性文件,它是在日常会计核算资料基础上,对其进行加工、整理、归类、汇总、编制而成的,并具有同一格式和内容的报告文件,它包括会计报表、会计报表附注和财务情况说明书。会计报表又称财务报表,主要包括资产负债表、利润表和现金流量表。资产负债表反映企业一定时期所拥有的资产、需偿还的债务,以及投资者所拥有的净资产的情况。利润表反映企业一定期间内的经营成果,即利润或亏损的情况,表明企业运用其所拥有的资产的获利能力。现金流量表反映企业一定期间内现金的流入和流出,表明企业获得现金和现金等价物的能力。

事实上,一家企业成长缓慢或经营失败的原因往往在于其过度采购、过度交易或过度扩张。举例来说,一家杂货店连续3年销售额大幅增长但最终却倒闭了,这是为什么呢?因为店主不能抗拒便宜货优惠进货价格的诱惑,对于许多给予大量折扣的货品他都过度采购。这样,他就会花完大量资金,以至于无法及时支付租金、公用事业费和工资等日常费用。类似地,一个塑料制造商拥有一台节省劳动力的现代化设备、充足的存货和不断增加的销售额,但同样也是这个制造商因一笔到期借款无法偿还而必须转让其部分所有权。这是为什么呢?因为他在销货中提供了宽松的赊销条件和折扣。其实,企业可以通过有效的财务分析以避免陷入现金流量陷阱。

成功与失败的差异并不一定在于是否缺乏产品知识或有没有投入大量的时间,而通常取决于是否了解企业的财务状况。由于新的企业一般由家庭成员或注册会计师编制财务报表,所以,所有者或管理者常常因不理解财务报表的含义而作出错误的决策。即使是大型上市公司,财务报表也通常由会计或财务部门编制,而企业的管理者们常常并不懂得如何使用它们。财务报表是向组织内部的管理层、员工以及组织外部的相关人员(如银行、投资者、供应商及其他人员)报告会计信息的主要手段。要真正了解企业财务,并能将此运用于实践,就必须透彻地理解资产负债表、利润表和现金流量表。

(二)财务报表的作用

财务报表使用者在阅读财务报表之前,应首先明确各种报表所能提供的信息内容,以便正确、及时地获取自己所需要的财务信息。财务报表是对企业经济业务的高度概括和总结,是每一个创业者在短时间内了解企业经营状况的捷径。学会、看懂并正确分析财务报表,对广大创业者具有重要作用。

1. 财务报表有助于创业者进行合理的决策

对于创业者来说,利用企业中有关经济资源和经济义务等方面的财务信息,判断企业在激烈竞争的市场环境中生存、适应、成长与扩展的能力是非常有益的。财务报表提供的信息虽然主要是对过去经营成果和财务状况的反映与总结,但反映过去是为了预测未来。由于事物的发展存在着一定程度的连续性、系统性和规律性,财务报表对企业已发生的资金运动及其结果的反映,有助于创业者预测企业未来时期的现金流入净额、流入时间和不确定性。这些因素是创业者进行投资、融资等决策时必须考虑的。

2. 财务报表有助于创业者筹措资金

当创业者向银行申请贷款时,必须向银行提供这些反映企业综合经营状况的财务报表;当创业者准备吸引风险投资或向政府申请创新基金等项目时,必须向风险投资商或政府说明企业的财务状况,这也需要使用财务报表。

3. 财务报表能够帮助创业者改善经营管理

创业者及时了解企业的财务状况、经营成果和现金流量,能及时针对存在的现状改善经营管理,促进企业快速、稳定地发展。

(三)财务报表的分类

财务报表可以从不同的角度进行不同的分类。

1. 按经济内容分类

按财务报表反映的经济内容，可以分为静态报表和动态报表两类。

（1）静态报表是指反映企业一定时期的资产、负债和所有者权益的财务报表，如资产负债表。

（2）动态报表是指反映企业在一定时期内资金耗费和资金收回的财务报表，如利润表、现金流量表。

2. 按编报时间分类

按财务报表编报的时间，可以分为月报、季报、半年报和年报四种。

（1）月报是按月编制的财务报表，主要反映企业各月的财务状况及经营成果情况，如资产负债表、利润表。月报提供的信息要求简明扼要，以便及时反映企业经营中的主要问题。

（2）年报要求企业信息披露完整，能全面反映企业的财务状况、经营成果及现金流量等情况，它包括全部财务报表及报表附注。

（3）季报在会计信息披露上的详细程度介于月报和年报之间。

（4）股份制有限公司应编制半年报表。其信息披露程度与年报基本一致。

3. 按编制单位分类

按财务报表的编制单位，可分为单位报表和汇总报表。

（1）单位报表是指企业编制的反映本企业财务状况和经营成果的财务报表。

（2）汇总报表又称为合并报表，是指总公司将总公司本身报表和所属独立子公司报表合并在一起而编制的报表。按照《企业会计准则》的规定，企业对外投资如占被投资企业资本总额的半数以上，或者实质上拥有被投资企业控制权时应编制合并财务报表。

4. 按报送对象分类

按财务报表报送对象，可以分为内部报表和外部报表。

（1）内部报表是指企业为适应企业内部管理的需要而编制的不需要对外公布的财务报表。这种报表一般没有统一格式，也没有统一的指标体系和统一的编报时间，如企业内部为了加强内部管理而编制的利润表等。

（2）外部报表是指企业向外提供的供外部信息用户使用的报表。这类报表一般来说都规定了统一的格式和编报时间，并且对外报表一经正式公布就具有法律效力。

第二节　企业主要的财务报表

财务报表是以会计准则为规范编制的，向所有者、债权人、政府及其他有关各方及社会公众等外部反映会计主体财务状况和经营业绩的会计报表。创业者要读懂资产负债表、利润表和现金流量表，就必须了解这些表的结构，理解报表中列示项目的含义和来源，以及列示项目之间的逻辑关系。

一、资产负债表

（一）资产负债表的结构

新创企业资产中最有用的就是固定资产了，它是企业基本的生产力，没有它企业就没法正常运转。所以浏览资产负债表，首先需要了解固定资产的金额及其在所有资产中的比重。同理,固定资产太多的企业也是不好的,会占用较多的资金,造成资金的浪费,这可以从固定资产占总资产的比例中看出来。当然,不同的行业有不同的合理比例。

企业除了要拥有一定比例的固定资产外,还要留有一定的流动资金用于日常开支。这种流动资金表现在资产负债表上就是流动资产。就像每个人的钱包里都会有一些钱一样,企业也必须在自己的"钱包"里留一些现金和银行存款。但是,每个人的钱包里的钱不会太多,除了安全因素外,就是存在银行里可以赚取利息。这是因为现金本身的盈利性较差,如果不把它投入生产经营的循环,就无法获得较高的利润,所以资产负债表上有较多的现金和银行存款可不是一件好事情,那说明企业闲置的资金多,会减少企业的利润。既然现金和银行存款不能保留太多,拖欠一下采购的原材料也是正常的,这就形成了负债类的"应付账款"。企业采购原材料拖欠供应商的货款,自己销售时同样也会出现客户拖欠货款的情况,这就形成了资产类的"应收账款"。企业资金不足,自然要借钱,一般是向银行借,这就形成了"短期借款"。另外,由于本月税金一般要下月才能交纳给国家,这就形成了"应交税费"。剩下的权益,也就是股东原本的投入和企业历年的未分配的利润。另外,如果企业有了净利润,按照法律规定提取法定盈余公积金,就形成了"盈余公积";如果是上市公司,发行股票时一般都是溢价发行,就形成了"资本公积"。

资产负债表是企业的基础报表之一,是企业财务情况的综合反映,因此,正确理解资产负债表是企业财务管理的第一个要求。对创业者来说,首先要克服对会计专业知识的恐惧,其次要掌握"资产=负债+权益"这个基本公式。在这个基础上就可以掌握企业目前的基本财务情况,为进一步的企业经营决策奠定基础。

根据表3-18,并假设"第一年"为2014年,则瑞福科技生物材料有限公司2015年的资产负债表如表6-1所示。

表6-1　　　　　　　　　　　　　　　资 产 负 债 表

编制单位:瑞福科技生物材料有限公司　　　　2015年12月31日　　　　　　　　　单位:元

资产	期末余额	年初余额	负债和所有者权益	期末余额	年初余额
流动资产:			流动负债:		
货币资金	8 266 506	30 013 038	短期借款		
交易性金融资产			交易性金融负债		
应收票据			应付票据		
应收账款	742 500	3 712 500	应付账款	133 125	433 125
预付款项			预付款项		
应收利息			应付职工薪酬		
应收股利			应交税费		
其他应收款			应付利息		
存货	919 250	1 349 329	应付股利		
一年内到期的非流动资产			其他应付款	70 000	70 000
其他流动资产					
流动资产合计	9 728 256	35 074 866	一年内到期的非流动负债		

（续表）

资产	期末余额	年初余额	负债和所有者权益	期末余额	年初余额
非流动资产：			其他流动负债		
可供出售金融资产			流动负债合计	203 125	503 125
持有至到期投资			非流动负债：		
长期应收款			长期借款	1 000 000	1 000 000
长期股权投资			应付债券		
投资性房地产			长期应付款		
固定资产	3 310 500	5 405 150	专项应付款		
在建工程			预计负债		
工程物资			递延所得税负债		
固定资产清理			其他非流动负债		
生产性生物资产			非流动负债合计	1 000 000	1 000 000
油气资产			负债合计	1 203 125	1 503 125
无形资产	2 700 000	3 435 000	所有者权益：		
开发支出			股本	10 500 000	10 500 000
商誉			资本公积		
长期待摊费用	80 000	60 000	减：库存股		
递延所得税资产			盈余公积		
其他非流动资产			未分配利润	4 130 631	31 971 891
非流动资产合计	2 780 000	3 495 000	所有者权益合计	14 615 631	42 471 891
资产总计	15 818 756	43 975 016	负债和所有者权益总计	15 818 756	43 975 016

（二）资产负债表项目列示说明

资产负债表"年初余额"栏内各项数字，反映上年年末资产负债表"期末余额"栏内所列数字；资产负债表"期末余额"栏内各项数字，反映本年年末企业的实际数字。

1．流动资产项目

流动资产是指那些可以合理预期将在1年或长于1年的一个营业周期内转化为现金或被销售、耗用的资产，主要包括货币资金、交易性金融资产、应收票据、应收账款、预付款项、应收利息、应收股利、其他应收款、存货、一年内到期的非流动资产、其他流动资产以及流动资产合计等。

（1）货币资金。货币资金是指企业库存现金、银行结算户存款、外埠存款、银行汇票存款、银行本票存款、信用卡存款、信用保证金存款等的合计数。本项目应根据"库存现金""银行存款""其他货币资金"账户期末余额的合计填列。

（2）交易性金融资产。交易性金融资产是指企业在公开证券市场中购买的，以公允价值计量且其变动计当期损益的，主要为交易目的而持有的股票、债券、基金等。本项目应根据"交易性金融资产"账户的期末余额填列。

（3）应收票据。应收票据是指企业因销售商品、产品和提供劳务等收到的商业汇票，包括银行承兑汇票和商业承兑汇票两种形式。本项目应根据"应收票据"账户的期末余额，减去"坏账准备"账户中有关应收票据计提的坏账准备期末余额后的金额填列。

（4）应收账款。应收账款是指企业因销售商品、产品和提供劳务等而应向购买单位收取的各种款项，如应收的价款、增值税和代垫的运杂费等。本项目应根据"应收账款"和"预收账款"账户所属各明细账户的期末借方余额合计数，减去"坏账准备"账户中有关应收账款计提的坏账准备期末余额后的金额填列。"应收账款"账户所属明细账户期末有贷方余额的，应在资产负债表"预收款项"项目内填列。

（5）预付款项。预付款项是指企业按照供货合同规定而预付给供应单位的款项，它同样属于流动资产。本项目应根据"预付账款"和"应付账款"账户所属各明细账户的期末借方余额合计数，减去"坏账准备"账户中有关预付账款计提的坏账准备期末余额后的金额填列。若"预付账款"账户所属各明细账户期末有贷方余额的，应在资产负债表"应付账款"项目内填列。

（6）应收利息。应收利息是指企业应收取的债券投资等的利息。本项目应根据"应收利息"账户的期末余额，减去"坏账准备"账户中有关应收利息计提的坏账准备期末余额后的金额填列。

（7）应收股利。应收股利是指企业应收取的现金股利和应收取其他单位分配的利润。本项目应根据"应收股利"账户的期末余额，减去"坏账准备"账户中有关应收股利计提的坏账准备期末余额后的金额填列。

（8）其他应收款。其他应收款是指除应收票据、应收账款、预付账款、应收利息、应收股利等之外的其他应收或暂付款项。本项目应根据"其他应收款"账户的期末余额，减去"坏账准备"账户中有关其他应收款计提的坏账准备期末余额后的金额填列。

（9）存货。存货是指企业在生产经营过程中为销售或耗用而储存的各种有形资产，包括各种原材料、包装物、低值易耗品、委托加工材料、产成品、库存商品和委托代销商品等。本项目应根据"材料采购""原材料""低值易耗品""库存商品""周转材料""委托加工物资""委托代销商品""生产成本"等账户的期末余额合计，减去"受托代销商品款""存货跌价准备"账户期末余额后的金额填列。

（10）一年内到期的非流动资产。本项目反映企业将于1年内到期的非流动资产项目金额，应根据有关账户的期末余额填列。

（11）其他流动资产。本项目反映企业除货币资金、交易性金融资产、应收票据、应收账款、存货等流动资产以外的其他流动资产，应根据有关账户的期末余额填列。

（12）流动资产合计。本项目根据上述流动资产项目的金额相加得到。

2. 非流动资产项目

（1）可供出售金融资产。本项目反映企业持有的，以公允价值计量的可供出售的股票投资、债权投资等金融资产。本项目应根据"可供出售金融资产"账户的期末余额，减去"可供出售金融资产减值准备"账户期末余额后的金额填列。

（2）持有至到期投资。本项目是指到期日固定、回收金额固定或可确定，并且企业有明确意图和能力持有至到期的非衍生金融资产。本项目应根据"持有至到期投资"账户的期末余额，减去1年内到期部分，再减去"持有至到期投资减值准备"账户期末余额后的金额填列。

（3）长期应收款。本项目是指企业融资租赁产生的应收款项、采用递延方式具有融资性质的销售商品和提供劳务等产生的长期应收款项等。本项目应根据"长期应收款"账户期末余额,减去相应的"未实现融资收益"账户和"坏账准备"账户所属相关明细账户期末余额后的金额填列。

（4）长期股权投资。长期股权投资主要是指企业持有的对子公司、合营企业、联营企业的投资。本项目应根据"长期股权投资"账户期末余额,减去"长期股权投资减值准备"账户期末余额后的金额填列。

（5）投资性房地产。投资性房地产是指企业为赚取租金或资本增值,或者两者兼有而持有的房地产,其范围包括已出租的土地使用权、持有在准备增值后转让的土地使用权和已出租的建筑物等。本项目应根据"投资性房地产"账户期末余额,减去"投资性房地产累计折旧(摊销)"和"投资性房地产减值准备"账户期末余额后的金额填列。

（6）固定资产。固定资产是指企业为生产商品、提供劳务、出租或经营管理而持有的,使用寿命超过一个会计年度的有形资产。本项目应根据"固定资产"账户期末余额,减去"累计折旧"和"固定资产减值准备"账户期末余额后的金额填列。

（7）在建工程。本项目反映企业期末各项未完工程的实际支出,包括交付安装的设备价值、未完建筑安装工程已经耗用的材料、工资和费用支出、预付出包工程的价款等的可收回金额。本项目应根据"在建工程"账户期末余额减去"在建工程减值准备"账户期末余额后的金额填列。

（8）工程物资。本项目反映企业尚未使用的各项工程物资的实际成本。本项目应根据"工程物资"账户期末余额填列。

（9）固定资产清理。本项目反映企业因出售、毁损、报废等原因转入清理但尚未清理完毕的固定资产的净值,以及固定资产清理过程中所发生的清理费用和变价收入等各项金额的差额。本项目应根据"固定资产清理"账户期末借方余额填列。若"固定资产清理"账户期末为贷方余额,应以"－"号填列。

（10）生产性生物资产。本项目反映企业持有的生产性生物资产。本项目应根据"生产性生物资产"账户期末余额,减去"生产性生物资产累计折旧"和"生产性生物资产减值准备"账户期末余额后的金额填列。

（11）油气资产。本项目反映企业持有的矿区权益和油气井及相关设施的原价减去累计折耗和累计减值准备后的净额。本项目应根据"油气资产"账户期末余额,减去"累计折耗"账户期末余额和相应减值准备后的金额填列。

（12）无形资产。无形资产是指企业拥有或控制的、没有实物形态的、可辨认的非货币性资产,包括商标权、著作权(版权)、专利权、土地使用权、非专利技术、特许权等。本项目根据"无形资产"账户期末余额,减去"累计摊销"和"无形资产减值准备"账户期末余额后的金额填列。

（13）开发支出。本项目反映企业开发无形资产过程中能够资本化,形成无形资产成本的支出部分。本项目应根据"研发支出"账户中所属的"资本化支出"明细账户期末余额填列。

（14）商誉。会计上核算的商誉仅仅是指企业在非同一控制下企业合并中所支付的合并成本大于合并中取得的被购买方可辨认净资产公允价值份额的差额。本项目应根据"商誉"账户期末余额,减去相应减值准备后的金额填列。

（15）长期待摊费用。本项目反映企业已经支付或发生的，但应当由本期和以后各期负担的，分摊期限不小于1年的各项费用。本项目应根据"长期待摊费用"账户期末余额，减去将于1年内（含1年）摊销的数额后的金额填列。

（16）递延所得税资产。本项目反映企业由于会计和税法之间的差异，导致会计根据税法的规定需要在当期缴纳更多的所得税（相对于会计利润和账面净资产的增加数而言），但以后期间相对会少缴纳所得税的金额，即会计上所谓的由于资产（负债）账面价值小于（大于）计税基础所形成的可抵扣暂时性差异而造成的预期未来经济利益。本项目应根据"递延所得税资产"账户期末余额填列。

（17）其他非流动资产。本项目反映企业除长期股权投资、固定资产、在建工程、工程物资、无形资产等资产以外的其他非流动资产。本项目应根据有关账户期末余额填列。

（18）非流动资产合计。本项目根据各非流动资产项目相加得出。

3. 资产总计项目

全部流动资产项目和非流动资产项目相加，或者"流动资产合计"加上"非流动资产合计"，两者相互印证能够增强报表的准确性。

4. 流动负债项目

流动负债是指将在1年（含1年）或者超过1年的一个营业周期内偿还的债务。

（1）短期借款。短期借款是指企业借入尚未归还的1年期以下（含1年）的借款。本项目根据"短期借款"账户期末余额填列。

（2）交易性金融负债。本项目反映企业承担的以公允价值计量且其变动计入当期损益的金融负债，根据"交易性金融负债"账户期末余额填列。

（3）应付票据。应付票据是指企业购买材料、商品和接受劳务供应等而开出、承兑的商业汇票，包括银行承兑汇票和商业承兑汇票。本项目应根据"应付票据"账户期末余额填列。

（4）应付账款。应付账款和应付票据一样，反映企业因购买材料、商品或接受劳务供应等而发生的短期债务。项目应根据"应付账款"和"预付账款"账户所属各明细账户的期末贷方余额合计数填列。若"应付账款"账户所属明细账户期末有借方余额，应在资产负债表"预付款项"项目内填列。

（5）预收款项。预收款项是指企业因销售商品、提供劳务而预先向客户收取的款项。本项目应根据"预收账款"和"应收账款"账户所属各明细账户期末贷方余额合计数填列。

（6）应付职工薪酬。本项目反映企业按照规定应当向职工支付的各项报酬。

（7）应交税费。本项目反映的是企业按照税法规定计算并交纳的各种税费。本项目应根据"应交税费"账户期末贷方余额填列。若"应交税费"账户期末为借方余额，应以"－"号填列。

（8）应付利息。本项目反映企业按照规定应当支付的利息，包括分期付息到期还本的长期借款应支付的利息、企业发行的企业债券应支付的利息等。

（9）应付股利。本项目反映企业分配的现金股利或利润。企业分配的股票股利不通过本项目列示。本项目应根据"应付股利"账户期末余额填列。

（10）其他应付款。本项目反映企业除短期借款、应付票据、应付账款、预收账款、应付利息、应付股利、应付职工薪酬、应交税费等之外的应付或暂收款项。本项目应根据"其他应付款"账户期末余额填列。

（11）一年内到期的非流动负债。本项目反映企业非流动负债中将于资产负债表日后1年内到期部分的金额，如将于1年内偿还的长期借款。本项目应根据有关账户的期末余额填列。

（12）其他流动负债。本项目反映企业除短期借款、交易性金融负债、应付票据、应付账款、应付职工薪酬、应交税费等流动负债以外的其他流动负债，应根据有关账户的期末余额填列。

（13）流动负债合计。本项目是以上流动负债项目的金额合计。

5. 非流动负债项目

非流动负债是指偿还期在1年或超过1年的一个营业周期以上的负债，包括长期借款、应付债券、长期应付款等。

（1）长期借款。本项目反映企业向银行或其他金融机构借入的期限在1年以上（不含1年）的各项借款。本项目应根据"长期借款"明细账户填列。

（2）应付债券。本项目反映企业为筹集长期资金而发行的债券本金和利息。项目应根据"应付债券"账户期末余额填列，不包含1年内到期的债券。

（3）长期应付款。本项目反映企业除了长期借款、应付债券以外的其他各种长期性的应付款项。实本项目应根据"长期应付款"账户期末余额，减去相应的"未确认融资费用"账户期末余额后的金额填列。

（4）专项应付款。本项目是指企业取得政府作为企业所有者投入的具有专项或特定用途的款项。本项目应根据"专项应付款"账户期末余额填列。

（5）预计负债。本项目反映企业确认的对外提供担保、未决诉讼、产品质量保证、重组义务、亏损性合同等预计负债。本项目应根据"预计负债"账户期末余额填列。

（6）递延所得税负债。本项目反映企业由于会计和税法之间的差异，导致会计根据税法的规定在当期不必交纳较多的所得税（相对于会计利润和账面净资产的增加数而言），但注定在以后期间需要补交的所得税金额，即会计上所谓的由于资产（负债）账面价值大于（小于）计税基础所形成的应纳税暂时性差异而可能造成的预期未来经济利益的流出。本项目应根据"递延所得税负债"账户期末余额填列。

（7）其他非流动负债。本项目反映企业除长期借款、应付债券等负债以外的其他非流动负债。本项目应根据有关账户期末余额减去将于1年内（含1年）到期偿还数后的余额填列。

（8）非流动负债合计。本项目是长期负债各项，目金额之和。

6. 负债合计项目

本项目是"流动负债"和"非流动负债"各项目金额之和，等于"流动负债合计"和"非流动负债合计"这两个项目之和。

7. 所有者权益项目

所有者权益是指所有者在企业资产中享有的经济利益，其金额为资产减去负债后的余额。所有者权益包括实收资本（或股本）、资本公积、盈余公积和未分配利润等。

（1）实收资本（或股本）。上市公司发行的全部股份按面值计算，在会计上称之为股本。对于一般企业而言，这叫作实收资本，即反映投资者实际投入的资本金数额。本项目应根据"实收资本"（或"股本"）账户期末余额填列。

（2）资本公积。资本公积在会计核算中被分为两大类：一是资本（股本）溢价；二是其他资本公积。资本溢价或股本溢价是指企业收到的投资者出资超过其在注册资本或股本中所占份额的部分，其他资本公积是指直接计入所有者权益的利得和损失。本项目应根据"资本公积"账户期末余额填列。

（3）库存股。库存股是指企业持有尚未转让或注销的企业股份金额。本项目应根据"库存股"账户期末余额填列。

（4）盈余公积。盈余公积和未分配利润合称留存利润或留存收益，它们都表示企业经营活动中的积累，两者并没有本质区别。除了法定盈余公积之外，企业还可以根据股东大会或类似权力机构的批准，按规定提取一定比例的盈余公积，以进一步扩大资本积累。本项目应根据"盈余公积"账户期末贷方余额填列。

（5）未分配利润。未分配利润是利润具体分配后的剩余。本项目应根据"本年利润"和"利润分配"账户余额计算填列。未弥补的亏损在本项目内以"－"号填列。

（6）所有者权益合计。"所有者权益合计"项目是所有者权益各项目金额之和。

8. 负债和所有者权益总计项目

"负债和所有者权益总计"项目是所有负债项目和所有者权益项目金额之和，等于"负债合计"和"所有者权益合计"这两个项目之和，根据复式记账原理，还等于"资产总计"项目的金额。

二、利润表

（一）利润表的结构

利润表可以让我们了解企业的利润来源，看到企业的"成长"过程。

在阅读利润表时，一个是收入的确认问题。会计上是按照权责发生制来确认收入的，通俗地讲，就是取得收款的权利就应该确认收入而不论款项是否收到。另一个就是增值税的问题。

根据表 3-17，并假设"第一年"为 2014 年，则瑞福科技生物材料有限公司 2015 年的利润表如表 6-2 所示。

表 6-2

利 润 表

编制单位：瑞福科技生物材料有限公司　　　　　　2015 年度　　　　　　　单位：元

项　　目	本期金额	上期金额
一、营业收入	45 000 000	9 000 000
减：营业成本	5 662 871	1 302 000
营业税金及附加	691 369	130 369
销售费用	2 250 000	450 000
管理费用	8 469 500	2 932 000
财务费用	70 000	70 000
资产减值损失		
加：公允价值变动净收益		
投资净收益		

（续表）

项　　目	本期金额	上期金额
其中:对联营企业和合营企业的投资收益		
二、营业利润	27 856 260	4 115 631
加:营业外收入		
减:营业外支出		
其中:非流动资产处置净损失		
三、利润总额	27 856 260	4 115 631
减:所得税费用		
四、净利润	27 856 260	4 115 631
五、每股收益		
（一）基本每股收益	2.65	0.39
（二）稀释每股收益	2.65	0.39

（二）利润表项目列示说明

由于利润表是动态会计报表,因而填列依据主要是各类损益类科目的本期发生额。

各收入类项目应根据相应的收入类账户的贷方发生额填列,各费用类项目则应根据相应的费用类账户的借方发生额填列。有些项目尚需计算、分析填列,例如"其他业务利润"项目应根据"其他业务收入"账户和"其他业务成本"账户的发生额计算填列。

利润表"本期金额"栏反映各项目自报告期初起至报告期末止的累计实际发生数。

（1）营业收入。本项目是指企业日常经营活动中取得的经济利益的流入,包括企业主要经营活动和非主要经营活动所带来的收入,会计核算上分别称之为主营业务收入和其他业务收入。本项目应根据"主营业务收入"和"其他业务收入"账户发生额分析填列。

（2）营业成本。本项目反映企业在主要经营活动以及其他业务所发生的成本总额,在会计核算中主要分为主营业务成本和其他业务成本两部分。本项目应根据"主营业务成本"和"其他业务成本"账户发生额分析填列。

（3）营业税金及附加。本项目反映企业在本期经营活动中应负担的流转税费,如增值税、消费税、营业税、城市维护建设税、资源税、土地增值税和教育费附加等。本项目应根据"营业税金及附加"账户发生额分析填列。

（4）销售费用。本项目用来核算企业在销售过程中发生的各项费用以及为了销售而专门设立的销售机构的经营费用。本项目应根据"销售费用"账户发生额分析填列。

（5）管理费用。本项目反映企业为组织管理企业经营活动所发生的各项费用。本项目应根据"管理费用"账户发生额分析填列。

（6）财务费用。财务费用主要是指企业为筹集生产经营所需资金而发生的各项费用,包括利息支出、汇兑损益、金融机构手续费,企业发生的现金折扣。本项目应当根据"财务费用"账户发生额分析填列。

（7）资产减值损失。本项目反映企业因资产价值减损而计提资产减值准备所形成的损失。本项目应根据"资产减值损失"账户发生额分析填列。

（8）"公允价值变动损益"项目反映企业交易性金融资产、交易性金融负债、采用公允价值计量模式计量的投资性房地产、衍生工具、套期保值业务等公允价值变动形成的，且其变动计入当期损益的利得或损失。本项目应根据"公允价值变动损益"账户发生额分析填列，若为净损失，本项目以"－"号填列。

（9）投资收益。本项目反映企业确认的投资收益或损失。本项目应根据"投资收益"账户发生额分析填列，若为投资损失，本项目以"－"号填列。

（10）营业利润。本项目反映企业实现的营业利润，若为亏损，本项目以"－"号填列。营业利润的计算公式为：

$$营业利润 = 营业收入 - 营业成本 - 营业税金及附加 - 销售费用 - 管理费用$$
$$- 财务费用 - 资产减值损失 + 公允价值变动收益 + 投资收益$$

（11）营业外收入。本项目反映企业发生的与经营业务无直接关系的各项利得。会计上通过营业外收入核算的项目主要有：非流动资产处置利得、非货币性资产交换利得、债务重组利得、政府补助、固定资产等非流动资产盘盈利得、接受外来捐赠利得等。本项目应当根据"营业外收入"账户发生额分析填列。

（12）营业外支出。本项目反映企业发生的与经营业务无直接关系的各项损失。会计上通过营业外支出核算的项目主要有：非流动资产处置损失、非货币性资产交换损失、债务重组损失、捐赠支出、非常支出、罚没支出以及固定资产等非流动资产盘亏毁损损失等。本项目应当根据"营业外支出"账户发生额分析填列。

（13）非流动资产处置净损失。本项目可根据"营业外支出"明细账户分析填列。

（14）利润总额。本项目反映企业实现的利润，若为亏损，本项目以"－"号填列。利润总额的计算公式为：

$$利润总额 = 营业利润 + 营业外收入 - 营业外支出$$

（15）所得税费用。本项目反映企业应从当期利润总额中扣除的所得税费用。由于会计和税法之间的分离，会计上核算的所得税费用与按照税法计算应交纳的所得税并不相同。本项目应根据当期所得税费用和递延所得税计算确定所得税费用。所得税费用的计算公式为：

$$所得税费用 = 当期应交所得税 + \left(\begin{array}{c}递延所得税\\负债期末余额\end{array} - \begin{array}{c}递延所得税\\负债期初余额\end{array}\right) - \left(\begin{array}{c}递延所得税\\资产期末余额\end{array} - \begin{array}{c}递延所得税\\资产期初余额\end{array}\right)$$

（16）净利润。本项目反映企业实现的净利润，若为亏损，本项目以"－"号填列。净利润的计算公式为：

$$净利润 = 利润总额 - 所得税费用$$

（17）每股收益。本项目是指当期归属于普通股股东的净利润中，每一普通股所能享有（或应负担）的金额。利润表中分别以基本每股收益和稀释每股收益列示。

三、现金流量表

现金流量反映出一家企业在报告期内经营活动中现金收支状况，因此，企业的现金流量往往比利润要重要得多。对报表使用者而言，看懂、看清企业的业绩，正确把握其发展动向相当关键,而现金流量表,则为我们提供了一条有益的途径。

（一）现金流量表的概念

现金流量表是反映企业在一定会计期间现金和现金等价物流入和流出的报表,是以现金为基础编制的财务状况变动表。

1. 现金

这里的现金是相对广义的现金,不仅包括库存现金,还包括企业随时支用的银行存款、其他货币资金以及现金等价物。

（1）库存现金,是指企业持有可以随时支用的现金。

（2）银行存款,是指企业存放在银行或其他金融机构随时可以支用的存款。

（3）其他货币资金,是指企业存放在银行有特定用途的资金或在途尚未收到的资金,包括外埠存款、银行汇票存款、银行本票存款和在途货币资金等。

（4）现金等价物,是指企业持有的期限短、流动性强、容易转换为已知金额现金、价值变动风险很小的投资,比较常见的有企业在证券市场上购入的流通 3 个月内到期的短期债券投资等。

2. 现金流量

现金流量是指企业在一定时期内现金流入和流出的数量。所谓现金流入量,是指企业在一定时期内实际所收到的现金的数量。所谓现金流出量,是指企业在一定时期内实际支付的现金的数量。

企业在一定时期内取得的现金流入量减去现金流出量的差额,即企业在本期取得的现金净流量。现金净流量有两种表现形式:当现金流入量大于现金流出量表现为现金净增加额,表明报告期末与报告期初相比企业的现金增加了多少,在表中用正数表示;当现金流入量小于现金流出量表现为现金净减少额,说明报告期末和报告期初相比,企业的现金减少了多少,在表中用负数表示。

由此可知,现金流量表是反映企业在一定会计期内现金收入和支出情况的财务报表。现金流量表主要是为财务报表使用者提供企业在一定会计期内现金和现金等价物流入和流出的信息。

3. 现金流量的分类

企业一定时期内现金流入和流出是由各种因素产生的,现金流量表首先要对企业各项经济业务发生的现金流量进行合理分类。根据我国会计准则的规定,企业一定时期内发生的现金流量可分为以下三大类,即经营活动产生的现金流量、投资活动产生的现金流量和筹资活动产生的现金流量。

1）经营活动产生的现金流量

经营活动是指企业投资活动和筹资活动以外的所有交易或事项。一般来说,经营活动是企业最主要的营业活动,也是影响企业现金流量变动的最重要因素。

在我国,企业经营活动产生的现金流量应当采用直接法填列。直接法是指通过现金收入和现金支出的主要类别列示经营活动的现金流量。

2）投资活动产生的现金流量

投资活动是指企业长期资产的构建和不包括现金等价物范围在内的投资及其处置活动。一般包括两个方面:购买或出售企业生产过程中所使用的长期资产,如土地、厂房、建筑物、机器设备和专利权等;为了获取投资报酬或其他经营目的的长期投资,通过转让或出售而收回的有关活动。在现金流量表中单独披露来自于投资活动所产生的现金流量是非常重要的,因为这些现金流量代表着企业为了获得未来收益和现金流量而导致资源转出的程度。

3) 筹资活动产生的现金流量

企业的筹资活动是指导致企业资本及债务规模和构成发生变化的活动。其中的资本既包括实收资本也包括资本溢价;其中的债务是指对外举债,包括向银行借款、发行债券以及偿还债务等。它是企业重要的活动之一,是企业开展经营活动和投资活动的基础或前提。

(二)现金流量表的编制

根据表3-19,并假设"第一年"为2014年,则瑞福科技生物材料有限公司2015年的现金流量表,如表6-3所示。

表6-3 　　　　　　　　　　　　　现 金 流 量 表

编制单位:瑞福科技生物材料有限公司　　　　　　2015年度　　　　　　　　　　单位:元

项　目	本期金额	上期金额
一、经营活动产生的现金流量:		
销售商品、提供劳务收到的现金	42 000 000	
收到的税费返还		
收到其他与经营活动有关的现金		
经营活动现金流入小计	42 000 000	
购买商品、接受劳务支付的现金	4 031 250	
支付给职工以及为职工支付的现金	360 000	
支付的各种税费	12 792 219	
支付其他与经营活动有关的现金		
经营活动现金流出小计	17 183 469	
经营活动产生的现金流量净额	24 816 531	
二、投资活动产生的现金流量:		
收回投资收到的现金		
取得投资收益收到的现金		
处置固定资产、无形资产和其他长期资产收回的现金净额		
处置子公司及其他营业单位收到的现金净额		
收到其他的与投资活动有关的现金		
投资活动现金流入小计		
购建固定资产、无形资产和其他长期资产支付的现金	3 000 000	
投资支付的现金		
取得子公司及其他营业单位支付的现金净额		
支付其他与投资活动有关的现金		
投资活动现金流出小计	3 000 000	

（续表）

项　目	本期金额	上期金额
投资活动产生的现金流量净额	−3 000 000	
三、筹资活动产生的现金流量：		
吸收投资收到的现金		
取得借款收到的现金		
收到其他与筹资活动有关的现金		
筹资活动现金流入小计		
偿还债务支付的现金		
分配股利、利润或偿付利息支付的现金	70 000	
支付其他与筹资活动有关的现金		
筹资活动现金流出小计	−70 000	
筹资活动产生的现金流量净额	−70 000	
四、汇率变动对现金及现金等价物的影响：		
五、现金及现金等价物净增加额：	21 746 531	
加：起初现金及现金等价物余额	266 506	
六、期末现金及现金等价物余额：	22 013 037	

（三）现金流量表的作用

现金流量表是按收付实现制反映企业报告期内的现金流动信息。而企业编制的资产负债表、利润表和利润分配表及有关账户记录资料反映的会计信息，都是按权责发生制记录的。所以，现金流量表的编制依据必然是资产负债表、利润表和利润分配表及有关账户记录资料；编制现金流量表的过程就是将权责发生制下的会计资料转换为按收付实现制表示的现金流动。

由于诸多原因，创业者总是很关心企业的利润，这在客观上为某些人为地把利润"做多"的人提供了便利。由于存在利润的真实性问题，这凸显了现金流量表的参考价值。由于现金流量反映出一家企业在报告期内经营活动中现金收支状况，因此，其现金流量往往比利润要重要得多。对报表使用者而言，看懂、看清企业的业绩，正确把握其发展动向相当关键，而现金流量表，则为我们提供了一个有益的途径。

在现金流量表中，企业的净现金流量是由经营现金净流、投资现金净流、融资现金净流三者合计组成。由于现金是企业赖以生存的发展基础，通过对现金流量表的各个项目现金状况的构成分析，我们可以得到很多关于企业经营状况有价值的信息，这种分析对深入了解企业的经营状况很重要。

总之，中小企业在创业之初就应规划好企业的现金流量，以便企业能正常投产，步入成长、成熟期，也为企业进一步发展、进一步融资提供良好的信誉和基础，以免因为现金短缺而失去良好的发展机会。充足的现金可使企业避免财务危机的发生，能正常地经营，亦可应付意外情况的发生；不足的现金可能会使企业无法支付当期欠款与费用，发放股利，又不能购置新的固定资产或进行投资等。对于新成立的和成长中的企业，现金如同新鲜血液；对于衰退中的企业，现金是使企业重现活力的良药，它可以使企业的销售由亏损变为盈利。正确理解、分析和运用现金流量表并且编制现金预算，不仅有利于企业改善现金流量、有利于对未来作出正确判断，而且对强化企业财务管理，提高经济效益大有裨益。不管企业处于何种经营环境或何种经营周期,都必须将现金管理置于"至高无上"的位置,正如西方一些财务专家所称的,对企业而言,"现金为王"。

第三节 财务报表分析

财务报表分析又称财务分析,是通过收集、整理企业财务会计报告中的有关数据,并结合其他有关补充信息,对企业的财务状况、经营成果和现金流量情况进行综合比较和评价,为财务会计报告使用者提供管理决策和控制依据的一项管理工作。财务分析的方法很多,财务指标分析法和杜邦分析法是最常用的两种分析方法。

一、财务指标分析法

财务指标是指企业总结和评价财务状况和经营成果的相对指标,中国《企业财务通则》中为企业规定的三种财务指标为:偿债能力指标(包括资产负债率、流动比率、速动比率)、营运能力指标(包括应收账款周转率、存货周转率)和盈利能力指标[包括资本金利润率、销售利税率(营业收入利税率)、成本费用利润率等]。

(一) 偿债能力分析

偿债能力是反映企业偿还到期债务的能力。偿债能力与公司的债务风险是密切相关的,偿债能力越低,公司面临的债务风险就越大。就长期而言,偿债能力是由盈利能力来保证的,但短期的偿债能力却不一定和盈利能力呈正比。因此,分析偿债能力需要从短期和长期两个方面来进行。

1. 短期偿债能力

企业短期偿债能力的主要比率包括流动比率、速动比率和现金比率。

(1) 流动比率。流动比率是指流动资产与流动负债的比率,用以衡量企业在某一时点用现有的流动资产去偿还到期流动负债的能力。其计算公式如下:

$$流动比率 = \frac{流动资产}{流动负债}$$

一般情况下,该比率越高表明企业资产的流动性越大,变现能力越强,短期偿债能力相应越高。

长期经验证明,流动比率一般维持在 2 左右,就视为企业具有充裕的短期偿债能力。对流动比率的要求不能一概而论,还要视企业经营性质、经营周期和行业特点而言,甚至与企业本身的经营方针和管理水平有关。例如,制造企业所需的流动资产一般要少于零售企业;那些以长期赊账销售形式为主的企业所需的流动比率一般高于那些以现金销售形式为主的企业。

【例 6-1】 根据表 6-1 提供的数据,计算瑞福科技生物材料有限公司 2015 年度的流动比率。

解:从表 6-1 中得到流动资产和流动负债分别为 35 074 866 元和 503 125 元。

$$流动比率 = \frac{35\ 074\ 866}{503\ 125} = 70$$

计算得出该企业的流动比率超高。由于该企业的资产中流动资产占绝对的比重,并且在负债和所有者权益合计中负债占极小的比重,在这两个因素的共同作用下,导致该企业的流动比率超高。

(2)速动比率。速动比率由于剔除了一部分流动性较差的资产(如存货),其反映的短期偿债能力要更确切。它用于衡量企业在某一时点用随时可变现的流动资产偿付到期流动负债的能力。其计算公式如下:

$$速动比率 = \frac{速动资产}{流动负债} = \frac{流动资产 - 存货}{流动负债}$$

速动资产包括货币资金、交易性金融资产和应收账款等能够尽快转换成现金的流动资产。一般来说,速动比率应维持在1以上。该比率也不是绝对的,不同的企业和行业一般都有所差别。

【例6-2】 根据表6-1提供的数据,计算瑞福科技生物材料有限公司2015年度的速动比率。

解:从表6-1中得到流动资产、流动负债和存货分别为35 074 866元、503 125元和1 349 329元。

$$速动比率 = \frac{35\ 074\ 866 - 1\ 349\ 329}{503\ 125} = 67$$

计算得出该企业的速动比率超高。造成这种现象的原因除了上面分析流动比率超高的原因之外,另一个主要的原因是货币资金占的比重过大。

(3)现金比率。现金比率是指企业现金资产与流动负债的比率,又称现金流动负债比。其计算公式如下:

$$现金比率 = \frac{货币资金 + 交易性金融资产}{流动负债}$$

现金一般以货币资金与交易性金融资产之和表示。一般来说,现金比率在0.2以上为好。但并不是越高越好,太高会导致机会成本增加。

【例6-3】 根据表6-1提供的数据,计算瑞福科技生物材料有限公司2015年度的现金比率。

解:从表6-1中得到流动负债、货币资金和交易性金融资产分别为503 125元、30 013 038元和0元。

$$现金比率 = \frac{30\ 013\ 038 + 0}{503\ 125} = 60$$

计算得出该企业的现金比率超高。这是由于该企业的资产中货币资金占绝对的比重,以及在负债和所有者权益合计中流动负债占极小的比重共同作用的结果。

2. 长期偿债能力

长期偿债能力是指企业偿还长期债务的能力。企业的长期负债一般金额较大,利息负担重,对其分析不仅要利用资产负债表,借助于负债比率等指标考察债务本金所占的比重,而且要利用利润表,借助于利息保障倍数判断债务利息的偿付能力。

(1)资产负债率。资产负债率是指负债总额与资产总额的比率,它反映在企业总资产

中债权人提供的资本所占的比重,反映债权人提供贷款的安全程度。其计算公式如下:

$$资产负债率 = \frac{负债总额}{资产总额} \times 100\%$$

资产负债率反映的是企业的全部资产偿还全部债务的能力。一般来说,资产负债率越小,资产对债权人的保障程度就越高。一般地,财务结构合理的公司将资产负债率维持在50%以下。资产负债率大于70%,财务部门应对高层管理者发出预警信号;如果资产负债率大于100%,则企业已资不抵债。但该比率也不是越小越好,负债越少,说明公司运用财务杠杆获利的可能越小。

【例 6-4】 根据表 6-1 提供的数据,计算瑞福科技生物材料有限公司 2015 年度的资产负债率。

解:从表 6-1 中得到负债总额和资产总额分别为 1 503 125 元和 43 975 016 元。

$$资产负债率 = \frac{1\ 503\ 125}{43\ 975\ 016} \times 100\% = 3.4\%$$

计算得出该企业的资产负债率超低。

(2) 产权比率。产权比率是表明由债权人提供的和由投资者提供的资金来源的相对关系,反映企业基本财务结构的稳定性。其计算公式如下:

$$产权比率 = \frac{负债总额}{所有者权益} \times 100\%$$

一般来说,所有者提供的资本大于借入资本为好。该指标同时表明了债权人投入的资本受到所有者权益保障的程度,或者说是企业清算时对债权人利益的保障程度。

【例 6-5】 根据表 6-1 提供的数据,计算瑞福科技生物材料有限公司 2015 年度的产权比率。

解:从表 6-1 中得到负债总额和所有者权益总额分别为 1 503 125 元和 42 471 891 元。

$$产权比率 = \frac{1\ 503\ 125}{42\ 471\ 891} \times 100\% = 3.5\%$$

计算得出该企业的产权比率超低。

(3) 利息保障倍数。利息保障倍数反映企业偿付负债利息的能力,用以评价债权人投资的风险程度。其计算公式如下:

$$利息保障倍数 = \frac{税息前利润}{利息费用}$$

$$税息前利润 = 净利润 + 所得税费用 + 利息费用$$

利息保障倍数越大,债权人利益越有保障。当该比率小于1时,则表明企业的获利能力根本无法承担举债经营的利息支出,企业已陷入财务困境之中。经验表明,利息保障倍数不应低于2,否则,应认为该公司的风险水平较高。

【例 6-6】 根据表 6-2 提供的数据,计算瑞福科技生物材料有限公司 2015 年度的利息保障倍数。

解：从表 6-2 中得到净利润、所得税费用和利息费用分别为 27 856 260 元、0 元和 70 000 元。

$$利息保障倍数 = \frac{27\ 856\ 260 + 0 + 70\ 000}{70\ 000} = 399$$

计算得出该企业的利息保障倍数超高。

（二）营运能力分析

营运能力是指企业运作资产的效率，一方面，与资产质量直接相关，资产越优质，其运转就越有效率；另一方面，与企业的综合管理水平有关，管理能力越高，资产的运转就越有效率。因而营运能力是企业盈利的重要保障。其主要指标有应收账款周转率、存货周转率和总资产周转率。

1. 应收账款周转率

该比率是企业年度内营业收入净额与应收账款平均余额的比率，用以反映企业应收账款收回的速度和管理效率。其计算公式如下：

$$应收账款周转次数 = \frac{营业收入净额}{应收账款平均余额}$$

$$应收账款周转天数 = \frac{360}{应收账款周转次数}$$

式中，营业收入净额是指企业当期销售商品、提供劳务等主要经营业务活动取得的收入减去销售退回、销售折扣、折让后的数额。从理论上说，其分子应按赊销收入净额（销售收入净额减去现销收入后的余额）计算。应收账款平均余额应按应收票据和应收账款扣除坏账准备后的净额的期初余额和期末余额平均计算。

应收账款周转次数越高，表明应收账款的管理效率越高。应收账款周转天数，即平均收款期越短，表明应收账款收款速度越快，应收账款管理效率越高。

该比率高说明企业收款迅速，可减少坏账损失。但过高的应收账款周转次数也可能说明企业在赊销政策方面存在问题，或为及早收回款项而给予顾客过高的现金折扣，从而降低企业的盈利水平。

【例 6-7】 根据表 6-1 和表 6-2 提供的数据，计算瑞福科技生物材料有限公司 2015 年度的应收账款周转率。

解：从表 6-1 中得到应收账款的期初和期末余额分别为 750 000 元和 3 750 000 元，从表 6-2 中得到营业收入净额为 45 000 000 元。

$$应收账款平均余额 = (750\ 000 + 3\ 750\ 000) \div 2 = 2\ 250\ 000(元)$$

$$应收账款周转次数 = \frac{45\ 000\ 000}{2\ 250\ 000} = 20(次)$$

$$应收账款周转天数 = \frac{360}{20} = 18(天)$$

2. 存货周转率

存货周转率也称存货利用率，是反映存货周转速度的比率。有两种表示方法：

$$存货周转次数 = \frac{营业成本}{存货平均余额}$$

$$存货周转天数 = \frac{360}{存货周转次数}$$

存货周转率是反映企业存货流动情况的一项指标。存货周转次数越多,周转天数越少,说明存货周转越快,表明企业存货管理越有效率。但过高的周转率也可能表明该企业的存货管理水平过低,导致经常缺货影响正常经营活动的进行;或采购次数过于频繁,每次订货量过小而增加存货采购成本。

【例6-8】 根据表6-1和表6-2提供的数据,计算瑞福科技生物材料有限公司2015年度的存货周转率。

解:从表6-1中得到存货的期初和期末余额分别为919 250元和1 349 329元,从表6-2中得到营业成本为5 662 871元。

$$存货的平均余额 = (919\ 250 + 1\ 349\ 329) \div 2 = 1\ 134\ 290(元)$$

$$存货周转次数 = \frac{5\ 662\ 871}{1\ 134\ 290} = 5(次)$$

$$存货周转天数 = \frac{360}{5} = 72(天)$$

3. 总资产周转率

总资产周转率是指营业收入净额与平均总资产的比率,反映企业对其所拥有的全部资产的有效利用程度。其计算公式如下:

$$总资产周转率 = \frac{营业收入净额}{平均资产总额}$$

其中,平均资产总额是期初资产总额与期末资产总额的平均值。该比率反映资产总额的周转速度。周转越快,反映销售能力越强。企业可通过薄利多销的方法,加速资产的周转,带来利润绝对额的增加。

【例6-9】 根据表6-1和表6-2提供的数据,计算瑞福科技生物材料有限公司2015年度的总资产周转率。

解:从表6-1中得到年初和年末的总资产分别为15 818 756元和43 975 016元,从表6-2中得到营业收入净额为45 000 000元。

$$平均资产总额 = (15\ 818\ 756 + 43\ 975\ 016) \div 2 = 29\ 896\ 886(元)$$

$$总资产周转率 = \frac{45\ 000\ 000}{29\ 896\ 886} = 1.5(次)$$

(三)盈利能力分析

盈利能力是企业利用各种经济资源赚取利润的能力,它既是各方面关心的重点,又是企业成败的关键,也是财务报表分析的核心,用以反映企业盈利能力的比率,一般有总资产报酬率、净资产收益率、营业利润率和销售净利率等。

1. 总资产报酬率

总资产报酬率是指税后利润,即净利润与平均资产总额的比率,以反映运用全部经济资源的获利能力。其计算公式如下:

$$总资产报酬率 = \frac{净利润}{平均资产总额} \times 100\%$$

$$平均资产总额 = (总资产年初数 + 总资产年末数) \div 2$$

该指标反映的是企业使用全部经济资源获取收益的能力,它是反映盈利能力中综合性最强的财务比率。总资产报酬率越高,表明投资盈利水平就越高,企业获利能力也越强。判断资产报酬率高低的主要参照有社会平均利润率和行业平均利润率等指标。

【例 6-10】　根据表 6-1 和表 6-2 提供的数据,计算瑞福科技生物材料有限公司 2015 年度的总资产报酬率。

解:从表 6-1 中得到年初和年末的总资产分别为 15 818 756 元和 43 975 016 元,从表 6-2 得到净利润为 27 856 260 元。

$$平均资产总额 = (15\ 818\ 756 + 43\ 975\ 016) \div 2 = 29\ 896\ 886(元)$$

$$总资产报酬率 = \frac{27\ 856\ 260}{29\ 896\ 886} \times 100\% = 93.17\%$$

从计算结果可以看出,计算瑞福科技生物材料有限公司 2015 年度的总资产报酬率是非常高的。

总资产报酬率可以进一步分解为总资产周转率和销售净利率,即

$$总资产报酬率 = \frac{营业收入净额}{平均资产总额} \times \frac{净利润}{营业收入净额} = 总资产周转率 \times 销售净利率$$

上述公式表明,要提高总资产报酬率,企业不但要扩大营业收入,加速资产周转,而且要提高盈利水平,提高销售利润率。

2. 净资产收益率

净资产收益率又称权益报酬率,是指企业在一定时期内净利润与平均净资产的比率,体现了投资者投入企业的资本及其积累获取净收益的能力。其计算公式如下:

$$净资产收益率 = \frac{净利润}{平均净资产} \times 100\%$$

$$平均净资产 = (所有者权益年初数 + 所有者权益年末数) \div 2$$

该比率反映了企业资产运营的综合效率,一般认为,企业净资产收益率越高,企业自有资本获利能力越高,运营效率越好。在我国,该指标既是上市公司对外必须披露的信息内容之一,也是决定上市公司能否配股等再融资的重要依据。

【例 6-11】　根据表 6-1 和表 6-2 提供的数据,计算瑞福科技生物材料有限公司 2015 年度的净资产收益率。

解:从表 6-1 中得到年初和年末的净资产分别为 14 615 631 元和 42 471 891 元,从表 6-2 得到净利润为 27 856 260 元。

$$平均净资产 = (14\ 615\ 631 + 42\ 471\ 891) \div 2 = 28\ 543\ 761(元)$$

$$净资产收益率 = \frac{27\ 856\ 260}{28\ 543\ 761} \times 100\% = 97.59\%$$

从计算结果可以看出,瑞福科技生物材料有限公司 2015 年度的净资产收益率是非常高的。

3. 营业利润率

营业利润率是指企业的营业利润与营业收入净额的比率。其计算公式如下:

$$营业利润率 = \frac{营业利润}{营业收入净额} \times 100\%$$

营业利润是指企业的营业收入扣除营业成本、期间费用和营业税金及附加后的利润，不包括其他业务利润、投资收益和营业外收支净额等因素；营业收入净额是指企业当期销售商品、提供劳务等主要经营业务活动取得的收入减去销售退回、销售折扣、折让后的数额。

营业利润率是反映企业获利能力的一项重要指标，用来评价企业每单位营业收入能带来的利润额。这项指标越高，说明企业从营业收入中获取利润的能力越强。影响该指标的因素很多，如商品质量、成本、价格、销售数量、期间费用和税金等。

【例 6-12】 根据表 6-2 提供的数据，计算瑞福科技生物材料有限公司 2015 年度的营业利润率。

解：从表 6-3 中得到营业利润与营业收入净额分别为 27 856 260 元和 45 000 000 元。

$$营业利润率 = \frac{27\ 856\ 260}{45\ 000\ 000} \times 100\% = 61.90\%$$

从计算结果可以看出，计算瑞福科技生物材料有限公司 2015 年度的营业利润率是非常高的。

4. 销售净利率

销售净利率表明企业每百元销售收入净额可实现的净利润。其计算公式如下：

$$销售净利率 = \frac{净利润}{销售收入净额} \times 100\%$$

该比率越高，说明企业的获利能力越强，但它受行业特点影响较大，在分析时应该结合不同行业的具体情况进行分析。

【例 6-13】 根据表 6-2 提供的数据，计算瑞福科技生物材料有限公司 2015 年度的销售净利率。

解：从表 6-2 中得到净利润为 27 856 260 元，销售收入净额为 45 000 000 元。

$$销售净利率 = \frac{24\ 816\ 531}{45\ 000\ 000} \times 100\% = 55.15\%$$

从计算结果可以看出，计算瑞福科技生物材料有限公司 2015 年度的销售净利率较高，可能是因为该企业的产品科技含量高等原因造成的。

（四）发展能力分析

发展能力指标是对企业的各项财务指标与往年相比的纵向分析。通过发展能力指标的分析，能够大致判断企业的变化趋势。发展能力指标主要包括三大类：第一类是资产增长状态；第二类是利润增长情况；第三类是销售收入的增长情况。

1. 总资产增长率与净资产增长率

$$总资产增长率 = \frac{本年总资产 - 上一年总资产}{上一年总资产} \times 100\%$$

总资产增长率反映了企业总资产的扩张程度。通常来说，处于成长期的企业会运用各种渠道（权益性筹资，如新股发行，配股等；债务性筹资，如发行债券、举借各种借款等）来扩张资本规模,从而进行更多的投资项目获得回报。

净资产增长率与之类似,其计算公式如下:

$$净资产增长率 = \frac{本年净资产总额 - 上一年净资产总额}{上一年净资产总额} \times 100\%$$

反映的是净资产的增长情况,也就是所有者权益的增长情况,表明在企业发展壮大过程中,所有者权益的增长、变动以及与负债共同为企业发展输送资金的协调性。

【例6-14】　根据表6-1提供的数据,计算瑞福科技生物材料有限公司2015年度的总资产增长率和净资产增长率。

解:从表6-1中得到2014年总资产和净资产分别为15 818 756元和14 615 631元;2015年总资产和净资产分别为43 975 016元和42 471 891元。

$$总资产增长率 = \frac{43\ 975\ 016 - 15\ 818\ 756}{15\ 818\ 756} \times 100\% = 178\%$$

$$净资产增长率 = \frac{42\ 471\ 891 - 14\ 615\ 631}{14\ 615\ 631} \times 100\% = 191\%$$

计算得出该企业的总资产增长率和净资产增长率超高。

2. 主营业务收入增长率

$$主营业务收入增长率 = \frac{本年主营业务收入 - 上一年主营业务收入}{上一年主营业务收入} \times 100\%$$

主营业务收入增长率指标反映公司主营业务收入规模的扩张情况。处于成长期的企业,这个指标的数值通常较高;处于成熟期的企业,这个指标可能较低,但是凭借其已经占领的强大的市场份额,也能够保持稳定而丰厚的利润;处于衰退期的企业,这个指标甚至可能为负数。

【例6-15】　根据表6-2提供的数据,计算瑞福科技生物材料有限公司2015年度的总资产增长率和净资产增长率。

解:从表6-2中得到2014年与2015年的主营业务收入分别为9 000 000元和45 000 000元。

$$主营业务收入增长率 = \frac{45\ 000\ 000 - 9\ 000\ 000}{9\ 000\ 000} \times 100\% = 400\%$$

计算得出该企业的主营业务收入增长率超高。

3. 营业利润增长率与净利润增长率

$$营业利润增长率 = \frac{本年营业利润 - 上一年营业利润}{上一年营业利润} \times 100\%$$

$$净利润增长率 = \frac{本年净利润 - 上一年净利润}{上一年净利润} \times 100\%$$

上述两种指标从营业利润和净利润两个不同侧面反映了企业获利能力的增长情况,表明了企业长期的盈利能力趋势。该指标数值通常越大越好。

二、杜邦分析法

杜邦分析法是利用几种主要的财务比率之间的关系来综合地分析企业的财务状况的

方法。这种分析方法最早由美国杜邦公司研发、使用,并由此得名。

1. 杜邦分析法的概念

杜邦分析法是一种用来评价公司盈利能力和股东权益回报水平,从财务角度评价企业绩效的一种经典方法(如图 6-2 所示)。其基本思想是将企业净资产收益率逐级分解为多项财务比率乘积,层层分解至企业最基本生产要素的使用,成本与费用的构成和企业风险,从而满足经营者通过财务分析进行绩效评价需要,在经营目标发生异动时能及时查明原因并加以修正。

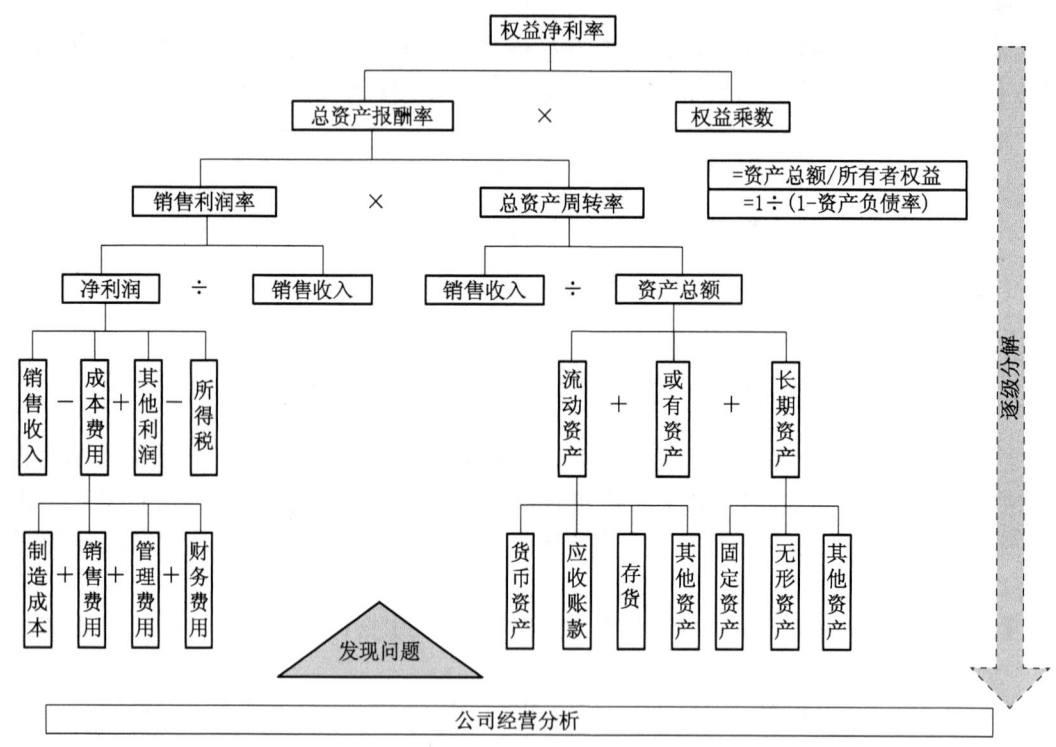

图 6-2　杜邦分析法

2. 杜邦分析法的主要财务比率

从杜邦财务分析体系中可以看出,该体系反映的主要财务比率及其相互关系有:

$$权益净利率 = 总资产报酬率 \times 权益乘数$$
$$总资产报酬率 = 总资产周转率 \times 销售利润率$$
$$权益乘数 = 1 \div (1 - 资产负债率)$$

因此

$$权益净利率 = 总资产周转率 \times 销售利润率 \div (1 - 资产负债率)$$

3. 杜邦分析法的分析要点

在用杜邦分析法进行综合分析时,主要抓住以下几点:

(1) 权益净利率是一个综合性最强、最具有代表性的财务分析指标,是杜邦财务分析体系的龙头指标。投资者最关心的是自己每一块钱的投资,经过企业经营之后,每年能带来多少钱的收益。而权益净利率恰好反映企业所有者投入资本的获利能力,说明企业筹资、投资、资产营运等各项财务及其管理活动的效率,所以,不断提高权益净利率是使所有者收益最大化的基本保证。从图6-2可以看到,企业获利能力的"驱动器"有三个"发动机":销售利润率、总资产周转率和权益乘数。而销售利润率取决于企业的经营管理;总资产周转率取决于投资管理;权益乘数取决于筹资政策。通过对这三个比率的分析,就可以将权益净利率这一综合指标发生升降变化的原因具体化,比只用一项综合指标更能说明问题。

(2)权益乘数反映了企业的筹资情况,即企业资金来源结构如何。它主要是受资产负债率指标的影响。负债比率越大,权益乘数就越高,说明企业的负债程度比较高。企业在利用别人的"鸡"给自己生了较多的"蛋"的同时,也带来了较大的财务风险。反之,负债比率越小,权益乘数就越小,说明企业的负债程度比较低,意味着企业没能积极地利用"借鸡生蛋"给自己赚更多的钱,但债权人的权益却能得到较大的保障。对权益乘数的分析要联系销售收入分析企业的资产使用是否合理,联系权益结构分析企业的偿债能力。在资产总额不变的条件下,适当开展负债经营,相对减少所有者权益所占的份额,从而达到提高所有者权益净利率的目的。

(3)总资产报酬率也是一个重要的财务比率,综合性也较强。它是销售利润率和总资产周转率的乘积,可以反映企业的销售和资产管理情况。对它进行分析,须从销售成果和资产运营两方面着手。

(4)销售利润率反映企业利润与销售收入的关系,其高低能敏感地反映企业经营管理水平的高低。影响销售利润率的主要因素为销售收入与成本费用,因此提高销售利润率有两个主要途径:一是要扩大销售收入,二是要降低成本费用,即所谓的"开源节流"。扩大销售收入既有利于提高销售利润率,又可提高总资产周转率。降低成本费用是提高销售利润率的一个重要因素,也可反映企业对成本费用的管理控制力度。另外,提高销售利润率的另一途径是提高其他利润,想办法增加其他业务利润,适时适量进行投资取得收益,千方百计降低营业外支出等。

(5)杜邦分析法可以分析成本费用的基本结构是否合理,还可以分析各项费用对利润的影响程度。因此,可利用图6-2进行成本费用分析,找出降低成本费用的途径,加强成本费用控制。若企业财务费用支出过高,就要进一步分析其负债比率是否过高;若是管理费用过高,就要进一步分析其资产周转情况等。杜邦分析法对利息费用更为重视,因为利息费用与权益乘数存在密切的关系。如果利息费用高,就应该考虑企业的权益乘数或负债比率是否合理,也就是企业资本结构是否合理,若不合理,就会影响所有者的利益。

(6)总资产周转率是反映运用资产以产生销售收入能力的指标。对总资产周转率的分析,则须对影响资产周转的各因素进行分析。除了对资产的各构成部分从占用量上是否合理进行分析外,还可以通过流动资产周转率、存货周转率、应收账款周转率等有关各资产组成部分使用效率的分析,以判明影响资产周转的主要问题出在哪里。

(7)杜邦分析法还可以反映流动资产和长期资产的结构状况,用以分析其结构是否合理。一般来说,流动资产直接体现企业的偿债能力和变现能力,而长期资产则体现企业的经营规模、发展潜力,两者之间有一个合理的比率关系。如果企业流动资产过多,或固定资产过多,都会影响企业资产的周转速度,从而影响资产的利用效果。同样,流动资产内部也有一个合理比例问题。如果企业持有的货币资金超过业务需要,就会影响企业的盈利能力;如果企业占有过多的存货和应收账款,既会影响获利能力,又会影响偿债能力,则要分析企业是否存在产销不对路,或者生产周期过长,或者收款不力的现象,并进一步找出原因,采取相应的改进措施。

第七章　创业风险管理

创业过程中由于创业环境的复杂性,新创企业的不确定性,创业者、创业团队以及投资者能力与实力的有限性,表现出较大的创业风险,威胁着新创企业的生存和发展。创业风险主要为技术风险、市场风险、财务风险、运营风险和政治风险。创业者要了解这些风险,并运用适当的方法进行控制。

第一节　创业风险管理概述

一、风险

(一) 风险的定义

美国经济学家奈特在1921年出版的《风险、不确定性和利润》一书中对风险作了经典的定义:风险是可测定的不确定性,是指经济主体的信息虽然不充分,但可以对未来可能出现的各种情况给定一个概率值。

通常把风险定义为未来的不确定性对企业实现其既定目标的影响。对于这个定义可以从以下几方面来理解:

(1) 未来的不确定性。现在无风险,过去无风险,只有将来有风险。现在普遍用于投资决策的基础评估方法之一——现金流预测,通过将未来一定期间内的净现金流按一定的贴现系数计算以做出投资决策判断,这不仅是一个时间价值的概念,而且是风险的贴现。

(2) 影响。这里所说的影响不仅包括损失,而且包括收益。风险越高,收益可能越大。所以,回避风险,同样意味着回避收益。

(3) 风险总是定义在未来的某一个时间段内的,这样才可以准确度量和管理风险。比如,企业职工有人身安全的风险,为此,企业为职工购买人身安全保险,保险合同总是在一段时间内有效。

(4) 风险是相对于要实现的目标而言的。目标越高,风险就越大;目标越低,风险就越小。

(二) 风险的特征

风险的特征是风险本质及其发生规律的外在表现。正确把握风险的特征,对于增强对风险的认识和理解、强化风险管理、减少风险损失具有重要意义。风险的基本特征包括以下七个方面。

1. 风险具有客观性

风险是一种客观的存在,是客观事物变化过程的特性,是不以人们的意志为转移的、独立于人的主观意识而存在的;也非人为的努力可以完全消除的。

2. 风险具有突发性

风险事件的发生有一个从量变到质变的过程,但是,由于人们认识的局限性或疏忽,往往并未注意到风险的渐变过程,致使风险事件具有突发性,使人感到措手不及,难以应付。

3. 风险具有损失性

只要风险存在,就一定有发生损失的可能。如果发生之时不会有损失,那么,就没有必要研究风险了。风险的存在,不仅会造成人员的伤亡,而且会造成生产力的破坏、社会财富的损失和经济价值的减少,因此,才使得个体或企业寻求应对风险的方法。

4. 风险具有不确定性

风险的不确定性是指风险结果是否会发生是不确定的,不确定性是风险的最基本的特征。其主要表现在:空间上的不确定性、时间上的不确定性和损失程度的不确定性。

5. 风险具有可测性

风险是可测量的,风险的可测性是指人们对于不确定的风险可以就风险发生的可能性和损失的严重程度进行定量或定性的估计和判断。虽然风险具有客观性和发生的随机不确定性,但是,人们可以在概率论和数理统计的基础上,根据以往发生的一系列类似事件的统计资料进行分类,来计算某种风险发生的概率、所造成损失的大小及损失的波动性,从而可以对风险进行预测、衡量和评估。

6. 风险具有相对性

相对性是风险事件发生与否和造成损失程度如何,是与面临风险的主体的行为及决策紧密相关联的。同一风险事件对不同的行为者会产生不同的风险,而同一行为者由于其决策或采取的措施不同会带来不同的风险结果。

实质上,风险事件的发生是受主观和客观条件影响的。对于客观条件,人们无法自由选择,只能在一定程度上施加影响,而主观条件(即行为者的行为及决策)则可由人们自主选择。如果说风险的损失性使人们对风险进行管理成为必要,风险的客观性和不确定性增加了管理难度的话,那么,风险的可测量性和主观相对性则为人们对风险进行管理提供了空间和方法。

7. 风险与收益的对等性

一般情况下,风险与收益是对等的,风险越大,收益就可能越高;风险越小,收益就可能越低。换句话说,人们若想追求高收益就必须承担高风险。

(三) 风险的分类

根据不同的风险定义有不同的风险分类,因此,在学术上风险也没有一个统一的分类标准。现实生活中,人们一般是按照下列方法进行分类的。

1. 经济风险与非经济风险

按照风险是否导致经济损失,风险分为经济风险与非经济风险。①经济风险是指在生产和销售等经营活动中由于受市场供求等各种关系的影响、经济贸易条件等因素变化的影响或者经营决策的失误,导致经济上损失的可能性;②非经济风险是指没有导致经济损失的风险。

2. 静态风险与动态风险

按照风险产生的环境,风险分为静态风险与动态风险。①静态风险是指在经济环境未发生变化时发生损失的可能性,如自然灾害、人们因过失而造成损失的风险;②动态风险是指由于经济环境的变化造成经济损失的可能性。动态风险的产生有两类因素:一类因素是经济、产业、竞争者及客户等外部环境,这些因素的变化是不可控制的,它们均有可能为企业带来潜在的经济损失;另一类因素是企业内部因素,即影响企业经营人员决策的因素,这样的决策可能会带来经济损失。

3. 纯粹风险与投机风险

按照风险的性质,风险分为纯粹风险与投机风险。①纯粹风险是指只有损失的可能性而无获利的可能性的风险。纯粹风险所导致的结果只有两种:有损失或无损失。例如火灾、水灾、车祸、坠机、死亡、疾病和战争等,都属于纯粹风险。②投机风险是指既存在损失的可能性,也存在获利的可能性的风险。投机风险导致的结果可能有三种:有损失、无损失、获利。例如,股市的波动、商品价格的变动、赌博等,都属于投机风险。

一般而言,纯粹风险具有可保性,投机风险不具有可保性。

4. 系统性风险与非系统性风险

根据引起不确定性的原因,风险可以分为系统性风险与非系统性风险。①系统性风险或外部风险,是指外部经济体的整体变化。这些变化包括社会、经济、政治等企业难以控制的事实或事件。这类风险对企业的影响程度不一,但所有的企业都要面对,这是一种不可分散的风险。②非系统性风险是指企业受自身因素影响的风险,这种风险只造成企业自己的不确定性,对其他企业不发生影响,是可分散的风险。因此,企业针对此类风险进行控制的措施就比较多。

二、创业风险

(一) 创业风险的定义

创业是企业整个生命周期中的孕育期,这一时期的企业具有可塑性强、投入大、产出小、对企业的后续经营影响大的特点。所谓创业风险,就是风险在创业过程中的具体体现,是指由创业环境的复杂性,创业机会与新创企业的不确定性,创业者、创业团队以及投资者能力与实力的有限性,导致创业活动可能偏离预期目标。

(二) 创业风险的特征

创业风险就是风险在创业中的具体体现,其特征就是风险在创业过程中的具体化。

1. 创业风险的客观存在性

创业风险是不以企业意志为转移的,是独立于企业意志之外的客观存在。在创业过程中,由于内外部事物发展不确定性的客观存在是其发展过程的特征,因而,创业风险也必然是客观存在的,但客观性并不是否定创业风险的主观一面。

2. 创业风险具有相关性

创业者面临的风险与其创业决策及行为紧密相连,同一风险事件对不同的创业者会产生不同的影响,同一风险事件对同一创业者来说会由于其决策或采取的策略不同而产生不同的风险结果。

3. 创业风险具有损益两面性

由于风险的存在,就一定有发生损失的可能,事件在给创业者带来风险的同时一旦取得成功又往往给创业者带来收益,否则也没有承担此风险的必要。因此,创业者一方面要勇于面对风险,另一方面又要善于管理风险以使收益达到合理预期。

4. 创业风险具有不确定性

创业过程中创业者面临多种不确定因素,如已有竞争对手的竞争策略的调整,新市场需求的不确定性,新技术应用导致产品质量、数量的不确定性,市场环境的变化,创业团队的能力与稳定性,资金的不足甚至资金链的断裂等,而且这些因素本身是发展变化的,其变化又是难以预知的,这就造成了创业风险的不确定性。

5. 创业风险具有可变性

创业风险的可变性是指在一定条件下创业的内外部条件发生变化,从而引起创业风险的变化,包括创业过程中创业风险性质的变化、创业风险后果的变化,以及出现新的创业风险等。

(三) 创业风险的分类

创业风险按风险的内容划分,可分为技术风险、市场风险、财务风险、运营风险和政治风险。

(1) 技术风险。技术风险是指由于技术方面的因素及其变化的不确定性而导致创业失败的可能性。

(2) 市场风险。市场风险是指由于市场情况的不确定性导致创业者或新创企业损失的可能性。

(3) 财务风险。财务风险是指由于多种不确定因素的作用,使企业不能实现预期财务收益,从而产生损失的可能性。财务风险涉及的范围较广,内容较多。

(4) 运营风险。运营风险是指企业在运营过程中,由于外部环境的复杂性和变动性以及主体对环境的认知能力和适应能力的有限性,而导致的运营失败或使运营活动达不到预期目标的可能性。运营风险并不是指某一种特定的风险,而是由一系列具体风险组成的。

(5) 政治风险。政治风险是指由于战争、国际关系变化或有关国家政权更迭、政策改变而导致创业者或企业蒙受损失的可能性。

三、创业风险管理

创业风险管理是指创业者对各种风险的认识、控制和处理的行为,它要求创业者研究风险发生和变化的规律,估算风险对社会经济生活可能造成损害的程度,并选择有效的手段,有计划、有目的地处理风险,以期用最小的成本代价,获得最大的安全保障。

(一) 创业风险管理的意义

大企业有能力承受一般意义上的风险损失,而风险损失对处于创业过程的小企业来说却是致命的。如果把大企业比作一个成年人的话,那么,新创企业就犹如一个正在蹒跚学步的婴孩,且这种学步是没有家长或老师引导与保护的,因此,也就面临着巨大的危险。新创企业要在自己的努力下学会正常地前进,并在这种学习过程中健康成长,就必须学会认识各种风险,并具备处理各种风险的能力。因此,识别各种风险、预防风险、管理风险,消除各种风险可能带来的潜在损失对新创企业而言就具有至关重要的意义。

1. 减轻企业的财务负担

创业资金是困扰创业者的主要问题之一。由于企业没有积累,新创企业往往资金实力薄弱,现金流量不足,创业者通常通过多种渠道争取对企业的投入。由于企业处于初创时期,各方面均需要大量投入,而企业在此时的收入则极其有限,因此,从多方面筹集来的资金仍会使创业者们捉襟见肘。创业过程中的各种风险损失无疑会加大企业的财务经营负担,选择合适的风险管理方法,也有助于降低风险管理成本,所以,有效的风险管理将使企业有限的资金得到更有效的使用。

2. 获取有利的竞争地位

在创业初期,企业之间的竞争与其说是在人才、技术、产品和市场上,倒不如说主要集中于对风险的管理上。企业在人力、技术、产品与市场上的竞争优势会带来企业发展所需要的收入,但是一个风险损失却可能使这些竞争优势全部丧失。如企业关键人员的意外伤亡或流失,甚至投奔竞争对手,会使企业的其他竞争优势荡然无存;企业在选择目标市场时对风险估计不足所导致的损失也会使企业的创业投资根本无法回收。

3. 有利于企业管理向规范化方向发展

企业在创业初期规模较小,如 2000 年在美国新注册的企业中有 2/3 规模在 20 人以下。在这种情况下,各种管理机构是不可能存在的,甚至连必需的专业分工也得不到实现,管理职责也不可能得到明确的划分,企业管理的主要责任落在创业者身上。由于创业者精力与能力方面的限制,对各类风险的识别与管理往往是不到位的。建立合理的风险管理体系,使各类风险都有人分工负责,可使企业在对创业风险进行管理的基础上逐渐形成相应的职能管理体系,加快新创企业内部管理正规化的步伐,从而促进新创企业的健康成长。

4. 有利于创业者综合素质的提高

创业者的综合素质是一个新创企业成功的关键因素之一。对一个成功的创业者而言,有一些基本素质是必需的,如健康的体魄、坚毅的性格、自信、创新技能、自我学习的能力、自我约束、努力工作等。但这些并不是创业者素质要求的全部。预测各种不确定性并处理各种不确定性,是决定企业创业成功与否的重要能力之一。创业是一个从无到有的过程,各种因素都处于一种不确定的状态之中。这些不确定性当然包括各种潜在的损失。系统识别和统筹管理这些风险是创业者能力的重要标志之一,但这种能力并不是与生俱来的,需要创业者在创业过程中不断学习与积累。随着企业的不断成长,创业者也在对风险的管理过程中逐渐成长,成为真正的企业家。

(二)创业风险管理的程序

创业风险管理的程序一般包括:风险识别、风险评估、风险控制和管理效果的评价等环节,如图 7-1 所示。

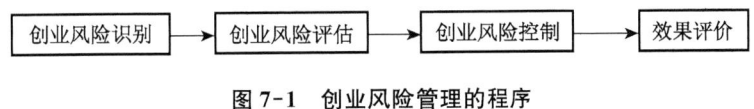

图 7-1 创业风险管理的程序

1. 创业风险识别

创业风险识别就是创业者逐渐认识到自己在哪些方面面临风险以及风险结果的过程,是创业者依据创业活动的迹象,在各类风险事件发生之前运用各种方法和工具对风险进行的辨认和鉴别,是系统地、连续地发现风险的过程。创业者不仅要识别如国家政策、市场需求变化等显性风险,还要识别某些形势变化的连锁反应所可能带来的半显性风险,同时还要识别遭遇突发事件的隐性风险。

创业风险的识别工具与方法有：

（1）专家判断。专家判断包括同行评议、德尔菲法、层次分析法等，一般由适当的专业人士组成专家组就中心议题发表意见，通过统计和整理，集中群体智慧和专业经验，形成结论。这种方法与评估人员单独分析相比，具有较高的可靠性，能够深入挖掘一些需要专业判断的特殊风险。这种方法的有效性依赖专家组构成的合理性，以及采用有效的机制处理专家意见的冲突和一些非共识性问题。

（2）情景分析。通过数字、图表、曲线对某种状态进行描绘、分析，说明某些因素变化会产生什么结果。其可靠性取决于能否有效地把握因素之间的系统联系。敏感性分析、故障树是情景分析的衍生。

（3）流程、网络分析。通过建立创业系统流程图、实施流程图、作业流程图（工作分解），或者反映工作因素相互关系的网络图，从风险可能存在的环节、因素之间的影响人手，分析风险的起因，以及传递过程对风险的影响。流程、网络分析能够反映风险系统的内部关系。

（4）风险回顾。风险回顾包括风险因素检查表、历史类比等，其共同特点是将已经发生过或可能发生的风险列举出来，供评估人员判断是否存在类似风险，具有开阔思路、启发联想的作用。其缺点是依赖资料的收集范围，可能遗漏某些重要的风险，也难以反映风险的系统关系。风险回顾技术的新发展是数据挖掘和统计（如人工神经网络），它们能够更为可靠地把握因素之间的历史规律。

2. 创业风险评估

创业风险评估包括将风险识别的结果与预先设定的风险准则相比较，或者在各种风险的分析结果之间进行比较，以确定风险等级的过程。风险评估利用风险识别过程中所获得的对风险的认识，来对未来的行动进行决策。道德、法律、资金以及包括风险偏好在内的其他因素也是决策的参考信息。

创业风险评估的过程包括输入、工具和方法、输出三个部分。理想的输出应该是：第一，能反映风险的先后顺序、相互转化关系；第二，能挖掘风险的因果关系，满足风险管理策略的需要；第三，能提高风险量化的可靠性。

创业风险评估的主要方法有：

（1）主观综合评判方法。一般通过建立度量风险的指标体系对指标进行量化，然后采用归一法、加权的方法对指标值进行综合处理。其具体包括主观评分法、层次分析法、模糊综合评判法。其优点是较为简便，适合风险结构不复杂的场合。其缺点是假设各种风险元素的关系是线性可加的，不考虑风险的内在联系，对复杂系统风险的评估缺乏可靠性；评估的效果受指标体系的完整程度、权重设置、计算方法的限制。

（2）概率分析方法。这种分析方法将风险变量的均值与标准差结合到表示项目总风险指标的均值与标准差中去。使用这种方法处理变量间存在的相关问题时需要做出一定的假设。例如，在与总风险有关的风险元素间只进行加法或乘法运算，相加或相乘的元素是相互独立的或线性无关的等。决策树法、概率树法是这一方法的代表。分析方法的另一个分支是现金流分析，它仅考虑到各种风险因素的综合影响后果，并不详细追究风险因素具体有哪些，风险到底有多大。在估计各个风险因素的综合影响时，主要依靠经验或者概率论。

（3）模拟方法。这种方法需要风险分析人员列举项目的风险变量及其相互关系。蒙特卡罗模拟法是这一方法的代表，它借助对未来事件的概率估计及随机模拟，在解决难以用数学分析方法求解的动态系统问题上具有优越性。模拟方法并未涉及如何构造所研究问题的整体框架，如何将决策者、管理人员、工程技术人员的专长结合起来挖掘各自的知识。大量的因素被含糊地、抽象地包含在概率估计中。

3．创业风险控制

通过对创业风险的评估，接下来就是对风险的控制。这一方面要制定好风险控制流程，另一方面选择好风险处理方式，实施对风险的控制，实现风险管理的目标。

（1）创业风险控制流程。具体如下：

第一，制定控制措施。制定控制措施的目的是确定风险行为的应对态度，指导应对措施的制定。企业应根据风险水平、风险偏好及风险管理的成本收益分析来综合考虑，针对每个具体的风险，根据风险的控制现状，制定有针对性的、切实可行的控制措施，并明确每个措施的完成标志和确定风险应对态度。

第二，形成控制计划。已制定的控制措施不可能一蹴而就地实施且控制和防范所有的风险，它需要有一个结合企业实际情况的控制计划，并作为企业工作制度或流程的一部分。控制措施形成后，根据实际工作情况和资源配备情况，制定每个控制措施的完成时间，并严格按照计划执行。

第三，实施控制计划。实施控制计划是风险管理的具体化工作，通过控制计划的实施，达到对企业风险控制的目的。在实施过程中要注意与控制计划的有效衔接和互补，避免计划仅仅停留在纸面上；同时要注意来自实践的反馈，实施控制计划的过程中，如果有新的风险类型出现或现有的控制措施难以实现控制的目的，要及时修正、更改控制计划，以保证风险管理工作正常运转。

（2）创业风险处理方式。风险处理是指通过不同的措施和手段，用最小的成本达到最大安全保障的过程。风险处理的方式很多，但最常用的是避免、自留、预防、抑制和转嫁。

第一，避免，即设法回避损失发生的可能性，是从根本上消除特定的风险单位或中途放弃某些既有的风险单位。它是处理风险的一种消极方法，也是最常用的方法。平时我们说不要做没有把握的事，就是避免方法在日常生活中控制风险的具体应用。避免方法通常在两种情况下采用：一是某种特定风险所致损失的频率或损失的幅度相当高；二是在用其他方法处理风险而成本大于收益。没有风险就没有收益，避免风险虽然简单易行，但它却意味着收益机会的损失。因此，对企业而言，采用避免的方法在经济上是不适当的。在某些情况下避免了某一风险又会产生新的风险。

第二，自留，即对风险的自我承担，是企业自我承担风险损失的一种方法。自留风险有主动自留与被动自留两种。风险自留常常在风险所致损失概率和幅度较低、损失短期内可以预测，以及最大损失不影响企业财务稳定性时采用。在这样的情况下，采用风险自留的成本要低于其他风险控制方法的成本，且方便有效。但是，风险自留有时也会因为风险单位数量的限制而无法实现其处理风险的功效。一旦发生风险事故，可能导致财务上的困难而失去其作用。

第三，预防，即在风险损失发生前为了消除或减少可能引发损失的各种因素而采取的处理风险的具体措施，其目的在于通过消除或减少风险因素而达到降低损失发生概率的目的。损失预防通常在损失发生的频率高且损失的幅度低时使用。损失预防的措施可分为工程物理法和人类行为法。工程物理法是指损失的预防措施侧重于风险预防物质因素的一种方法，如防火结构的设计、防盗装置的设置等；人类行为法是指损失预防侧重于人类行为教育的一种方法，如企业安全教育、消防培训等。

第四，抑制，即在损失发生时或在损失发生后为缩小损失幅度而采取的各项措施。损失抑制的一种特殊形态是割离，是指将风险单位割离成很多小的独立单位而达到缩小损失幅度的一种方法。损失抑制常常是在损失幅度高且风险又无法避免或转嫁的情况下采用，如损失发生后的各种自救和损失处理等。

第五，转嫁，即企业为避免承担风险损失，有意识地将损失或与损失有关的财务后果转嫁给另一个单位或个人去承担的一种处理风险的方法。风险管理者会尽一切可能回避并排除风险，把不能回避或排除的风险转嫁给第三者，不能转嫁的或损失幅度小的可以自留。转嫁风险的方法主要有两种：保险转嫁和非保险转嫁。保险转嫁是指向保险公司缴纳保险费并同时将风险转给保险公司承担。当风险事故发生时，保险人按照保单的约定得到经济补偿。非保险转嫁又具体分为两种方式：一是转让转嫁，二是合同转嫁。前者一般适用于投机风险，如当股市行情下跌时卖出手中的股票；后者适用于企业将具备风险的生产经营活动承包给他人，并在合同中规定由对方承担风险损失的赔偿责任，如通过承包合同将某些生产、开发程序或产品销售转给他人等。

对新创企业而言，究竟选择哪种风险处理方法更合理，则需要根据对风险评估的结果和具体的环境进行选择。对于损失金额很小的风险宜采用自留的方法。而对那些出现概率大，损失金额高的风险，如财产责任风险，则宜采用转嫁的方法。而对诸如人力资源风险、财务风险、项目选择风险、环境风险等其他风险则宜采用预防和抑制的方法来处理。

第二节　创业风险分析

创业会面临多种多样的风险，但是主要的风险为技术风险、市场风险、财务风险和运营风险等。

一、技术风险

技术风险是指在技术创新过程中由于技术方面的因素及其变化的不确定性导致创新失败的可能性。创业活动常常表现为将某一创新技术应用到实践，将其转化为产品或服务的过程。由于技术创新的主体受技术水平和其他多方面因素的影响，不可能对技术成果转化和新产品投放市场的前景作出完全准确的预测，从而产生技术风险。

（一）技术风险的特征

1. 技术风险属于投机风险

技术创新主体希望通过成功的技术创新获取期望的利益。但是技术创新系统在外部因素和内部因素的作用下，创新活动最终有三种可能的结果：一是创新成功，实现了预期目标；二是创新失败，未能实现预期目标，甚至无法回收前期投入的资金；三是技术创新没有达到理想的效果，仅使投入与收益基本持平。所以，在风险类型上，技术创新风险属于投机风险。

2．技术风险是一种动态风险

由于技术创新系统的外部因素或内部因素的变动,如经济、社会、政策、市场等因素的变动,研究开发、市场调研、市场营销等方面的管理不到位,均可能导致风险的发生。

3．技术风险是可控风险

技术创新活动是一种有目的、有组织的技术经济活动。通过对技术创新系统的组织管理,尤其是树立风险意识,完善风险管理,则能够在一定程度上防范和控制风险损失的发生和发展,使受控的技术创新活动向预期目标发展。

4．技术风险的结果是可变的

例如,电视机、电子表等在美国公司经历失败之后,却在日本企业手中经过完善和市场开拓,最终获得了成功。事实上,影响技术创新的风险因素有一些是可以控制的。在改变某些可控因素之后,能够改变原来失败的结果。

5．技术风险是可管理风险

虽然技术风险不可能完全灭除,但总体来说,完善的技术创新管理体系,能够有效防范和控制某些风险因素,其技术创新成功的可能性相对就会高一些。因此,要取得技术创新的成功,必须在完善技术创新管理的同时,还要加强技术创新的风险管理。美国著名管理学家彼德·杜拉克说过:"许许多多成功的创新者和企业家,他们之中没有一个有'冒险癖'……他们之所以成功,恰恰是因为他们能确定有什么风险并把风险限制在一定范围内,恰恰是因为他们能系统地分析创新机会的来源,然后准确地找出机会在哪里并加以利用,他们不是专注风险,而是专注机会。"

（二）技术风险的来源

技术风险来源于多种不确定性,如企业技术创新中的不确定性、技术垄断程度和技术优势持续时间长短的不确定性、社会环境变化的不确定性等。

1．创新的不确定性

技术创新的本质就是要改变企业原来的生产函数,对企业资源进行新的配置。技术创新具有未知特性,即在创新的过程中,创新主体对未来技术的发展方向并没有确定性的认识,因此是一个不断摸索的过程。技术创新的这一未知特性通常是在创新过程中逐渐显现的。技术人员创新的灵感火花起初只是从某一个很小的环节迸发,当时,他们往往认为解决了这个引发灵感的小问题后便大功告成了,殊不知在一个小问题解决后,又可能出现其他更多的小问题。技术创新的未知性,以及这种未知性的逐步显现特性使得许多科研项目因资金难以为继而中途夭折。例如,在家用录像系统的开发过程中,最初引起技术人员关注的可能仅仅只是录像带的长度问题,而当这一问题解决后,他们却发现开发出的产品根本不是顾客所能买得起的,从而面临了很大的风险。

2．技术垄断的不确定性

新技术的高收益往往来源于企业产品所含科学技术知识的垄断性、排他性,然而垄断性往往是有一定时限的。随着科学技术的迅猛发展,产品的生命周期日益缩短,更新换代速度日益加快、尤其是技术产品更是如此。常见的情况是,某个新创企业为开发某项技术可能花了很大力气,但该项技术能够保持某些方面和某种程度的技术优势的时间却不一定很长,甚至在较短时间内就会被其他更新的技术所替代,而且被替代的时间是难以确定的。当更新的技术比预期提前出现时,原有技术将蒙受提前被淘汰的损失,一旦企业对该技术失去垄断优势,那么企业的高收益将降低或失去,从而增加企业的风险。

技术垄断的不确定性使可能收益高的技术资产并不一定能给企业带来高的实际收益。如果企业的技术资产被其他企业模仿或窃取,企业的技术收益就会被其他企业所瓜分,企业不但不能通过技术资产来提高企业的收益,而且可能连成本都收不回来。因此,技术的垄断性对技术收益也有决定性影响。

3. 技术优势的不确定性

技术领先对企业来说并不直接意味着商业上的领先。这是因为新技术的"爆炸"效应并不是仅依靠技术本身,而更应该依靠该技术及其市场应用的协调关系。纵然技术具有优势,企业在该技术上仍然面临种种不确定性。比如市场是否接受、何时接受领先技术是不确定的。过早或过晚将新技术推向市场都将面临很大的风险。例如,IBM公司在1959年拒绝了关于在全新的施乐复印技术方面投资的提案,因为根据市场预测,施乐914复印机的全部市场不过5000套,但是10年以后,施乐914复印机共销售了20万套,公司也有了10亿美元的资产。而IBM公司则由于错误估计了市场对复印技术的接受速度,与这一巨大的商机失之交臂。还有,就是技术优势能否转化为商业优势是不确定的。最典型的案例是,晶体管在贝尔实验室的发明为美国带来了莫大的荣誉,但是带来的商业利润却大多进了日本人的口袋。另外,过于追求技术的超前性,会使决策人过于冒险,置客户需求于不顾。这是技术优势所面临的最大的人为风险。

4. 社会环境的不确定性

企业技术创新系统是一个开放的系统,它与外界存在能量的交换。因此,外界的变化将对企业的技术创新产生很大的影响。

(三) 技术风险的控制

1. 采用模仿创新战略

模仿创新就是在创新者已经成功的技术创新基础上,投入不多的资金,模仿该项技术,并对其进行补充、提高、改良、完善的过程。模仿创新虽然有跟风之嫌,但却可以节省大量的研发费用,提高成功率,缩短从技术到市场的时间,从而大大降低技术风险。甚至有模仿创新者把原始创新者赶出市场的例子,日本的松下、索尼就是这方面的成功典范。例如,自动聚焦照相机、半导体激光器、复印机等率先创新者均在美国,但现在的市场领袖则是日本。因此,模仿创新是企业广为采用的战略。不论是发达国家,还是发展中国家,模仿创新都是一种极为普遍的技术创新手段。尤其对于我国那些研发能力较弱、资金实力不足的中小企业来说,这一创新战略更有吸引力。

但是,模仿创新要获得成功必须具备一定的条件,比如要求企业有较强的工程设计、生产能力;要在模仿的基础上,用反求工程实现创新技术的本土化或进行二次创新;不能侵犯别人的知识产权;模仿的起点要高,科学把握模仿创新的时机,最好是模仿尚未市场化的创新科研成果,等等。模仿创新一般可以通过购买专利、许可证和专有技术,并实施反求工程来实现。模仿创新也有弱点,就是它不可能达到技术的最尖端。你可以模仿,别人也会模仿,往往大家一哄而上,如浙江永康的太空杯、滑板车,我国的VCD生产线和制药工业应属于此类情况。特别是在我国加入WTO,世界市场越来越开放的今天,光凭模仿创新已不能形成核心竞争力。企业发展到一定的规模,必须形成自主创新的能力,才能拥有自主的知识产权和工业产权,获得独特的市场地位,这是要十分注意的。

2．组建技术研发联合体

企业进行技术创新，特别是自主技术创新，风险大、时间长、复杂性高，单个企业往往难以承受。这时如能组建技术开发联合体，可以在一定程度上化解技术开发风险。技术联合体是指两个以上的国内外法人组织联合致力于某一技术或产品的研究开发，实现优势互补、风险共担、利益共享的一体化组织。技术联合体是一种以技术创新为纽带横向联合和纵向交叉相结合的合作形式，通常是企业和科研机构以及大学之间的联合。具体的联合模式可以有：①合同模式，即以合同形式确定合作创新过程。②项目合作模式，即企业为完成某一特定技术项目的研究与开发，通过合作投入并合作组织研发过程，共享研究与开发成果的一种合作方式。③基地合作创新，是指企业在大学或研究机构建立共同技术创新基地的一种创新形式，一般由企业提供资金和设备，大学或研究机构提供场地和研究人员。④研究公司合作模式，是指由多个大企业为增进和加速某些技术领域的技术创新而共同组建的股份制形式的合作创新组织。

3．建立有效的科技人员激励机制

任何技术研发活动都是由科技人员干出来的。有创新能力的人是企业最宝贵的资源。始终使科技人员的头脑保持激励状态，发挥他们攻克技术难关的积极性和主动性是提高技术研发成功率降低技术风险的关键。这就要求企业的决策者能够体察科技人员各种需要与动机，并通过适当的制度安排提供实现这些需要的机会和环境，在实现企业目标的同时也使个人的目标和利益得到实现。根据一些企业的成功经验，可以考虑建立以下几个方面的制度：①实现"科技人员持股"的制度。比如，深圳华为公司、四川托普集团能获得迅速的发展，实行"科技人员持股制"是其重要原因。②建立和健全企业的福利制度。比如：住房、养老、医疗、失业保险制度；解决生活实际困难，如小孩幼托、夫妻分居等；增强科技人员的安全感和稳定感，使他们能全身心投入研发活动。③树立"知识是消耗品"的意识。对科技人员进行终身培训，定期或不定期地组织他们进入大专院校深造，出国留学、考察、技术交流、专题培训等，为他们创造吸收新思想、开拓新思路、成就事业的环境。④设技术难题攻克奖，对攻克技术难关的科技人员予以精神和物质奖励等。⑤从组织结构入手，给予科技人员以最大限度的创新空间，提供更多发明创造的自由。包括从事研究的自由，在一定程度上失败的自由，提出和交流创新思想和展示研究成果的自由，这方面美国 3M 公司给予科技人员 15％的自由研究时间、建立企业内部科技论坛等做法值得借鉴。

二、市场风险

企业的市场风险是企业市场营销活动中由于内外部与市场有关因素的影响而出现的对企业造成损害的可能性，它是由市场机制作用及其相关因素变化引发的风险，即根植于市场内在机制的风险。

（一）市场风险产生的原因

市场风险存在的原因是多方面的，既有市场的内在作用，又有许多相关因素的综合影响。

1．宏观经济状况的变化

从宏观经济状况的变化上看，国民经济是一个多层次、多目标、多因素的复杂系统，时常存在着不平衡的周期性波动，如总量失衡、结构失调和经济发展的战略、布局、政策的调整等。

2. 微观的市场变化

从微观的市场变化上看，由于宏观经济上的不确定因素，也都会通过市场这个渠道直接或间接地影响企业。而作为市场本身，由于供求关系、市场竞争、市场消费的变化，以及企业内部的变化，而产生市场风险。

（1）从市场供求状况的变化上看，市场运行有明显的非平衡性和断层性，人们不易把握。首先，供求对市场主体的调节是一种事后调节，市场的局部均衡和整体均衡缺乏明晰的划分界限。其次，供求的对比变动，如果不经过一定量的积累，往往呈隐性状态，在某一不确定的时候或不能完全意识的时候发生突变。这对于处在具体产业链和局部经营空间的企业来讲有时难以形成长远的、全面的和及时的认识，从而就可能造成经营的中断和收益的下降。

（2）从市场竞争状态的变化上看，市场经济是自主、平等、竞争、开放、多元的经济。同一目标市场有众多的对手角逐，竞争的态势如竞争对手的数量和方法、竞争产品的牌子、价格和质量等，也都随着时空的位移经常变化。任何一次竞争力量的重组、变化，都将给一些企业造成不同程度的损失，乃至被挤出市场，破产倒闭。

（3）从市场消费状况的变化上看，现代消费向着多样化、高质化和多层化的趋势发展，变化迅速，选择性强。尤其是消费者的心理复杂深奥，认识能力不断增强，已成为影响市场变化的最重要因素。消费观念的持续更新和消费状况的改变，时常会打破企业运营的原有和谐状态，增加了企业选择和实现经营目标的困难。

3. 企业自身管理状况

企业自身管理状况的好坏也是引发市场风险的重要原因。我们所讲的企业和企业管理，是一种基于市场的行为和因素的优化。一个缺少科学决策方法和程序、组织混乱、无创造力、人员动力不足的企业在激烈竞争的市场中运营，本身就是一种风险状态，至少可以说是增大了企业的市场风险程度。同时，只有承认管理不善是引发市场风险的原因之一，企业才会立足根本，不断增强发展的责任感和科学求实精神。一个好的企业，也只有消除市场中的自身风险，才能真正地去认知、承受和处理更大范围的市场风险。

（二）市场风险的基本特点

1. 市场风险具有客观性

市场风险的存在，不以人的主观意志为转移。它是市场经济内部机理发生作用的必然结果，离开市场风险的经营是不可能存在的。特别是随着经济发展的社会化、国际化、复杂化程度的不断提高，社会需求结构的多端变化，企业所面临的市场不确定性更是有增无减。

2. 市场风险具有差异性

市场风险的分布是极不均衡的。在不同的部门、行业和不同的时间、空间，市场风险的表现形式和程度都是有所区别的。

3. 市场风险具有关联性

市场风险是市场机制的构成要素之一，它同价格、竞争、供求等市场要素之间互为因果，互相制约，有机地融合在市场经济的整体调节功能之中。

4. 市场风险具有双重性

市场风险以利益的诱惑力和破产的压力共同作用于企业。它不仅使企业有追求更大利益的渴望和开拓进取精神,而且会使经营者吃不香、睡不稳,以极高的责任感来对待自己的经营事业。所以,机遇与风险并存,诱惑与压力同在,是市场风险的重要特征。

5. 市场风险具有可知性

市场风险的存在有它的机理、条件和成因,并通过一定的具体经济现象表现出来。在偶然与必然、理论与实践、历史与现实、现实与未来、系统与环境、收益与损失、成功与失败的客观分析中,人们就能不断地认识其本质属性和作用状态。所以,市场风险本身的"不确定性",并不等于人们对市场风险的认识也是"不确定"的。

6. 市场风险具有可控性

市场风险是企业经营管理的客体要素之一,它通过一定的范围和程度制约企业。对此既可以进行质的说明,又可以进行量的计算;既能追踪预测,又可有效处置,以其作为确定经营目标的依据和获取比较利益的保证。如果不承认这种可控性,企业将无所适从。当然,由于市场变化相当复杂和人们的主观认识水平有限,所谓可知性、可控性都是相对的。分析市场风险形成的原因和特点,有助于我们在识别、衡量和处置市场风险时,能全面、辩证地看问题,坚持正确的指导思想,依据客观的原则和标准,树立起科学的市场风险管理观。

(三) 市场风险的处理

1. 强化对市场风险的认知

对市场风险的认知,是承受和处置市场风险的前提。所谓认知,不仅是理论概念的一般理解和简单的心理感觉过程,更需要利用已有的知识、能力、经验,通过分析和综合、具体和抽象、比较和概括、判断和推理等思维方式、技术手段来认识和确定市场风险。

2. 积极应对市场风险

面对市场和技术的不断变更演进,企业要不畏风险、果断决策,才能抓住良机、达到成功的境界。此外,企业承受市场风险还需具有相应的组织机体。组织机体既受市场风险的直接作用,又能动地反作用于市场风险。

(1) 要有与市场风险相适应的组织实力。组织实力是一定时间上企业各种组织要素力量的综合,包括硬件和软件两方面。硬件是指人力、物力、财力、技术基础;软件是指企业的内聚力、管理能力、形象、信誉、精神等。一般来说,企业组织实力与承受市场风险的能力成正比。如果实力不足,硬要去承受过大的市场风险,就会事与愿违,有可能使企业因耗损过度而趋于破产。

(2) 要有与市场风险相适应的组织结构。根据企业与市场风险环境的特殊关系,所形成的组织结构要体现以下要求:①层次清楚。组织层次之间上下衔接,前后有序,左右协调,流通顺畅,有利于人、财、物、信息等资源的统筹配置。②优化效能。摒弃形式主义,精简不必要的机构和人员,提高组织系统的效率。③相对封闭。组织对环境是开放的,但对内必须是决策、执行、监督等环节构成连续的封闭统一体。如果内部不封闭,企业将是一个无统一行动、无监督约束、无准确信息反馈的涣散组织。这样的组织是难以对市场风险作出积极反应的。④功能齐全。投入与产出是组织与环境相互联系、相互作用的转换模式。为了保证这种转换持续平衡地进行,组织必须能及时、准确、有效地追踪和传达有关市场风险的信息。⑤权责分明。市场风险是同企业经营目标联系在一起的,每一个环节的疏漏,都有可能引发市场风险的巨大冲击。所以,必须从市场风险的角度划分权力、承担责任。

每个人和每个机构不仅对自己负责,而且要对他人和企业整体负责。

(3)要有与市场风险相适应的组织运行。市场风险作用的形式、程度不是固定不变的,因此,企业组织运行必须保持高度的敏感性和弹性,做到决策快、指挥灵、能量大、效率高。如果信息联系不良,创新缺乏动力,决策迟滞、失准,说明组织运行开始失效并趋于僵化,企业再难以承担新的市场风险,这时改革和调整组织就显得十分必要。

3. 要有处置市场风险的具体办法

处置市场风险要掌握带有共性的以下一般方法:

(1)竞争法。竞争法是控制、处置市场风险的最根本方法,反映了企业对市场风险的正确态度和积极认识。一个产品有需求、价格有优势、质量有保证、营销有渠道、服务有声誉的企业,在任何市场风险的考验下,都将立于不败之地。

(2)防范法。对各种可能的市场风险进行预测,并制定出预防和控制计划,以求降低风险出现率和减少经济损失。

(3)分散法。一种是实行经营方式、经营区域、经营范围的多样化战略。这既可发挥企业的优势,又可以分散市场风险,增加经营的灵活性。一旦市场变化,就可以转移生产和经营方向,迅速推出适应市场需求的产品,避免单打一造成的威胁。英国的一句格言"不要把所有的鸡蛋都放进一个篮子里"反映的就是这个道理。另一种是借助外部力量,寻找一些机构或部门为企业承担某个特定风险事业而提供资金或经营管理上的协助。

(4)对应法。按照企业现有的实力,采取各种措施,看能否把市场风险控制在某种程度和范围内,以此为依据,寻找理想的利润目标。

(5)疏通法。从某一具体范围看,有些市场风险是"假性"的。如供求关系缺乏合理的对应、信息流动淤滞等,都可以通过改善管理和改进经营方式来解决。

(6)关键法。影响企业运营的市场风险是多层次的,其中必有一种"不确定性"因素是最主要和关键的,有可能导致企业破产倒闭,这就是市场风险的核心。控制了重大风险,就可以带动整个市场风险"场"的收缩。

最后强调一点,处置市场风险不是任意"转嫁"市场风险,它必须受道德力量和法制力量的约束。既能有利于企业自身减轻风险,同时又不至于损害其他企业和个人的利益,尤其是消费者的利益。如由于产品质量低劣造成大量积压,通过欺骗性的手段、方式销售出去,就属于不道德和违法的,必须给予坚决打击,以保护公平、诚实、信用的市场环境,为企业有序地处置市场风险提供良好的条件。

三、财务风险

财务风险是指由于多种不确定因素的作用,使企业不能实现预期财务收益,从而产生损失的可能性。企业财务风险的存在是不以人们意志为转移,也不管人们是否认识它、承认它,它都是客观存在的。财务风险是现代企业面对市场竞争的必然产物,尤其是在我国市场分配、赊购、赊销,这些都会使企业的财务风险加大,对企业的经营管理产生影响。

(一)财务风险的类型

企业的财务活动贯穿于生产经营的整个过程中,筹集资金、长短期投资、分配利润等都可能产生风险,根据风险的来源可以将主要的财务风险分为以下四种。

1. 筹资风险

筹资风险是指由于资金供需市场、宏观经济环境的变化,企业筹集资金给财务成果带来的不确定性。融资风险主要包括利率风险、再融资风险、财务杠杆效应、汇率风险、购买力风险等。资金的注入——无论以股权的形式还是以债权的形式,无论来自个人投资者还是机构投资者——都能够帮助新创企业渡过创业的艰难时期、进入新的发展阶段。对新创企业而言,有很多可供选择的融资渠道,但是没有哪种融资渠道是十全十美的,任何方式的融资都需要付出代价,并且还存在内生的风险。融资活动离不开创业者、投资者、中介机构和专家,所以,对新创企业而言,与融资活动相关的风险也主要来自新创企业与这些主体之间的活动。融资风险的来源大体可分为新创企业融资战略不当、新创企业融资成本过高以及新创企业融资对象选择不当等方面。因此,新创企业要根据自己的实际情况,合理确定一定时期企业所需资金的总额,在满足经营业务需要的情况下同时又不造成资金闲置;要根据资金运用期限的长短合理安排和筹集相应期限的债务,形成合理的筹资期限结构,尽量使资金的偿付日期与资产的变现日期相匹配;确定合理的资本结构,从总体上减少收支风险。理论上讲,能使企业在一定时期内的加权平均资金成本最低、企业价值最大的资本结构为合理资本结构或称最佳资本结构;另外,还要利用好衍生金融工具,如利率期货、期权或外汇期货、期权,进行套期保值,把利率或汇率确定在企业可以接受的水平,避免利率、汇率变动给企业造成的不利影响。

2. 投资风险

投资可分为实物投资和金融资产投资。实物投资是指支付资金购建固定资产、无形资产或其他非流动性资产,通过生产经营活动取得一定利润。金融资产投资是指对外股权、债权支付的资金,间接参与企业的利润分配。投资风险是指企业在上述投资活动中,由于受到各种难以预计或难以控制因素的影响给企业财务成果带来的不确定性,致使投资收益率达不到预期目标而产生的风险。影响企业投资风险的因素包括国家政治、经济、市场环境等外在环境,以及企业管理能力、经营能力、拥有的技术及人力资源状况等内部条件。企业投资风险主要表现在:一是投资项目不能按期投产,不能盈利,或虽已投产,但出现亏损,导致企业盈利能力和偿债能力的降低;二是投资项目的盈利水平低于预期水平。

在做出投资决策之前,企业应对投资项目进行科学合理的分析,对投资时机、投资对象、投资规模、投资合作伙伴、投资市场需求、投资的资金供应能力等进行充分的调研,对其风险和收益进行分析和研究,据此进行投资决策,降低投资风险。而在投资之后,对投资项目的管理、后续监控也是投资管理必不可缺的关键环节。规避投资风险,方法之一是多元化投资。把资金投入到不同项目中,有的发生损失,有的获得收益,从而达到分散投资风险的效果。分散投资的方法可以采取地点分散、行业分散以及企业单位分散的办法。

3. 流动性风险

流动性是指企业获取现金的能力和随时满足当时现金支付的能力。资产转化为现金的速度和成本标志着企业获取现金的能力,能偿还债务标志着企业的支付能力。流动性风险是指企业资金的流动性出了问题,无法满足日常生产经营、投资活动的需要,或者无法及时偿还到期债务。它轻则给企业带来信用危机,重则使企业面临财务危机。流动性风险的产生可分为外生性和内生性两个方面。外生流动性风险是指企业因外部环境的变化而可能出现的流动性问题。例如,汇率、利率和证券价格等基础金融变量发生非预期的变化。

变动的结果是企业蒙受经济损失,即实际收益少于预期收益或实际成本超过预期成本。企业内生流动性风险主要产生于企业内部,比如,企业不能产生足够的营业现金流量,导致营运资金不足,其结果是丧失偿付股利和债务的能力;企业采取激进的财务政策,如短期资金长期占用,企业运用杠杆效应大量借入银行短期借款,增加流动负债用于购置长期资产,这些政策虽能在一定程度上满足购置长期资产的资金需求,但造成企业偿债能力下降,容易引发流动性风险;企业规模扩张过快,已超过其财务资源允许的业务量进行经营,既产生过度交易,也导致流动性风险。因此,新创企业要管理现金流、增加现金流入、管理现金周期以及加强现金预算来应对流动性风险。

4. 信用风险

信用风险是指企业的债权因为债务人违约而不能收回或者不能够及时收回而给企业带来损失的可能性,又称应收账款风险、坏账风险或客户风险。信用风险过高,可能给企业财务带来危机。债务人不能按期偿还到期债务是信用风险产生的主要原因。而其不能偿还债务,既有可能是债务人本身诚信因素,也可能由债务人经营管理,或者外部的政治、经济等因素而造成。例如,企业在一个不稳定的国家或地区从事经营活动,则其销售存在较多不确定性,应收款项回收风险较大。从债权人来看,信用管理不善是信用风险产生的重要原因。通常,业务经营部门希望通过信用政策的放宽,获得更多的经营业绩。而信用政策的放宽,信用风险也随之上升。信用风险主要存在于两种情形:一是突发性坏账风险,由于非人为的客观情况发生了不可预见性的变化,造成应收账款无法收回,形成坏账;二为过于宽松的赊销政策,降低应收账款的可收回性。信用风险也可以通过风险回避、风险承担、风险转移、风险降低等方式来应对。此外,为了有效地运用各种信用风险应对策略,企业需要建立系统的防范信用风险机制,即建立专门的信用管理机构,建立客户动态资源管理系统,以及建立信用风险的监控体系。

(二)财务风险的特征

1. 客观性

客观性,即财务风险不以人的意志为转移而客观存在。也就是说,风险处处存在,时时存在,人们无法回避它、消除它,只能通过各种技术手段来应对风险,从而避免费用、损失与损害的产生。

2. 全面性

全面性,即财务风险存在于企业财务管理的全过程,并体现在多种财务关系上。资金筹集、资金运用、资金积累、分配等财务活动,均会产生财务风险。

3. 不确定性

财务风险具有一定的可变性,即在一定条件下、一定时期内有可能发生,也有可能不发生。这就意味着企业的财务状况具有不确定性,从而使企业具有蒙受损失的可能性。

4. 收益性或损失性

风险与收益是成正比的,即风险越大,收益越高;风险越小,收益越低。财务风险的存在促使企业改善管理,提高资金的利用效率。因而可以说,收益性与损失性是共存的。

5. 激励性

激励性,即财务风险的客观存在会促使企业采取措施防范财务风险,加强财务管理,提高经济效益。

（三）财务风险产生的原因

财务风险一般来说与企业的生产经营是密不可分的。总的来说，企业财务风险的产生主要有下面几方面的原因。

1. 企业的资产结构中债务比率过高

企业资产结构中债务比率过高导致企业无法偿还到期的负债，从而使企业陷入财务风险与财务危机之中。根据企业财务风险的定义，企业财务风险是与企业负债融资而相伴产生的。如果企业的负债比率过高，债务融资的不确定所带来的风险将要大大超过债务融资所生产的节税和财务杠杆效应，使得企业所面临的财务风险大为提高。

2. 企业的资产流动性弱

企业在债务融资以后，必须要在将来能够获得足够的现金流以满足偿还本金和利息的需要。如果企业通过长期投资和短期投资形成的资产未来不能生产足够的现金流来偿还利息和本金，或者这些资产的流动性弱，不能在短期内变现以支付到期债务的话，这些都将促使企业的财务风险由潜在变为现实，从而使企业陷入困境。

3. 企业财务决策失误导致企业经营不善

财务决策失误导致企业经营不善是产生财务风险的又一重要原因。由于企业财务决策缺乏科学性，投资决策失误，造成企业的融资成本大大高于息税前利润，使得企业的财务状况恶化，威胁到企业对到期债务的偿还，从而加大了企业的财务风险。

4. 企业财务管理人员对财务风险的客观性认识不足

企业只要有财务活动，就必然存在着财务风险。在现实工作中，我国许多企业财务管理人员风险意识淡薄，是财务风险产生的重要原因之一。由于我国市场已成为买方市场，企业普遍存在着产品滞销现象。一些企业为了增加销量，扩大市场占有率，大量采用赊销方式销售产品，企业应收账款大量增加。同时，由于企业在赊销过程中，对客户的信用等级了解欠缺，缺乏控制，盲目赊销，造成应收账款失控。大量比例的应收账款长期无法收回，直至成为坏账。资产长期被债务人无偿占用，严重影响企业资产的流动性及安全性，给企业带来巨大的财务风险。

5. 企业财务管理面临的外部环境复杂多变

企业财务管理面临的外部环境包括国家宏观经济、法律以及社会文化环境等因素。这些因素存在于企业之外，对企业的财务管理产生重大的影响。由于企业所面临外部环境的复杂性和多变性，外部环境的变化可能给企业带来收益也可能带来风险和损失。

（四）财务风险的防范

企业财务风险是客观存在的，因此完全消除财务风险是不可能的，也是不现实的。只能采取尽可能的措施，将其影响降低到最低的程度。如何防范企业财务风险，化解财务风险，以实现财务管理目标，是企业财务管理的工作重点。防范企业财务风险，主要应做好以下工作。

1. 分析宏观环境及其变化，制定财务管理战略

面对不断变化的财务管理环境，企业应设置高效的财务管理机构，配备高素质的财务管理人员，健全财务管理规章制度，强化财务管理的各项基础工作，使企业财务管理系统有效地运行，以防范财务管理系统不适应环境变化而产生的财务风险。建立和完善财务管理系统，以适应不断变化的财务管理环境，提高企业对环境的适应能力和应变能力。

2. 提高财务管理人员的风险意识

财务风险存在于财务管理工作的各个环节,任何环节的工作失误都会给企业带来财务风险,财务管理人员必须将风险防范贯穿于财务管理工作的始终。建立企业资金使用效益监督制度,有关部门应定期对资产管理情况进行考核,通过改善日常的财务工资达到降低财务风险的目的。

3. 提高财务决策的科学化水平

为防范财务风险,企业必须采用科学的决策方法。在决策过程中,应充分考虑影响决策的各种因素,尽量采用定量计算及分析方法,并运用科学的决策模型进行决策。对各种可行方案决策,切忌主观臆断。如在筹资决策过程中,企业首先应根据生产经营情况合理预测资金需要量,然后通过对资金成本的计算分析及各筹资方式的风险分析,选择正确的筹资方式,确定合理的资金结构,在此基础上作出正确的筹资决策。通过提高财务决策的合理性,从而可以避免财务决策失误所带来的财务风险。

4. 理顺企业内部财务关系

为防范财务风险,企业必须理顺内部的关系。要明确各部门在企业财务管理中的地位、作用及职责,并赋予相应的权力,真正做到权责分明,各负其责。而在利益分配方面,应兼顾企业各方利益,以调动各部门参与企业财务管理的积极性,从而真正做到责、权、利相统一,使企业内部财务关系清晰明了。

5. 建立财务风险的防范机制

财务风险是客观存在的,企业要有所准备,随时对其作出恰当的处理。防范机制主要有两种。一是坚持谨慎性原则,建立风险基金,即在损失发生以前以预提方式或其他形式建立一项专门用于防范风险损失的基金,如工业企业按规定和标准提取坏账准备金。商业企业提取商品削价准备金,这是弥补风险损失的一种有效方法。二是在损失发生后,或从已经建立了风险基金的项目中列支,或分批进入经营成本,尽量减少财务风险对企业正常活动的干扰。

四、运营风险

运营风险是指企业在运营过程中,由于外部环境的复杂性和变动性以及主体对环境的认知能力和适应能力的有限性,而导致的运营失败或使运营活动达不到预期目标的可能性。运营风险并不是指某一种特定的风险,而是由一系列具体风险组成。不同行业、不同规模、不同性质的企业,其运营过程可能相差巨大,而运营风险的内容构成与具体企业的具体运营过程相关。

(一) 运营风险的类别

运营风险为一种主要源自于企业内部失效或失败的企业战略管理决策、业务管理流程、人为或系统错误而产生经济损失的可能性,可将它分为战略风险、人力资源风险、流程风险等主要类别。

1. 战略风险

战略风险是指影响企业实现战略目标的各种事件或可能性。影响战略风险的因素包括诸如政治、法律、技术、人口、社会、文化、企业所处行业等的外生因素和基于企业内生的诸如增长、文化、资源及信息管理等方面的因素,这些因素对企业发展战略目标、资源、竞争力或核心竞争力、企业效益产生重要影响,从而产生战略风险。伴随着企业战略的形成,即经历确定愿景与使命、制定战略目标、进行战略分析、选择战略方案和实施战略方案几个阶段,战略风险也就形成了。战略风险是影响整个企业的发展方向、企业文化、信息和生存能力或企业效益的因素,因此,创业者要高度重视。

2. 人力资源风险

人力资源风险主要指由于人的因素,包括创业者、创业团队中的主要成员对新创企业的发展产生不良影响或偏离经营目标的潜在可能性。这类风险有三种:一是由于创业者的素质不再符合创业活动的要求;二是由于创业团队的不和谐、不忠诚造成的;三是由于关键员工流失造成的。

(1) 创业者的素质对新创企业有最直接的影响。创业者不一定具备精深的技术知识,不一定是新创企业最大的股东,也不一定成为优秀的企业家,但在创业阶段,创业者的素质与能力会对创业活动的顺利进行产生举足轻重的作用。因此,创业者不仅要具有较强的专业技术素质,而且要具备相应的管理素质。如果管理素质很差,那么就会局限在产品范围的创新,而忽视市场、管理等方面的创新,导致企业风险加大。常见的创业者风险主要来源于:①独断专行;②优柔寡断;③知识匮乏;④好大喜功;⑤放荡怠惰。在现实生活中,如果出现创业者的追求偏离既定目标、主要创业者感情用事而且接连作出错误的决策、创业者长期独断专行的决策方式,那就意味着新创企业存在巨大的创业者风险。

(2) 创业团队风险。好的创业团队是创业成功的关键。然而,创业团队也存在着风险。创业初期,创业团队的成员大都是朋友,但是经过一段时间的磨合之后,各种矛盾就会凸显出来,这时创业团队都要经过一个痛苦的"洗牌"过程,或许有的人不能认同理念,或许有的人有其他打算,或许有的人不称职。常见的创业团队风险主要来源于:①过分追求民主,没有形成创业团队的领袖;②团队成员没有共同的愿景和目标;③不能塑造和谐的创业团队关系;④没有或不能很好地遵行团队规范和应该严守的纪律;⑤团队角色配置不合理;⑥团队没有明确的利润分配方案;⑦团队成员中个别成员不适应新创企业的发展。

(3) 关键员工流失的风险。关键员工的流失将会对企业产生不利的影响。首先,关键员工一般熟悉企业的主营业务,了解企业的客户资源,掌握核心技术和商业机密,这些员工的流失使企业的有形资产和无形资产遭受损失,削弱了企业的核心竞争力。其次,企业需要追加招募成本、培训费用以及寻求新客户所需的成本。最后,关键员工的离职导致企业关键岗位的空缺,而新员工也需要一段时间适应工作和环境,这难免会影响企业的正常运营和发展的连续性。因此,如何管理关键员工、降低流失带来的损失已经成为新创企业人力资源工作的重要课题。这项工作一般可以从两个方面进行:以激励为主的风险防范与以约束为主的风险控制并举,进行长期、系统的建设。

3. 流程风险

业务流程管理按照其变革的程度可分为三个层次:业务流程的建立、业务流程的优化和业务流程的重组。这三个不同层次的变革分别适用于不同阶段和管理基础的企业。

(1) 在企业建立初期,由于企业生存的压力,管理者普遍关注市场和销售,对流程和制度不重视,运作基本靠员工的经验和一些简单的制度。这个时候的企业通常会出现组织结构不健全,机构因人设岗,权责不清和没有系统性的制度流程等问题。此时,流程风险处于最高程度,如果不能及早建立起基本的流程和规范,如业务运作流程、作业指引、岗位说明书、人力资源管理体系等,企业可能迅速地由盛转衰。

(2)随着规模的扩大,企业的组织机构日渐庞大,职责分工越来越细。此时,企业官僚化程度也在随着增加,流程风险的主要表现是效率低下。这个时候的企业,通常会出现部门间合作不畅,跨部门流程工作效率低下,决策时间长,虽制定了系统性的制度流程,但没有达到精细化的程度,且制度流程执行不到位。为应对此种情况,企业通常可采用的方法是先对现有流程的绩效进行评估,识别缺失的关键环节和需要改善的环节,然后通过对现有流程的简化、整合、增加、调整等方式来提升流程效率,还可以通过明确流程责任人的形式来监督流程的整体表现,从而减少部门间责任推诿等问题。

(3)企业运行了一段时间以后,由于内外环境的改变,企业战略的调整,往往需要对业务流程重组。业务重组后的企业仍然存在巨大的风险。旧的流程打破了,新的流程建立起来,这个过程本身就存在巨大的风险,如新流程的有效性,员工能否理解并接受,各部门的利益分配是否均衡和合理,等等。

(二)运营风险管理的一般程序

运营风险管理的程序需根据企业运营过程的特点建立,需要对企业内部的运营活动过程进行全面的控制和监督。

1.运营风险的识别

识别企业运营风险因素,可以遵循的一个思路是:首先,分析和研究企业运营活动的特点,识别企业运营系统中的价值创造流程,确立企业运营系统的核心流程。其次,通过对价值链模型的分析建立基于价值链的企业运营风险因素模型。再次,通过对企业运营活动中的价值创造过程的分析,确立企业风险因素的管理指标体系,建立基于价值链的企业运营风险因素指标分解模型。

收集与运营风险相关信息的渠道可分为外部渠道和内部渠道。外部渠道有行业信息网络平台,行业与专业机构的报告与调研或其他沟通平台,重大安全环保事件案例和金融衍生产品风险管理案例等。内部渠道有企业内部与市场策略制定、采购、销售、售后服务、生产等相关的工作流程和管理制度,企业重大运营风险事件案例,对现有流程制度的监管机制与报告,企业信息系统的管理与监控等。

2.运营风险的评估

识别风险源后,需要对所收集的信息进行整理、分析和综合评估,为衡量运营风险管理提供更科学的依据。其中,对相关风险管理的现状和能力的评价,应当检查其是否合理、适当。然后确定企业运营风险因素指标体系,对运营系统的核心流程进行风险评估。一般可通过确定控制目标、定位数据来源、区分管理周期、确定指标权重的分配、从风险性质和风险影响程度两个方面制定量化公式和规则等步骤来设置风险因素指标体系,采用控制图等方法来实现对关键运营风险指标的有效管理。

3.运营风险的应对

(1)对运营风险的不同来源进行衡量和排序,确立运营风险管理目标及相应的应对方案。为此,需要确定企业风险承受度、风险容量表述方法、风险容限。在实际执行中超出风险容限时,立即进行风险预警。风险度可通过下列公式计算得到。

$$风险度 = （监测实际指标值 - 预警标准临界值）÷ 预警标准临界值$$

（2）确立风险管理责任人。在企业组织结构内部引入了运营控制单元（OCU）的概念，确定每一个 OCU 的风险管理责任人，负责监控企业日常运营过程。一旦发现问题，及时将相关信息反馈给 OCU 管理层，然后监督相关部门对所发现问题的跟进措施，形成一个动态的、循环的管理过程。

（3）确定运营风险管理的应对措施。企业应当针对每一领域的运营风险制定特定的风险应对措施。每一项风险应当有专人负责，并最终落实到管理层和员工身上。各种应对措施应当为执行人所理解并真正实施。对风险管理责任人，应当赋予其管理职责范围内的风险责任。在需要的情况下，制定风险管理手册。

（4）建立集成化运营风险管理信息系统。建立有效沟通渠道传递信息，及时反馈，确保运营风险管理体系的正常运行。企业可尽可能地建立集成化运营风险管理信息系统，建立清晰明确的风险等级和完备的风险数据库，使风险管理的过程简单明了，并实现风险信息的集成和共享，提高运营风险管理的效果、效率。

第三节 经济风险的数量分析

经济风险是指新创企业因经济前景的不确定性，在从事正常的经济活动时，蒙受经济损失的可能性，并随着市场竞争的加剧，企业规模的扩大，社会需求的巨变，经济风险也越来越大。为了更好地控制经济风险，需要对经济风险进行数量分析。常用的数量分析方法为盈亏平衡分析、敏感性分析和概率分析。

一、盈亏平衡分析

（一）盈亏平衡的概念

盈亏平衡分析又称量本利分析、保本点分析，它是根据投资项目生产中的产销量、成本和利润三者间的关系，测算出项目的盈亏平衡点，并据此分析项目适应市场变化能力和承担风险能力的一种分析方法。

盈亏平衡分析是研究项目在正常生产的情况下，各个经济变量（产销量、成本和利润）之间的关系，确定盈亏平衡点，并根据盈亏平衡点预测单个经济变量（产销量、成本和利润）发生变化时，项目承受风险的能力。

在一定时期和产销量范围内，成本项目中的固定成本与产品的产销量没有关系，只有变动成本才与产品产销量有关系。年总成本费用的计算公式为：

$$年总成本费用 = 单位产品变动成本 × 产量 + 固定成本$$

盈亏平衡时，年总成本费用等于年总销售收入，即盈亏平衡。此时利润为零，项目不会亏损，即保本。

（二）盈亏平衡分析的基本公式

盈亏平衡时，年总销售收入正好等于年总成本费用，利润为零，项目不会亏损，即保本。

盈亏平衡的基本公式为：

$$年总销售收入 = 年总成本费用$$

即

$$年总销售收入 = 单位产品变动成本 \times 产量 + 固定成本$$

如果考虑销售税因素,则

$$总销售收入 \times (1 - 销售税率) = 单位产品变动成本 \times 产量 + 固定成本$$

在研究盈亏平衡分析时,还必须了解两个表现项目赢利能力的重要指标:边际贡献和边际贡献率。销售收入减去变动成本的部分为边际贡献。

$$边际贡献 = 年总销售收入 \times (1 - 销售税率) - 变动成本$$
$$单位产品边际贡献 = 产品销售单价 \times (1 - 销售税率) - 产品单位变动成本$$

边际贡献又称边际利润、贡献毛益,边际贡献表明产品补偿固定成本和获取利润的能力。产品的边际贡献不是企业的最终利润,边际贡献首先要用来补偿固定成本,补偿后有剩余才是企业的利润;反之,则要亏损。因此,边际贡献越大,项目的赢利能力就越强。

项目的盈利能力的另一种表现方式是边际贡献率。边际贡献率又称边际利润率、贡献毛益率。其计算公式为:

$$边际贡献率 = \frac{边际贡献}{年销售收入 \times (1 - 销售税率)}$$
$$= \frac{单位产品边际贡献}{产品销售单价 \times (1 - 销售税率)}$$

或

$$边际贡献率 = 1 - \frac{年总变动成本}{年销售收入 \times (1 - 销售税率)}$$
$$= 1 - \frac{单位变动成本}{单位销售单价 \times (1 - 销售税率)}$$

(三)盈亏平衡分析的解析法

盈亏平衡分析通常根据正常生产年份的相关经济变量进行静态分析,并且有解析法和图解法两种分析方法。

1. 产销量表示的盈亏平衡点

其基本公式为:

$$年总销售收入 = 产销量 \times 单位产品变动成本 + 固定成本$$

而

$$年总销售收入 = 产销量 \times 产品销售单价 \times (1 - 销售税率)$$

于是得到

$$产销量的盈亏平衡点 = \frac{固定成本}{产品销售单价 \times (1 - 销售税率) - 单位变动成本}$$

风险判断:投资项目预期的产销量必须比盈亏平衡点的产销量大,大得越多,风险越小;越是接近,风险越大。

2. 销售额表示的盈亏平衡点

$$销售额的盈亏平衡点 = 盈亏平衡点的产销量 \times 销售单价$$

风险判断：投资项目预期的销售额必须比盈亏平衡点的销售额大,大得越多,风险越小;越是接近,风险越大。

3. 产品销售单价表示的盈亏平衡点

$$\frac{产品销售单价}{盈亏平衡点} = \frac{固定成本+单位变动成本×产销量}{产销量×(1-销售税率)}$$

$$= \left(\frac{固定成本}{产销量}+\frac{单位变动}{成本}\right)×\frac{1}{1-销售税率}$$

风险判断：投资项目预期的产品销售单价必须比盈亏平衡点的产品销售单价大,大得越多,风险越小;越是接近,风险越大。

4. 单位变动成本表示的盈亏平衡点

$$\frac{单位变动成本}{盈亏平衡点} = \frac{销售单价×产销量×(1-销售税率)-固定成本}{产销量}$$

$$= 销售单价×(1-销售税率)-\frac{固定成本}{产销量}$$

风险判断：投资项目预期的单位变动成本必须比盈亏平衡点的单位变动成本低,低得越多,风险越小;越是接近,风险越大。

5. 固定成本表示的盈亏平衡点

$$固定成本盈亏平衡点 = [销售单价×(1-销售税率)-单位产品变动成本]×产销量$$

风险判断：投资项目预期的固定成本必须比盈亏平衡点的固定成本低,低得越多,风险越小;越是接近,风险越大。

(四) 盈亏平衡分析的图解法

通过做图也可以反映量本利之间的依存关系。将总成本、销售收入用曲线表示,可以得到销售收入与总成本的交点,即盈亏平衡点(BEP),如图7-2所示。

(五) 安全边际分析

盈亏平衡点反映项目盈利能力,盈亏平衡点越低,则项目的盈利空间越大,项目抗风险能力越强;盈亏平衡点越高,则项目的盈利空间越小,项目抗风险能力越弱。用盈亏平衡点时的产量与项目的设计产销量比较,如果设计产销量远远大于盈亏平衡点时的产量,项目抗风险能力越强,投资项目就越安全;如果设计产销量接近于盈亏平衡点时的产

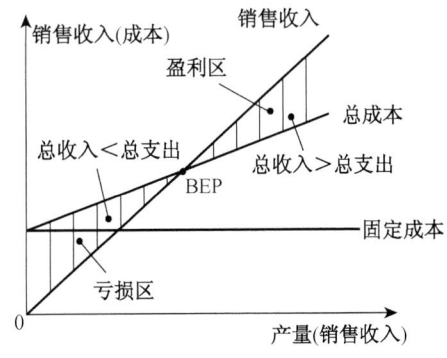

图 7-2 盈亏平衡分析图

量,项目抗风险能力较弱,投资项目决策时就应慎重。用盈亏平衡点的产销量与预计的市场需求量比较,如果市场需求量远远大于盈亏平衡点的产销量,项目抗风险能力越强,投资项目就越安全;反之,投资项目决策时就应慎重,以防投资失误带来的不利后果。安全边际分析,就是对这个问题的定量分析。

1. 概念

安全边际率是指安全边际量与实际或预计的销售量的比例,也可以指安全边际额与实际或预计的销售额的比例,它是一个相对量,用来评价企业的经营安全程度。

2. 计算公式

$$安全边际率 = \frac{安全边际量}{实际或预计的销售量} \times 100\%$$

$$= \frac{安全边际额}{实际或预计的销售额} \times 100\%$$

$$安全边际量 = 实际或预计的销售量 - 保本量$$

$$安全边际额 = 实际或预计的销售额 - 保本额$$

$$= 单价 \times 实际或预计的销售量 - 单价 \times 保本量$$

安全边际率的数值越大,企业的经营越安全,所以它也是一个正指标。

3. 安全性检验标准

安全性检验标准,如表 7-1 所示。

表 7-1　　　　　　　　　　　　安全性检验标准

安全边际率	10%以下	10%~20%	20%~30%	30%~40%	40%以上
安全程度	危险	要注意	较安全	安全	很安全

4. 案例分析

【例 7-1】　某企业准备投产新产品,预计单位变动成本为 30 元/件,固定成本总额为 17 万元,变动成本率为 60%,预计销售量为 10 000 件。

要求:计算安全边际率,并评价该企业的经营安全性。

解:根据变动成本为 30 元/件,变动成本率为 60%,且变动成本率 = 单位变动成本÷单价,即 60% = 30÷单价,故单价 = 30÷60% = 50 元。

既然变动成本率为 60%,则边际贡献率为 40%,设保本量为 x,在只需保本的情况下,边际贡献 = 固定成本

$$50 \times x \times 40\% = 170\ 000$$

$$x = 8\ 500(件)$$

保本量 = 8 500(件)

安全边际量 = 实际或预计销售量 - 保本量 = 10 000 - 8 500 = 1 500(件)

安全边际额 = 50 × 10 000 - 8 500 × 50 = 75 000(元)

或　　　　　　　　　　= 1 500 × 50 = 75 000(元)

安全边际率 = (1 500÷10 000) × 100% = 15%

或　　　　　　　　　　= (75 000÷500 000) × 100% = 15%

由于安全边际率为 15%,在 10%~20% 的范围内,所以企业的经营不是很安全,要引起注意。

二、敏感性分析

敏感性分析是指从众多不确定性因素中找出对投资项目经济效益指标有重要影响的

敏感性因素,并分析、测算其对项目经济效益指标的影响程度和敏感性程度,进而判断项目承受风险能力的一种不确定性分析能力。

敏感性分析是从定量分析的角度研究有关因素发生某种变化对某一个或一组关键指标影响程度的一种不确定分析技术。其实质是通过逐一改变相关变量数值的方法来解释关键指标受这些因素变动影响大小的规律。

敏感性因素一般可选择主要参数(如销售收入、经营成本、生产能力、初始投资、寿命期等)进行分析。若某参数的小幅度变化能导致经济效果指标的较大变化,则称此参数为敏感性因素;反之,则称其为非敏感性因素。

敏感性分析是技术经济分析中常用的一种风险分析方法,一般分为单因素敏感性分析和多因素敏感性分析。

(一)单因素敏感性分析

单因素敏感性分析是就单个不确定因素的变动对方案经济效果的影响程度所做的分析。实质上,单因素敏感性分析并不代表方案的经济效果只受一个因素影响,而是在分析一个因素时假定其他因素均不变,类似于高等数学里对多元函数的偏微分。

单因素敏感性分析的步骤与内容如下所述。

1. 选定不确定因素

对于工业投资项目,要进行分析的因素一般从下列因素中选定:投资额,包括固定资产投资与流动资金占用等;产品产量(或销售量);产品价格;成本费用,包括固定成本与单位可变动成本;项目寿命周期,包括建设期、投产期等;最低希望收益率(或折现率);项目寿命期末的资产残值;外汇汇率等。

2. 确定分析指标

一般来说,技术经济分析中所采用的评价指标,如净现值、净年值、费用现值、费用年值、内部收益率、投资回收期等,都可以作为敏感性分析的指标。由于敏感性分析是在确定性分析的基础上进行的,所以,敏感性分析的指标应尽量与确定性经济分析所使用的指标一致。若确定性分析中使用的指标较多,在进行敏感性分析时可选择其中一个或几个最重要的指标。

3. 计算敏感程度

计算各不确定因素在一定的变动范围内发生不同幅度变动所导致的方案经济效果指标的变动结果,建立起一一对应的数量关系,并用图或表的形式表示出来。

4. 确定敏感因素

所谓敏感因素,就是其数值的变动能显著影响方案经济效果的因素。判别敏感因素的方法有两种:

第一种方法是相对测定法,即设定要分析的因素均从确定性分析中所采用的数值开始变动,且每次变动的幅度相同,比较在同一变动幅度下各因素的变动对经济效果指标的影响,据此判断方案经济效果对各因素变动的敏感程度。

第二种方法是绝对测定法,即设各因素均向对方案不利的方向变动,并取其有可能出现的对方案最不利的数值,据此计算方案的经济效果指标,看其是否可达到使方案无法接受的程度。

如果某因素可能出现的最不利数值能使方案变得不可接受,则表明该因素是方案的敏感因素。方案能否接受的判据是各经济效果指标能否达到临界值。例如,净现值是否大于等于零,内部收益率是否大于等于基准折现率等。

绝对测定法的一个变通方式是先设定有关经济效果评价指标等于其临界值,然后求出分析因素的最大允许变动幅度,并与其可能出现的最大变动幅度相比较。如果某因素可能出现的变动幅度超过其最大允许变动幅度,则表明该因素即为方案的敏感因素。

在实践中往往把上述两种方法结合起来使用。

【例 7-2】 某项目设计生产能力为 10 万吨,计划总投资 1 800 万元,建设期为 1 年,投资采用期初一次性投入。预计产品销售价格为 63 元/吨,年经营成本为 250 万元,项目生产期为 10 年,期末预计设备残值收入为 60 万元,基准折现率为 10%,试就投资额、产品价格(销售收入)、经营成本等影响因素对该投资方案进行敏感性分析。

解:选择净现值作为方案的经济效果评价指标,根据公式,可以计算出项目的净现值为:

$$NPV = -1\,800 + (63 \times 10 - 250)(P/A, 10\%, 10) + 60(P/F, 10\%, 10)$$
$$= 558.07(万元)$$

因为 $NPV > 0$,所以该项目可行。

下面用净现值指标分别就投资额、产品价格(销售收入)、经营成本三个不确定因素对项目进行敏感性性分析:

令待分析的三个因素分别逐一在其初始值的基础上按 ±10% 和 ±20% 的幅度变动,分别通过净现值的公式计算相对应的净现值的值(在计算一个因素变动时,假设其他因素不变),所得结果如表 7-2 和图 7-3 所示。

表 7-2 敏感性分析表

项目	因素变动幅度			分析结果和数据		
	投资额	销售收入	经营成本	NPV(万元)	平均+1%	平均−1%
0				558.07		
1	+10%			378.07	−3.23%	3.23%
2	+20%			198.07		
3	−10%			738.07		
4	−20%			918.07		
5		+10%		945.17	6.94%	−6.94%
6		+20%		1 332.28		
7		−10%		170.96		
8		−20%		−216.15		
9			+10%	404.45	−2.75%	2.75%
10			+20%	250.84		
11			−10%	711.98		
12			−20%	865.29		

表 7-2 表现的是相对测定法的结果,从中可以看出,在各个变量因素变化率相同的情况下,产品销售收入的变动对净值的影响最大,当其他因素不变时,产品销售收入每下降 1%,净现值将下降 6.94%。所以,项目的最敏感因素是产品价格(销售收入),其次是投资额,最后是经营成本。

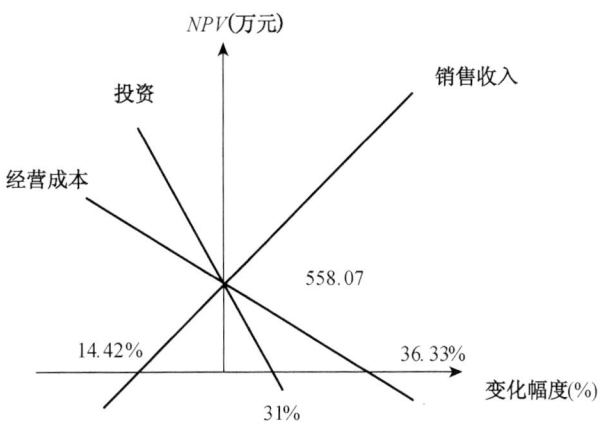

图 7-3 单因素敏感分析图

图 7-3 标出了绝对测定法的结果,即经济指标达到临界点时变量的变动幅度。为使净现值不小于零(极限情况),允许各变化因素的最大变动幅度为:其他因素不变,产品销售收入下降不得超过 14.42%;或者其他因素不变,投资额的增加不得超过 36.33%。如果有一个变量因素超过极限,则项目就不可行。

对于该项目来说,必须对产品的未来价格进行严格的分析论证,才能有效地避免或减少风险。

(二)多因素敏感性分析

多因素敏感性分析由于要考虑可能发生的各种因素不同变动情况的多种组合,因此,计算起来要比单因素敏感性分析复杂得多,一般可以采用解析法和作图法相结合的方法进行。当同时变化的因素不超过 3 个时,一般采用作图法;当同时变化的因素超过 3 个时,就只能采用解析法了。

双因素敏感性分析一般是在单因素敏感性分析的基础上进行的,即首先通过单因素敏感性分析确定两个关键因素,然后用作图法来分析两个因素同时变化时对投资效果的影响。

双因素敏感性分析的步骤为:首先,要设定敏感性分析的研究对象,即确定分析的经济效果评价指标;其次,从众多的不确定因素中,选择两个最敏感的因素作为分析的变量因素;再次,出敏感性分析的方程式,并按分析的期望值要求,将方程式转化为不等式(如 $NPV \geqslant 0$ 等);最后,做出敏感性分析的平面图。以横轴和纵轴分别代表两种因素的变化率,并将不等式等于零的一系列结果描绘在平面图上,形成的一条线即为临界线。直线的一边(使不等式成立的那边)代表项目可行的域,而另一边则代表项目不可行。

【例 7-3】 利用[例 7-2]的数据和分析结果,对该工程项目进行双因素敏感性分析。

解:根据[例 7-2]的计算结果比较得出,产品销售收入和投资额是影响工程项目方案经济效果评价指标的两个敏感因素,下面就这两个因素进行敏感性分析。

设 X 表示投资额变化的百分率,Y 表示价格变化的百分率,则净现值可表示为:

$$NPV = -1\,800 \times (1+X) + [63 \times 10 \times (1+Y) - 250](P/A, 10\%, 10) + 60(P/F, 10\%, 10)$$
$$= 558.07 - 1\,800X + 3\,871.08Y$$

如果 $NPV < 0$,则有 $Y < 0.46X - 0.14$

将上述不等式绘成图形,就得到双因素敏感性分析图,如图 7-4 所示。

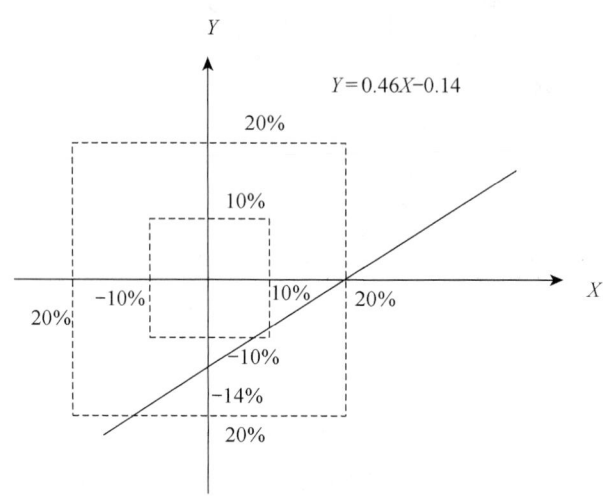

图 7-4 双因素敏感性分析图

由图 7-4 可看出,直线 $Y = 0.46X - 0.14$ 为 $NPV = 0$ 的临界线,在临界线的左上方区域,表示 $NPV > 0$;在临界线的右下方区域,表示 $NPV < 0$。在各个正方形内净现值小于 0 的面积占整个正方形面积的比例,反映了因素在此范围内变动时方案风险的大小。比如,在 $<10\%$ 的区域内,净现值小于零的面积几乎为 0,这就表明当投资额和产品销售收入在 $<10\%$ 的范围内同时变动时,方案盈利的可能性在 100% 左右,出现亏损的可能性几乎没有;在 $<20\%$ 的区域内,净现值小于 0 的面积占 25% 左右,这就表明当投资额和产品的销售收入在 $<20\%$ 的范围同时变动时,方案盈利的可能性在 75% 左右,出现亏损的可能性约占 25%。

如果要同时对三个因素进行敏感性分析,也可以在二维的直角坐标图上进行,方法与双因素法相似,所不同的只是根据第三个因素(Z)的系列变化幅度画出一组平行的直线,而不仅仅是一条直线。一组平行线分别表示了 Z 的变动幅度 $\pm 10\%$,$\pm 20\%$ 等时,项目的经济效果评价指标的可行域与不可行域,从而可同时兼顾到三个因素的允许变动范围。

敏感因素分析在使用中也存在一定的局限性,因为它只能说明经济效果评价指标对不同因素的敏感性,而不能说明不确定因素在未来发生变动的概率。这样就会出现某个因素虽然是敏感因素,但它发生变动的可能性(概率)很小,实际上带给项目的风险并不大;相反,某个变量因素虽然不是敏感因素,但它发生变动的可能性(概率)却很大,实际带给项目的风险比敏感因素还大。所以,对于这样的问题,更好的解决办法还要运用概率分析法。

（三）敏感性分析法的评价

1. 敏感性分析法的优点

敏感性分析的原理比较简单,虽计算工作十分繁琐,每一因素变动一个值,需要重新编制一张现金流量表,才可计算评价指标 *IRR* 或 *NPV*,但适用于电子计算机运算,有利于效率的提高。

单因素敏感性分析的优点还体现在便于一目了然地看出哪个因素对评价指标最敏感,哪个因素不敏感。

2. 敏感性分析法的缺点

敏感性分析已经在技术经济分析中获得应用,尤其是单因素的敏感性分析的应用更加广泛,但是它本身具有不可忽略的局限性。

（1）相关性的。如投资与工期之间,投资随工期的延长而增加;收益与产品售价及产量之间也有密切的相关性,价格上涨,产量增加,收益也增加。各因素之间的关系,有时是相当复杂的,这无疑会给敏感性分析带来困难。

（2）通过作图的方法对方案进行敏感性分析至多只能同时对 3 个经济参数的变化做分析,4 个及 4 个以上经济参数同时变化时则显得无能为力。

（3）由于选择哪些参数进行分析以及这些参数的给定变化量,均受分析人员的主观意愿的影响,尤其是敏感性分析表法,更易造成假象。因此,一般应绘制出敏感性分析图,以便为决策人员分析提供更全面的信息,也可使决策人员免受经济分析计算人员主观的影响,使决策更科学化。

（4）敏感性分析能够表明不确定因素对项目经济效益的影响程度,从而预测项目承担的风险,但是并不能表明这种风险发生的可能性有多大。实践表明,不同的项目,各个不确定因素发生相对变动的概率是不同的。因此,两个同样敏感的因素,在一定的不利的变动范围内可能一个发生的概率很大,另一个发生的概率很小。很显然,前一个因素给收益带来的影响很大,后一个因素给项目带来的影响很小,甚至可忽略不计。而敏感性分析假定各个因素发生变化的概率是相等的,为此,还需要进行概率分析。

三、概率分析

概率分析是通过研究各种不确定因素发生不同幅度变动的概率分布及其对方案经济效果的影响,对方案的净现金流量及其经济效果指标做出某种概率描述,从而对方案的风险情况做出比较准确的判断。概率分析的方法很多,现仅介绍期望值法。

（一）随机现金流的期望值

严格地说,影响方案经济效果的大多数因素(如投资额、经营成本、产品销售量、产品价格、项目寿命期、设备期末残值等)都是随机变量。我们可以预测其未来可能的取值范围,估计各种取值或值域发生的概率,但不可能肯定地预知它们取什么值。实质上,技术经济分析中各年的现金流量客观上都是由这些随机变量所决定的,因而,我们将其称为随机现金流。

假定某项目方案的寿命期为 n,从理论上讲,寿命期内的任何一个周期(t)的净现金流 NB_t 都不是一个常数,而是有许多取值可能性的随机现金流。假设第 t 周期的随机现金流取值有且仅有 m 个,即序列 $NB_t^{(1)}$,$NB_t^{(2)}$,…,$NB_t^{(m)}$,其对应的概率分别为 P_1,P_2,…,

P_m，则全部的概率值应该满足：

$$\sum_{j=1}^{m} p_j = 1$$

以往的经验表明，大多数情况下随机现金流的分布服从或近似于正态分布。

那么，第 t 周期随机现金流 NB_t 的期望值为：

$$E(NB_t) = \sum_{j=1}^{m} NB_t^{(j)} \cdot p_j$$

第 t 周期随机现金流 NB_t 的方差为：

$$D(NB_t) = \sum_{j=1}^{m} \left[NB_t^{(j)} - E(NB_t) \right] \cdot p_j$$

（二）方案净现值的期望值

根据前面的分析，由于各个周期的净现金流量都是随机变量，所以把各个周期的净现金流折现值相加得到的方案净现值一定也是一个随机变量，我们称之为随机净现值。一般情况下，随机净现值的分布也应服从或近似于正态分布。其计算公式为：

$$NPV = \sum_{t=0}^{n} NB_t \cdot (1 + i_0)^{-t}$$

上式得出的是随机净现值，是根据各周期的某一随机现金流（NB_t）加总求得的。如果对各周期的随机现金流的期望值 $E(NB_t)$ 加总，即可得出方案净现值的期望值：

$$E(NPV) = \sum_{t=0}^{n} E(NB_t) \cdot (1 + i_0)^{-t}$$

式中：i_0 表示基准折现率；n 表示项目寿命周期。

在实际工作中，如果能通过统计分析或主观判断给出在方案寿命期内影响方案现金流量的不确定因素可能出现的各种状态及其发生概率，就可通过对各种因素的不同状态进行组合，求出所有可能出现的方案净现金流量序列及其发生概率，就可以不必计算各年净现金流量的期望值与方差，而直接计算方案净现值的期望值与方差。

设有一种可能出现的方案现金流状态，各种状态所对应的现金流序列为 $NB^{(j)}$（$j = 1$，$2, \cdots, l$），各种状态的发生概率为 P_j（$j = 1, 2, \cdots, l$），且：

$$\sum_{j=1}^{l} p_j = 1$$

则在第 j 种状态下，方案的净现值为：

$$NPV = \sum_{t=0}^{n} NPV^{(j)} \cdot (1 + i_0)^{-t}$$

方案净现值的期望值为：

$$E(NPV) = \sum_{j=1}^{l} NPV^{(j)} \cdot P_j$$

即净现值方差的计算公式为：

$$D(NPV) = \sum_{j=1}^{m} \left[NPV^{(j)} - E(NPV) \right]^2 \cdot p_j$$

由于净现值的方差与净现值具有不同的量纲,为了便于分析,通常使用与净现值具有相同量纲的参数标准差反映随机净现值取值的离散程度。方案净现值的标准差为:

$$\sigma(NPV) = \sqrt{D(NPV)}$$

【例 7-4】 假设影响某新产品生产项目未来现金流量的主要不确定因素是产品的市场前景和原材料价格。据分析,项目面临三种可能的产品市场状态(好、中、差,分别记为,θ_1,θ_2,θ_3)和三种可能的原材料价格状态(高、中、低,分别记为 θ_i,θ_{ii},θ_{iii})。假设三种产品市场状态和三种原材料价格状态是相互独立的,各自的概率分别为:$P_1 = 0.2$,$P_2 = 0.6$,$P_3 = 0.2$;$P_i = 0.4$,$P_{ii} = 0.4$,$P_{iii} = 0.2$。三三相乘最终的状态组合有 9 种,9 种状态组合对应方案的现金流量及发生概率,如表 7-3 所示。试计算方案净现值的期望值与方差($i_0 = 12\%$)。

表 7-3　　　　　　　　各种状态组合的净现金流量及发生概率

序号	状态组合	发生概率 P_j	现金流量(万元)		净现值 NPV ($i_0 = 12\%$)
			0 年	1~5 年	
1	$\theta_1 \cap \theta_i$	0.08	−1 000	390	405.86
2	$\theta_1 \cap \theta_i$	0.08	−1 000	450	622.15
3	$\theta_2 \cap \theta_{ii}$	0.04	−1 000	510	838.44
4	$\theta_2 \cap \theta_{ii}$	0.24	−1 000	310	117.48
5	$\theta_2 \cap \theta_{ii}$	0.24	−1 000	350	261.67
6	$\theta_2 \cap \theta_{iii}$	0.12	−1 000	390	405.86
7	$\theta_3 \cap \theta_i$	0.08	−1 000	230	−170.90
8	$\theta_3 \cap \theta_{ii}$	0.08	−1 000	250	−98.81
9	$\theta_3 \cap \theta_{iii}$	0.04	−1 000	270	−26.71

解:根据相互独立事件状态组合的概率性质,每个状态组合的概率即为各个独立状态概率的乘积,可以求出各个状态组合的概率;然后根据公式求出个状态组合对应的净现值,计算结果见表 7-3。

根据公式,可求得方案净现值的期望值:

$$E(NPV) = \sum_{j=1}^{9} NPV^{(j)} \cdot P_j = 232.83 (万元)$$

可求得方案净现值的方差:

$$D(NPV) = \sum_{j=1}^{9} \left[NPV^{(j)} - 232.83 \right]^2 \cdot p_j = 60\ 710.07$$

方案净现值的标准差为:

$$\sigma(NPV) = \sqrt{D(NPV)} = \sqrt{60\ 710.07} = 246.39 (万元)$$

求出了项目方案净现值的期望值和标准差之后,我们还可以运用概率统计的有关知识,对方案的风险性进行评估。

【例 7-5】 假定在[例 7-4]中,方案净现值服从正态分布,请利用已经求出的净现值的期望值和标准差,分析评估净现值小于零的概率。

解:根据概率统计的有关知识,若连续型随机变量 X 服从参数为 μ,σ 的正态分布, X 具有分布函数

$$F(x) = \frac{1}{\sigma\sqrt{2\pi}}\int_{-\infty}^{x} e^{\frac{-(t-u)^2}{2\sigma^2}}\,dt$$

为了将上述非标准正态分布函数转化为标准正态分布函数,可令 $u = \dfrac{(t-u)}{\sigma}$,

则有:

$$F(x) = \frac{1}{\sqrt{2\pi}}\int_{-\infty}^{u} e^{\frac{-u^2}{2}}\,du = \Phi[(x-u)/\sigma]$$

又令 $Z = (x-u)/\sigma$,由标准正态分布表可直接查处 $x < x_0$ 的概率值,即

$$P(x < x_0) = P\left[Z < \frac{x-u}{\sigma}\right] = \Phi[(x-u)/\sigma]$$

在本例中,我们已知:

$$u = E(NPV) = 232.83(万元)$$
$$\sigma = \sigma(NPV) = 246.39(万元)$$

则

$$Z = -\frac{[NPV - E(NPV)]}{\sigma(NPV)} = (NPV - 232.83)/246.39$$

所以净现值小于零的概率为:

$$P(NPV < 0) = P(x < 0) = P\left[Z < \frac{0 - 232.83}{246.39}\right]$$
$$= P(Z < -0.945\,0) = 1 - P(Z < 0.945\,0)$$
$$= 1 - 0.827\,6 = 0.172\,4 = 17.24\%$$

即,本项目方案净现值小于零的概率为 17.24%,可以说风险还是不大的。

另外,我们也可以不进行具体的计算,而是根据正态分布的特点,对方案的风险做出大致的判断。我们知道,在正态分布条件下,随机变量的取值在 $\mu \pm \sigma$ 范围内的概率为 95.49%;在 $u \pm 3\sigma$ 范围内的概率为 99.73。

对于本例来说,意味着方案的实际净现值在 232.83 万元±246.39 万元范围内的可能性有 68.27%;在 232.83 万元±492.87 万元范围内的可能性有 95.49%;在 232.83 万元± 739.17 万元范围内的可能性有 99.73%。

参 考 文 献

［1］李仉辉.客户关系管理[M].上海:复旦大学出版社,2014.

［2］李仉辉,项巨力.市场营销学[M].上海:立信会计出版社,2007.

［3］池丽华,朱文敏.市场营销学[M].上海:立信会计出版社,2011.

［4］莫少昆.企业战略决策[M].北京:东方出版社,2007.

［5］杨锡怀,冷克平,王江.企业战略管理[M].北京:高等教育出版社,1999.

［6］李时椿.创业管理[M].北京:清华大学出版社,2008.

［7］姜彦福,张帏.创业管理学[M].北京:清华大学出版社,2005.

［8］李文忠.创业管理[M].北京:化学工业出版社,2011.

［9］李克鸣,朱建新.大学生创业基础[M].北京:清华大学出版社,2013.

［10］吴运迪.大学生创业指导[M].北京:清华大学出版社,2012.

［11］方志远.商业模式创新战略[M].北京:清华大学出版社,2014.

［12］张元萍.创业投资实验教程[M].北京:中国人民大学出版社,2011.

［13］杨光,周永兴.创业与理财[M].武汉:武汉大学出版社,2012.

［14］黄凌灵.个人理财与创业[M].上海:立信会计出版社,2012.

［15］刘亚娟,孙静,徐弥榆.创业融资[M].北京:中国劳动社会保障出版社,2011.

［16］郑建国.技术经济分析[M].北京:中国纺织出版社,2008.

［17］林万龙.投资项目财务分析实务[M].北京:中国农业出版社,2011.

［18］奚国泉,卜金涛,盛海潇.创业投资项目分析理论与实训教程[M].北京:清华大学出版社,2014.

［19］李延喜.财务会计[M].大连:东北财经大学出版社,2013.

［20］雷仲敏.技术经济分析评价[M].北京:中国标准出版社,2003.

［21］胡杰武,万里霜.企业风险管理[M].北京:清华大学出版社,2009.

［22］刘亚娟.创业风险管理[M].北京:中国劳动社会保障出版社,2011.

［23］杨玉泉.市场风险的界定与管理[J].地质技术经济管理,2003(6):18-23.